H. J. Kagelmann, R. Bachleitner & M. Rieder (Hg.)
ErlebnisWelten
Zum Erlebnisboom in der Postmoderne

Tourismuswissenschaftliche Manuskripte
Herausgegeben von
Dr. H. Jürgen Kagelmann, München und
Prof. Dr. Reinhard Bachleitner, Salzburg
Band 12

H. Jürgen Kagelmann
Reinhard Bachleitner
Max Rieder (Hg.)

ErlebnisWelten

Zum Erlebnisboom in der Postmoderne

Mit Beiträgen von
Reinhard Bachleitner, Michael Fischer,
Silke Friedrichs-Schmidt, Frederic Goronzy,
Harald Gross, Michael Gutternig, H. Jürgen Kagelmann,
Alexander G. Keul, Christoph Köck, Frank Lanfer,
Otto Penz, Max Rieder, Stefan Rösch, Roman Sauer,
Alfred Smudits, Josef Steinbach, Heinz-Günter Vester,
Martin Weichbold, Karlheinz Wöhler, Margit Zuckriegl

Profil Verlag
München Wien

Anschriften der Herausgeber:

Dr. H. Jürgen Kagelmann
Erlebnis + Trend
Postf. 21 02 43, D-80671 München
Email: profil1kagelmann@t-online.de
Prof. Dr. Reinhard Bachleitner
Institut für Kultursoziologie, Universität Salzburg
Rudolfskai 52, A-5020 Salzburg
Email: reinhard.bachleitner@sbg.ac.at
Dipl.-Ing. Mag.arch. Max Rieder
Pflegerweg 6, A-5082 Grödig
Email: maxriederarchitektur@eunet.at

Die Publikation dieses Buches wurde unterstützt vom Europäischen Forum Alpbach und der Gedächtnisstiftung Peter Kaiser (1793-1864) und vom Architekturbüro Rieder, Salzburg.

Bibliographische Information Der Deutschen Bibliothek
Die Deutsche Bibliothek verzeichnet diese Publikation in der Deutschen Nationalbibliografie; detaillierte bibliografische Daten sind im Internet über http://dnb.ddb.de abrufbar

© 2004 Profil Verlag GmbH München Wien
Gedruckt nach Typoscript
Layout: Ulrike Klopf, Salzburg
Druck und Bindung: DruckTeam, Regensburg
Umschlagentwurf: H. J. Kagelmann
Umschlagbilder: Disneys California Adventure; Holy Land Experience (Orlando) © H. J. Kagelmann; VW Autostadt © Autostadt; S. 6. Disneys California Adventure © H. J. Kagelmann
Printed in Germany
ISBN 3-89019-529-6

Dieses Werk ist urheberrechtlich geschützt. Jede Verwertung außerhalb der engen Grenzen des Urheberrechtsgesetzes ist ohne Zustimmung des Verlages unzulässig und strafbar. Dies gilt insbesondere für Vervielfältigungen, Übersetzungen, Mikroverfilmungen und die Einspeicherung und Verarbeitung in elektronischen Systemen.

Vorwort

Die Kulturgeschichte des modernen Vergnügens zeigt uns, dass das „Erlebnis" zu einer dominanten Leitorientierung geworden ist. Ob Spaß-Fun-Gesellschaft oder ob Erlebnis-Kult-Gesellschaft – fast jede Dienstleistung wird, heute so gern wie vor 10 Jahren, mit dem Etikett „Erlebnis" versehen. Die Realität für Konsumenten wird erst dann bevorzugt zur nachgefragten Wirklichkeit, wenn die meist konstruierten Ersatzwelten Erlebnis in Aussicht stellen. Wenngleich zwar immer wieder Hinweise auftauchen und Anzeichen signalisieren, dass wir uns weg von der reinen Erlebnisorientierung bewegen, so tauchen Erlebnisse versteckt und in neuem Kontexten immer wieder auf. Der folgende Band geht aus den verschiedenen Disziplinen – modisch interdisziplinär also – der Frage der Erlebnisse in verschiedensten alltagskulturellen Bereichen nach und versucht die Nischen des Erlebnismarktes auszuleuchten. Er enthält Grundlagenbeiträge, empirische Analysen, theoretische Reflektionen und Essays. Er befasst sich mit einer Auswahl vieldiskutierter Erlebnisbereiche unserer Gesellschaft, die wir für besonders typisch und aussagereich halten. Dabei geht es nicht nur um Freizeit und Tourismus, Kommerz und Konsum, sondern auch um den Erlebnischarakter von gelegentlich stark vernachlässigten Bereichen wie Natur, Körper und Kunst. Soziologische, psychologische, geographische, kunst-, musik- und architekturtheoretische, geographische, kulturwissenschaftliche Ansätze finden sich ebenso wie marketingspezifische Überlegungen, ohne dass ein Anspruch auf Vollständigkeit erhoben würde.

Bei diesem Buch haben uns viele Kollegen aus Wissenschaft und Praxis mit Rat und Tat unterstützt, denen wir dafür herzlich danken. Die Drucklegung des Buches wäre ohne die niemals endende Energie und Sorgfalt von Frau Ulrike Klopf vom Institut für Kultursoziologie wohl nicht in dieser Form realisiert worden: Ihr gilt unser besonderer Dank.

Das Buch ist die Fortsetzung, Aktualisierung, Ergänzung unseres 1998 vorgelegten Bandes „Erlebniswelten. Zur Kommerzialisierung der Emotionen in touristischen Räumen und Landschaften". Ziemlich sicher ist die Diskussion über Erlebnisgesellschaft und Erlebniswelten damit nicht beendet.

Salzburg/München/Wien, November 2003
H. J. Kagelmann, R. Bachleitner, M. M. Rieder

Inhalt

Vorwort 5

Einführung

Das Erlebnis begreifen – Überlegungen zum Erlebnisbegriff
(*Heinz-Günter Vester*) 9

„Erlebnis" kritisch betrachtet
(*Reinhard Bachleitner*) 16

Tourismus

Reisezeit = Erlebniszeit?
(*Alexander G. Keul*) 21

Erlebniszoos: das Tier als Erlebnis
(*Frederic Goronzy*) 29

Misserfolge und Scheitern von Erlebniswelten
(*Otto Penz, Stefan Rösch*) 39

Erlebnisorientierung im Gesundheits-/Wellnesstourismus
(*Josef Steinbach*) 47

Fun-Cruising: Kreuzfahrtschiffe – die neuen Erlebniswelten
(*H. Jürgen Kagelmann*) 66

Achterbahnen als Erlebniswelten
(*Frank Lanfer, H. Jürgen Kagelmann*) 76

Kult und Metatourismus: die Erlebnisse der Erlebnisgesellschaft
(*Christoph Köck*) 88

Kunst – Körper – Natur

Kunst: Die außeralltäglichen Erlebnisperspektiven des Alltäglichen
(*Michael Fischer*) 96

Inhalt

Erlebniswelten: Jenseits der Utopie – Inmitten der Realität
(Max Rieder) 102

Rituale der Verzauberung – Die Kunst-Ausstellung als Erlebnis
(Margit Zuckriegl) 111

Erlebnis Natur?
Nationalparkmarketing zwischen Ästhetik und Erleben
(Martin Weichbold, Michael Gutternig) 124

Musikalische Erlebniswelten
(Alfred Smudits) 135

Körper als Erlebnisort des Ichs
(Reinhard Bachleitner, Otto Penz) 151

Kommerz

Themenparks
(H. Jürgen Kagelmann) 160

Brand Lands: Erlebnis von Marken
(Harald Gross) 181

Erlebnisgastronomie
(H. Jürgen Kagelmann, Silke Friedrichs-Schmidt, Roman Sauer) 193

Shopping Malls – Orte des Erlebens?
(Heinz-Günter Vester) 211

Ausblick

Was soll die Diagnose: überall Erlebnis?
(Karlheinz Wöhler) 220

Anhang

Die Autorinnen und Autoren 227

Heinz-Günter Vester

Das Erlebnis begreifen.
Überlegungen zum Erlebnisbegriff

Es mag für unsere schnelllebige Zeit charakteristisch sein, dass kurzatmige Zeitdiagnosen Konjunktur haben. Gegenwärtig erfreut sich das Etikett „Erlebnisgesellschaft" einer gewissen Beliebtheit bei den Zeitdiagnostikern und Kulturdeutern in den Sozialwissenschaften wie auch in den Medien. Gerhard Schulze (1992) spricht bei seinem Versuch, Sozialstruktur- und Kulturanalyse miteinander zu verbinden, von der Erlebnisorientierung als einer Haltung u. a. Doch schon der Titel seines Buches suggeriert, dass es sich bei dieser Orientierung pars pro toto um den charakteristischen Zug der Gegenwartsgesellschaft handelt, die somit als Erlebnisgesellschaft ausgerufen wird. In einer Freizeit- und Massenkultur, in der Vergnügungsveranstaltungen als Events bezeichnet und vermarktet werden, fällt der Begriff „Erlebnisgesellschaft" auf fruchtbaren Boden. In der Medienlandschaft ist dann auch der Weg von der Erlebnis- zur Spaßgesellschaft nicht mehr weit.

Die inflationäre Verwendung von „Erlebnis" und „Erlebnisgesellschaft" steht in einem auffälligen Missverhältnis zur Klarheit eben dieser Begriffe. Als alltagssprachlicher Begriff kann „Erlebnis" den Charme für sich verbuchen, dass sich jeder unter ihm etwas vorstellen kann. Für eine seriöse wissenschaftliche Verwendung reicht dies jedoch nicht aus. Was also ist unter „Erlebnis(sen)" und „Erleben" zu verstehen, was sind Strukturen, Formen und Inhalte des Erlebens?

Psychologie und Soziologie haben sich vor allem als Verhaltens- oder Handlungswissenschaften definiert. Zwar finden sich in Lehrbuchdefinitionen der Psychologie neben dem Verhalten und Denken auch das Erleben und Fühlen als Gegenstände dieser Wissenschaft definiert, doch ist das Erleben vergleichsweise wenig beleuchtet. Erst recht gilt das für die Soziologie, die sich als Verhaltens-, Handlungs- oder Gesellschaftswissenschaft versteht, kaum aber als Wissenschaft vom Erleben. Allenfalls in den Grenzbereichen zur Philosophie, insbesondere zur Phänomenologie, finden sich Ansätze zur Klärung des Erlebens. In der Soziologie vor allem bei Alfred Schütz.

Von Edmund Husserl und Henri Bergson herkommend sucht Schütz „Erleben" und „Erlebnisse" phänomenologisch zu beschreiben. Von Bergson entlehnt Schütz die Anbindung des Erlebnisses an Zeit bzw. die Konzipierung des Erlebens im Rahmen einer als innere Dauer (durée) wahrgenommenen Zeitlichkeit. Unter dem Einfluss von Husserl konzipiert Schütz „Erleben" und „Erlebnis" als Ereignisse im Bewusstsein. Die innere Dauer, die mit Bergson zunächst als leiblicher, vorreflexiver Vorgang gedacht werden kann, wird somit von Schütz tendenziell „kognitiviert". Das Erleben, dem zunächst Ganzheitlichkeit und Unmittelbarkeit zukommen mögen, wird gleichsam unter Kuratel des Bewusstseins gestellt. Dabei finden sich dann begriffliche Unklarheiten, wenn Schütz einerseits feststellt, „Erlebnisse heben sich im Bewusstseinsstrom ab" (Schütz & Luckmann 1984, S. 13), andererseits aber auch von Bewusstseinserlebnissen spricht. Vom „Erlebnis" wiederum hebt Schütz „Erfahrung" ab, wenn er (auf zwei Seiten zweimal) schreibt: „Erlebnisse heben sich im Bewusstseinsstrom ab; Erfahrungen sind durch Aufmerksamkeit ausgezeichnete Erlebnisse" (Schütz & Luckmann 1984, S. 13f.). Begriff und Phänomen des Handelns, mit denen sich Schütz im Anschluss an Max Weber ausgiebig auseinandergesetzt hat, sind gegenüber Erleben, Erlebnis und Erfahrung derivativ. (Schütz & Luckmann 1984, S. 14: „Erfahrungen, die ihren Sinn aus ihrer Beziehung zu einem Entwurf des Menschen schöpfen, nennen wir Handlungen.")

Ohne hier den Differenzierungen – auch Verschlingungen und Widersprüchlichkeiten – der Schütz'schen phänomenologischen Analysen nachgehen zu wollen, ist Folgendes festzuhalten: „Erleben" und „Erlebnis" können als zentrale Begriffe der Sozialwissenschaften angesehen werden, denen sogar noch fundamentalere Bedeutung als etwa den Begriffen „Handeln" und „Handlung" zukommt. Erlebnisse zu haben wäre demnach eine anthropologische Selbstverständlichkeit. Von daher erscheint die Diagnose einer Erlebnisgesellschaft trivial und mindestens so inhaltsleer, als wollte man von einer Handlungs-, Verhaltens- oder Wahrnehmungsgesellschaft reden.

Nun ist allerdings der Erkenntnisanspruch der gängigen Rede von der Erlebnisgesellschaft trotz oder gerade wegen aller Lauthalsigkeit letztlich bescheidener: Behauptet wird die zunehmende Tendenz – sei es von Individuen, der Gesellschaft oder der Kultur –, *Erlebnisse anzustreben und anzubieten*. Worin nun aber diese Erlebnisse bestehen, bleibt dem Geschmack und Dafürhalten des Einzelnen prinzipiell überlassen. Die Diagnose der Erlebnisgesellschaft impliziert ein Mehr an Erlebnissen – auf der Nachfrage- wie der Angebotsseite –, jedoch ohne sich auf einen objektivierbaren Nachweis von Qualitätsmerkmalen oder Intensitätsgraden von Erlebnissen einzulassen. Form und Inhalt des Erlebens werden nicht ernsthaft untersucht, weder im Sinne einer Phänomenologie à la Schütz noch im Sinne einer Klassifikation empirischer Phänomene. So gerät dann die Diagnose der Erlebnisgesellschaft zum Passepartout bzw. zur rhetorischen Floskel, die je nachdem affirmativ oder denunziatorisch in die Runde geworfen werden kann.

Um der Diagnose und Diskussion der Erlebnisgesellschaft sowie der Beschreibung und Erklärung von Erlebnissen griffigeres Profil zu verleihen, wäre ein grundlegendes begrifflich-theoretisches Instrumentarium wünschenswert. Die Voraussetzung hierzu ist nicht notwendigerweise eine tief greifende Analyse phänomenologischer oder transzendentallogischer Art, die nicht einmal Schütz oder Husserl abschließend und zufrieden stellend gelungen sein dürfte. Wissenschaftlich geboten und zugleich pragmatisch ist es aber, eine gewisse Ordnung oder Struktur in den Phänomenbereich Erlebnis zu bringen.

Erlebnisdimensionen

Man kann drei Dimensionen des Erlebens und der Erlebnisse unterscheiden, und zwar die *(1) kognitive, (2) affektive* und *(3) lokomotorische* oder *behaviorale*.

(1) Erleben beinhaltet Wahrnehmungen, und Wahrnehmungen beruhen auf Unterscheidungen. Wahrnehmung (Kognition) differenziert und kontrastiert. Eine kontrastarme Wahrnehmungswelt ist lediglich grau, Indifferenz ist langweilig. Das Erleben ist umso lebendiger, das Erlebnis umso „aufregender", je weniger Eintönigkeit, Gleichförmigkeit und Erwartbarkeit vorherrschen. Doch Differenzierung von Informationen allein vermittelt noch kein starkes Erlebnis, ein Übermaß an Differenziertheit kann sogar der Unmittelbarkeit des Erlebens hinderlich sein.

(2) Wenn die Wahrnehmung des Unterschieds auch gefühlsmäßig anspricht, die Differenzen mit Affekten belegt sind, wenn die Unterscheidung auch einen emotionalen Unterschied ausmacht, wenn die Differenzen nicht gleich-gültig sind, dann wird das Erlebnis intensiver. Wenn ein Ereignis Emotionen hervorruft, dann hat es auch einen größeren Erlebniswert. Die Inszenierung von Erlebnissen ist daher auch bemüht, Emotionen anzusprechen, zu transportieren oder überhaupt zu produzieren. Zu unterscheiden sind Erlebnisse einerseits hinsichtlich der Stärke oder Intensität der gefühlten Emotionen; andererseits hinsichtlich der Vielfältigkeit und Differenziertheit des Spektrums der hervorgerufenen Emotionen.

(3) Das Erlebnis wird komplett, wenn nicht nur Unterschiede wahrgenommen und Emotionen gefühlt werden, sondern wenn darüber hinaus auch ein Bewegungs- (lokomotorisch) oder Verhaltensimpuls (behavioral) erfolgt. Macht sich das Erleben in innerer Bewegtheit bemerkbar, die zugleich körperlich erfahren wird, wird das Erlebnis vervollständigt. Schließlich kann diese Erlebnisdimension auch ein äußeres Verhalten nach sich ziehen.

Man kann sich diese drei Erlebnisdimensionen bildlich wie die Stufen einer Rakete vorstellen, die jede für sich Treibstoff geladen hat. Während das Zünden jeder einzelnen Stufe nur ein Strohfeuer bewirken würde, erhält die „Erlebnisrakete" erst durch das abgestimmte Abbrennen aller drei Stufen die volle

Schubkraft. So wie eine Rakete bei koordiniertem Zünden der Stufen in einen freien Flug katapultiert werden kann, so wird ein Erlebnis vollkommen, indem die drei Dimensionen durchlaufen werden. Dabei ist die Verlaufskurve der Erlebnisrakete bzw. das Ausfüllen der drei Dimensionen nicht im Sinne eines additiven Verfahrens zu sehen, sondern eher im Sinne einer wechselseitigen Potenzierung: Gesteigerte Wahrnehmungsfähigkeiten erweitern das emotionale Spektrum, was wiederum zu neuen Wahrnehmungen führen kann. Die Umsetzung von Kognition und Emotion in innere und äußere Bewegung lässt das Erleben plastisch werden, was wiederum einen Motor oder Generator für kognitive und emotionale Prozesse im Erleben darstellt. Um sich die Unterschiede der Erlebnisintensität zu verdeutlichen, die durch unterschiedliche Gewichtung der drei Dimensionen erreicht werden, vergleiche man das Erlebnis einer Autofahrt durch die Bergwelt mit dem einer Bergbesteigung; das Betrachten einer Sportveranstaltung oder einer Theateraufführung mit dem Bestreiten eines Tennismatches oder dem Mitspielen in einem Theaterstück.

Erlebnismodi

Die angeführten Beispiele von Erlebnissen deuten auf eine weitere Klassifikationsmöglichkeit von Erlebnissen hin. Der Modus des Erlebens kann aktiv oder passiv sein. Das *aktive* Erleben ist gekennzeichnet durch das Aufsuchen oder Herbeiführen von Kognitionen und Emotionen bzw. ihrer Anlässe. Außerdem spielt sich aktives Erleben (nicht ausschließlich und notwendigerweise, aber doch verstärkt und wahrscheinlich) in der lokomotorischen Dimension ab. Demgegenüber kommen im *passiven* Modus die Ereignisse und Erlebnisse auf einen zu oder stürzen auf einen ein. Die Art und Weise des passiven Erlebens ist die des Widerfahrens, im Grenzfall des Erleidens. Die Unterscheidung zwischen aktivem und passivem Erleben ist nicht immer haarscharf zu treffen, bzw. ein Erlebnis kann in aktive und passive Phasen unterteilt werden. Wenn man sich beispielsweise für das Erlebnis einer Achterbahnfahrt entschließt, wird dieses Erlebnis zunächst aktiv aufgesucht, während man kaum Herr ist über das eigentliche Erlebnis der Fahrt – rasch über einen einstürzende Sinneseindrücke, Emotionen und Körpergefühle, Einschränkung von Beweglichkeit und Verhaltensmöglichkeiten –, man es also passiv „erleidet". Das Beispiel macht auch deutlich, dass die Unterscheidung aktiv/passiv nicht notwendigerweise übereinstimmt mit der Unterscheidung eines starken oder schwachen, positiven oder negativen Erlebnisses.

Erlebnisbereiche

Eine weitere nützliche Unterscheidung von Erlebnissen ist die der Erlebnis*bereiche*. Damit ist nicht die (unerschöpfliche) Aufzählung von heterogenen Erlebnisfeldern gemeint, auf denen Erlebnisse bereitgestellt und erlebt werden, wie etwa Sport, Konsum, Literatur, Sexualität, Reisen etc. Gemeint ist vielmehr eine Dreiteilung, die analog der Kant'schen Unterscheidung dreier Arten von Vernunft ist (theoretische, praktische, ästhetische). Jedem dieser Bereiche kann man eine vorherrschende Form der Vernunft bzw. des Interesses zuordnen. Im ersten Erlebnisbereich geht es um – im weitesten, nicht notwendigerweise wissenschaftlichen Sinne – *Erkenntnis*. Wer etwas über die Welt, über sich oder die anderen in Erfahrung bringen will, für den ist es ein Erlebnis, wenn er entsprechenden Informationen oder Ereignissen begegnet. Entdeckungsreisende oder Wissenschaftler suchen und finden entsprechende Erlebnisse. Aber auch in einem bescheideneren Sinne sind Erlebnisse in diesem Bereich denkbar; so etwa wenn man eine „Entdeckung" macht bei der Lektüre eines Buches, auf einem Spaziergang oder in der Begegnung mit anderen Menschen.

Der zweite Erlebnisbereich hat mit den Erlebnissen und Erfahrungen zu tun, bei denen es um *Sittlichkeit* geht, d. h. mit Ereignissen, deren Bedeutsamkeit im Ethischen oder Moralischen liegt. Die Konfrontation mit dem Guten oder dem Bösen – bzw. mit dem, was man dafür hält – oder Ereignisse, die die Frage nach ethisch-moralischen Maßstäben beunruhigend aufwerfen oder in erhellender Weise beantworten, stellen Erlebnisse dar. Religiöse Erleuchtungen liefern hierfür ein dramatisches Exempel. In einem weniger spektakulären Sinne ist es für jemanden ein Erlebnis, wenn er im alltäglichen Verkehr mit den Mitmenschen „moralische" Überraschungen oder Offenbarungen – im positiven wie im negativen Sinne – erfährt oder wenn er überhaupt auf ein sittliches Problem aufmerksam gemacht wird. In diesem Sinne kann es für einen Touristen in einem Dritte-Welt-Land ein Erlebnis sein, wenn er mit dem Elend eines Bettlers konfrontiert wird. Ein angenehmeres moralisches Erlebnis ist es, in einer Notsituation unerwartete Hilfe zu erfahren.

Der dritte Erlebnisbereich ist der Raum *ästhetischer Erfahrung*. An Ereignissen oder Objekten werden ästhetische Qualitäten wahrgenommen (etwa Schönheit, Harmonie, Erhabenheit, Stimmigkeit bzw. deren Gegensätze) oder die (Re-)Präsentation von Ereignissen und Objekten mit bestimmten, für ästhetisch gehaltenen Eigenschaften wird zum Erlebnis. Die Lektüre eines Buches, der Besuch einer Ausstellung, eines Konzerts oder einer Theateraufführung sind klassische Beispiele. Deren Erlebniswert liegt potenziell vor allem in der Differenziertheit und dem Nuancenreichtum der mit ihnen verbundenen Kognitionen und Emotionen begründet. In einem sublimen Sinne wird hier aber auch die lokomotorische oder behaviorale Dimension einbezogen; im Zuge von Prozessen der Betroffenheit und Identifikation wird auch das eigene Verhalten überprüft und eventuell modifiziert. Nicht nur die hochkulturellen Produkte und

Ereignisse bieten ästhetische Erlebnisse. Auf ästhetischem Terrain bewegt man sich auch bei erlebnisträchtigen Ereignissen der Unterhaltungs-, Trivial- oder Alltagskultur, die vergleichsweise weniger differenziert und auch weniger anspruchsvoll sind, was Vorbereitung und Vorbildung betreffen. Auch ein Einkaufsbummel oder das Betrachten eines Sonnenuntergangs können nicht zuletzt aufgrund ihrer ästhetischen Qualitäten Erlebnisse sein.

Dauer der Erlebnisse, Zeitlichkeit des Erlebens

Erlebnisse lassen sich danach unterscheiden, wie lange sie *dauern* und wie *nachhaltig* sie wirken. Gemeinhin wird ein „Erlebnis" mit einem Ereignis verbunden, das von relativ kurzer Dauer ist. Zwar kann man noch sagen, dass etwa ein Wochenende oder eine Reise ein Erlebnis war, doch längere Zeiträume werden im gängigen Verständnis kaum als Erlebnis charakterisiert. Letztlich „erlebt" man zwar das ganze Leben, doch wird man das kaum als Erlebnis bezeichnen. Hier zeigt sich der Unterschied von Erleben und Erlebnis. Während sich „Erleben" als ein (Bewusstseins-)Strom verstehen lässt, sind Erlebnisse einzelne herausgehobene Ereignisse im Erlebnisstrom, auf die eine besondere Aufmerksamkeit verwendet wird. Dabei mag die Dauer eines Erlebnisses mit der Stärke oder Konzentration der aufgewendeten Aufmerksamkeit zu tun haben. Will man Erlebnisse hinsichtlich ihrer temporalen Struktur klassifizieren, so kann man von der Zeit, die ein Erlebnis in Anspruch nimmt, ausgehen. Dabei ist weniger die Dauer des objektiven Ereignisses interessant als vielmehr der Zeitrahmen, den das subjektive Erleben in der inneren Dauer (durée) einnimmt bzw. ausfüllt. Das Erlebnis eines Konzertbesuchs ist nicht mit dem letzten gespielten Ton zu Ende, das Erlebnis eines Fallschirmsprungs mag nicht zu Ende sein, wenn die Bodenberührung erreicht ist. Dieses zeitliche Ausfransen des Erlebnisses wirft dann weniger die Frage nach seinem definitiven Ende als vielmehr das Problem der Nachhaltigkeit des Erlebnisses auf. Für die nachwirkende Bedeutsamkeit eines Erlebnisses dürfte es auch eine Rolle spielen, ob das Erlebnis den Charakter der Einmaligkeit hat oder wiederholbar ist. Ob und welche Erlebnisse unter der Voraussetzung der Einmaligkeit oder der Wiederholbarkeit stärker nachwirken, wäre erst noch zu klären. Gleiches gilt für die Frage der Erinnerbarkeit von Erlebnissen – ob sich einmalige oder wiederholte Erlebnisse besser und nachdrücklicher der Erinnerung einprägen. Die aktuelle wie die nachhaltige Bedeutung von Erlebnissen ist wiederum zu sehen als eine Größe, die nicht nur von den zeitlichen Parametern gesetzt, sondern vom Zusammenspiel der Gewichtung der Dimensionen, Modi und Bereichen des Erlebens bestimmt wird.

(Vorläufiges) Fazit

Die soweit aufgeführten Differenzierungen des Erlebnisbegriffs eröffnen ein weites Spektrum möglicher Klassifikationen von Erlebnissen. Dabei sollte die Klassifikation keineswegs Selbstzweck sein, sondern könnte Voraussetzung sein für differenziertere Gesellschafts- und Kulturdiagnosen sowie als Bezugsrahmen dienen für empirisch zu überprüfende Fragestellungen. Zumindest bietet die Unterscheidung von Dimensionen, Bereichen, Modi und Zeitstrukturen des Erlebens eine seriösere Alternative zur beliebigen Verwendung des Erlebnisbegriffs und zur Pauschaldiagnose der Erlebnisgesellschaft.

Reinhard Bachleitner

„Erlebnis" kritisch betrachtet

Die heute anzutreffende, quantitativ aber auch qualitativ breite Verwendung des Erlebnisbegriffs mit ihrer typischen Präfixstellung – z. B. finden sich in im Zusammenhang mit unser Thematik folgende Kreationen: *Erlebnisberg, Erlebnispfad, Erlebnisbad, Erlebniswelt, Erlebnisgastronomie, Erlebnistourismus, Erlebniskonsum, Erlebnisreise, Erlebnisweg, Erlebnistage, Erlebnissportarten, Erlebnistourismus, Erlebniskino, Erlebniskneipe, Erlebnisgastronomie, Erlebnistheater, Erlebniszeiten, Erlebnisshopping, Erlebnisindustrie, Erlebnismarketing, Erlebniswerte* etc. – ist Ausdruck und Folge des Individualisierungsprozesses postmoderner Gesellschaften.

Aufgrund der Betonung der Autonomie des Individuums stellt sich ein doppelter Effekt ein: Zum einen führt die anzutreffende Etikettierungsmode zur Erlebnisinflation mit einer Flut von Beliebigkeiten im Bereich der Erlebnismaschinerie, zum anderen zu einer Erlebnisspirale, die mitunter zur Erlebnisekstase zu werden droht. Diese postmoderne Sucht, viele der konsum-, freizeit- und tourismusbezogenen Verhaltensbereiche mit erlebnisorientierten Emotionen zu umgeben und anzureichern, ist ursächlich als eine der Gegenreaktionen zum „Prozess der Zivilisation" mit ihrer Emotionskanalisierung und Emotionsunterdrückung zu verstehen. Mit dem Etikett „Erlebnis" werden emotionale Qualitäten versprochen bzw. in Aussicht gestellt, die von den Zwängen der Moderne zumindest kurzzeitige Entlastung garantieren sollen. Erlebnisorientiert soll im „richtigen" Ambiente aus dem Konsum(über-)angebot das „Richtige" ausgewählt werden. Für manche ist es dabei Ziel, das Leben selbst zu einem großen Erlebnis werden zu lassen und alle erlebnisbedrohenden Verpflichtungen und Selbstdisziplinierungen abzuwenden (vgl. Prisching 1999, S. 47).

Die erlebnishungrige Gesellschaft mit dem Slogan „Erlebe Dein Leben" neigt dazu, Versäumnisse nicht auftreten zu lassen und in die nun einmal begrenzten Zeiträume immer mehr Handlungsalternativen hineinzusetzen; *Langeweile* ist dabei zum erklärten Tabuwort geworden. Die Suche nach Erlebnissen ist letztlich ein Reaktionsstil gegen Erscheinungsformen des Massendaseins in postmodernen Gesellschaften, oder wie es Hartmann (1996, S. 83) formuliert: Die Erlebnisorientierung kann als „Reaktion auf Defizite des (post-)modernen Berufs- und Alltagslebens" an Abwechslung, Aufregung, Körpereinsatz etc. interpretiert werden. Diese Genese spiegelt sich auch in der Wortgeschichte von Erlebnis wider: „Die Untersuchung des Auftretens des Wortes ‚Erlebnis' im deutschen Schrifttum führt zu dem überraschenden Resultat, dass es im Unterschied zu ‚Erleben' erst in den 70er Jahren des 19. Jahrhunderts üblich geworden ist. Im 18. Jahrhundert fehlt es noch ganz, aber auch Schiller und Goethe kennen es nicht. Der früheste Beleg scheint ein Hegel-Brief zu sein. Aber auch in den dreißiger und vierziger Jahren sind mir bislang nur ganz vereinzelte Vorkommen bekannt (..) Ebenso selten scheint das Wort in den fünfziger und sechziger Jahren und tritt erst in den siebziger Jahren plötzlich häufig auf." (vgl. Gadamer 1990, S. 66ff.)

Inhaltlich bildet sich langsam jene Form heraus, die das „Erlebte" in dem Sinne gebraucht, dass der bleibende Gehalt dessen, was erlebt wird, bezeichnet wird, also das Ergebnis oder der *Ertrag*, und zwar auf einer emotionsbezogenen Wahrnehmungs- bzw. Erinnerungsebene, womit Aspekte der Dauer und Bedeutsamkeit verbunden sind.

Die Postmoderne, in der diese Erlebnisorientierung intensiv aufgegriffen wurde, hat diese in mehrfacher Hinsicht stilisiert, indem sie „Erlebnis" als Bestandteil von Handlungen herausfiltert und verdichtet. Aus dem Erlebnis – anfänglich ein „Moment innerhalb des unendlichen Lebens" (Schleiermacher) – entsteht durch symbolische *Überhöhung* eine handlungsleitende Intension: „Erlebniskunst" als Kunstform des Erlebens wird zum Stilisierungsmoment innerhalb von Lebens(abschnitts-)planungen: Die funktionale Erlebnisorientierung als Distinktionsmerkmal zeigt dabei verschiedenste Stufen in ihrer Realisierung und reicht von der Wahl der Handlungsorte, die bereits unterschiedliche Erlebnisgrade garantieren, über die entsprechende Wahl der Handlungsbereiche, die mit den verschiedensten Graden der Erlebniserfahrung korrespondieren. Kurz: Aus der Vielzahl der Möglichkeiten werden jene selegiert, die sich aus der Kontinuität und Alltäglichkeit des Gewohnten herausheben, um sich von anderen auch im Erleben unterscheiden zu können. Indem man dokumentiert, dass man die Fülle der Möglichkeiten auch erlebnisorientiert strukturieren kann, ist eine weitere Ebene der Distinktion eingerichtet.

Diese egoistische Lust auf Vergnügen – in einer Ich-Gesellschaft – zeigt sich wohl am deutlichsten in der *Erlebnisspirale*: Sie reicht von „alles sofort" und „immer mehr" über „immer hastiger" und „immer maßloser" bis hin zu „immer überdrüssiger" mit der „Lust auf Gewalt" und schließlich dem möglichen „Abdriften ins Leere" (vgl. Opaschowski 1996, S. 42ff.).

Ursächlich für diesen Prozess der Erlebnissteigerung ist auch die *Ökonomisierung der Zeit*, die sich im Handlungsfeld „Freizeit" fortsetzt. Die entstandene Freizeitindustrie unterliegt ebenso den Kommerzialisierungsschüben wie die Gesamtkultur, v.a., was die Ausprägung der „subjektivistischen Kultur" betrifft. Das bedeutet letztlich, dass die ursprünglich als regenerationsorientierte Gegenwelt entstandene und heute breit ausdifferenzierte Freizeitkultur sich dem

„Geist des Kapitalismus" nicht entziehen konnte: Die Vermarktung („Vermarktlichung") setzt sich auch im „Reich der Freiheit" mit aller Vehemenz fort. Dispositionen, Mentalitäten und Verhaltensweisen werden von einer Marktgesellschaft überformt, und die *Beschleunigungsmentalität* tritt deutlich zu Tage. In immer kürzeren Zeiten – da heute nicht nur vieles in „Freizeit" ausgelagert wird, sondern die freizeitbezogenen Konsumangebote bei relativer Konstanz der frei verfügbaren Zeiten erheblich zunehmen – soll ein Maximum an Erlebnis erfahrbar werden. Die Erlebnisspirale dreht sich dabei immer schneller und der Erlebnisdruck, ständig das Beste aus seiner Freizeit zu machen, setzt sich durch und findet idealtypisch in den „Freizeitwelten" und „Freizeitparks" seinen Ausdruck. Bedingt durch den Verlust der Dominanz der Arbeit als alleinige und vorrangige Identitätsquelle sucht man nun – und zwar unter Beibehaltung der gleichen Strukturprämissen – Identifikation in den „freien Zeiten". Mit diesem aufkommenden Zwang, die Eigenzeiten entsprechend zu nützen, entsteht erneuter Zeitdruck. Dies führt, wie bereits angedeutet, auch zur Beliebigkeit in der Erlebniskultur, was ihrerseits die Erlebnisspirale erneut in Gang setzt.

Die Verbindung von „Abenteuer – Action – Adrenalin" wird zur vitalen Leitidee für jene, die nicht im Abseits der verschiedensten Erlebnisparadiese und Wunschwelten stehen wollen. Der entstandene Erlebnisfetischismus stellt eine weitere Stufe in der Etablierung von Gegenwelten und Gegenentwürfen zu den empfundenen Bedingungen der Postmoderne dar, und die Eutrophie der Wünsche ist Motor für den Selbstkonsum. Hasse (1998) meint insgesamt dazu: „Das Freizeiterlebnis kompensiert die Leiden der Zivilisation."

Die aufkommende Kritik am Erlebnisboom und insbesondere am Erlebniskonsum ist vor allem eine Kritik an der Bedürfnissteigerung, die sich in einer ungezügelten Bedürfnismentalität aufgrund stets wachsender und wechselnder Ansprüche manifestiert. Die kritischen Bewertungen der Erlebniseuphorie greifen dabei einmal auf die klassische Kulturkritik der *Frankfurter Schule* zurück (vgl. Blume, 2001, S. 45, sowie Hasse, 1998), zum anderen zentriert sich die Kritik auf die verschiedenen Erscheinungsformen innerhalb der Erlebnissphären, wobei hier die Kritik an den Erlebniswelten, die als „Kathedralen Freizeit" bzw. „künstliche Paradiese" gelten, dominiert. Zur Kritik im Einzelnen:

Das Erlebnis, aufgefasst und fixiert als Ergebnis bzw. Ertrag, zu dem das Individuum verführt wird, ist eine Verinnerlichung, die jedoch ebenso wenig ein Inneres zum Ausdruck bringt, wie das Innere einer Kathedrale nur Inneres ist. Die damit gekoppelte Individuation ist nur die verschönte Rückseite einer Radikalisierung der Trennung von Subjekt und Objekt, die Abtrennung des Menschen von seiner Natur. Das Erlebnis bindet das Individuum in einen Kreislauf der Selbstwerdung und flexibilisiert es damit auf die Vermarktung immer neuer Produkte, die ihren Erfolg in der Beschleunigung und Anästhetisierung der Bedingungen des Lebens verdanken (vgl. Hasse 1998, S. 64).

Diese Kritik an der Erlebnisfixierung, die zudem als Rückseite der Modernisierung – als „Unfall" im Prozess der Vergesellschaftung (Virilio) – eingestuft wird, greift insofern zu kurz, als sowohl der Eigenverantwortung der Akteure im Prozess der Modernisierung als auch deren Möglichkeit der Entscheidungsfreiheit abgesprochen wird. Ebenso erscheint der hinter der Kritik stehende Kulturbegriff kaum jene Dynamik zuzulassen, die heute üblich ist.

Erlebniswelten, die als Ikonen für diese Entwicklung stehen, sollen nun insofern entlarvt werden, als ihr schnöder ökonomischer Verführungscharakter bewusst gemacht werden soll, ihre Scheinhaftigkeit sowie das Manipulationspotential einschließlich ihrer Oberflächlichkeit herausgearbeitet wird. Eine der gängigen Thesen lautet: „Kathedralen der Freizeit sind als realisierte Utopien gebaute Ideologien, die im Medium der entgrenzten Lust das Leiden an der modernen Zivilisation erträglich machen. Sie sind Bestätigung dessen, wozu die Menschen vergesellschaft worden sind. Künstliche Ferienwelten sind die mit Stahl, Glas, Vegetation und Sozialtechnologie gebauten Identifikation(en) der Menschen mit der eigenen Erniedrigung (Adorno)." (Hasse 1998, S. 164)

Diese Kritik übersieht ihrerseits, dass das Bild von der materiellen Basis und dem geistigen Überbau ökonomisch obsolet geworden ist, „(..) die treibenden Kräfte gehen (heute) von denjenigen Industrien aus, die Aufmerksamkeit investieren, um Aufmerksamkeit zu erhalten". Auf diesen ökonomischen Wandel sind gerade Erlebniszentren eine Antwort. So sind die Vermarktungsstrategien von Erlebnissen vielfältig geworden, die Aufmerksamkeitszentrierung durch Auffälligkeit und Andersartigkeit ist der neue Grundzug der Erlebnisökonomie geworden. „Erstaunlich, wenn das Gegenteil gewesen wäre", meint Franck (2001, S. 230) und fügt ergänzend hinzu: „Das Aufmerksamsein hat zwei Seiten." Angesprochen ist damit die Gleichzeitigkeit von zwei entgegengesetzten, jedoch einander bedingenden Entwicklungsprozessen: von Trend und Gegentrend, von Differenzierung und Dedifferenzierung etc.

Der nun einsetzende *Gegentrend* zum „Erlebniswahn", und zwar im Sinne von Kompensation, Kontemplation sowie einer Kultur der Langsamkeit, setzt wenngleich erst langsam, aber doch deutliche Akzente in postmodernen Gesellschaft. So zeigt die Kultur der *Entschleunigung* in der Ich-Gesellschaft bereits Profil und legt für eine „entschleunigte Gesellschaft" verschiedene Konzepte vor, um der „Beschleunigungsfalle" zu entkommen (z. B. Reheis 1998); die Entwürfe versuchen insgesamt, der Erlebniszentrierung in der „Non Stop-(Erlebnis-)Gesellschaft" konkret entgegenzusteuern. Die erlebnisorientierten Kulturpraktiken, die anfänglich auch zu einer Nivellierung in Freizeit und Alltagsästhetik führten, sollen insofern ergänzt werden, als mit der verordneten Besinnlichkeit wieder vermehrter Sinn eingefordert wird. „Das bewusste Dasein verlangt auch nach Ruhe, nach Zu-sich-Kommen und Selbstaufmerksamkeit. Es wäre sehr eigenartig, wenn der Kult um die Aufmerksamkeit (und das Erlebnis) diese anderen Bedürfnisse einfach überginge." (Franck 2001, S. 230)

Ob es gelingen wird, die kollektiv gewordene Lust am Vergnügen dorthin zu steuern, wo manche glauben, dass sie verweilen soll, verkennt aber auch die Sehnsüchte der heute globalisierten Akteure, denn die Sehnsüchte haben selten einen konkreten Ort und einen konkreten Inhalt. Die Antworten auf die Tempo- und Steigerungslogiken in der existierenden marktdeterminierten Leistungskultur fallen vielschichtig aus, und die Fokussierung auf die Gegenwart mit der dabei entstandenen (Sehn-)Sucht nach dem Augenblick hat sich tief eingegraben. Die entwickelten vielfältigen Wege zur postmodernen Daseinbewältigung fallen als Suchprozess aus. Darin enthalten sind eben auch Erlebniseinheiten, die als Sinneinheiten sowie als Distinktionsgewinn für die Akteure gelten. Auf der „Ich-Jagd", bedingt durch den Verlust der Gewissheiten, nimmt man Erlebnisstationen, die die Freisetzungstrends des Einzelnen ermöglichen, gerne in Anspruch.

Eine weitere und auf Selbstbeobachtung basierende Interpretation zum „Erlebniswahn" bietet etwa Günther (1996, S. 124) an: Die Erlebnisgesellschaft sei möglicherweise eine Gesellschaft des zunehmenden Verlustes an Erlebnisfähigkeit, da die Intention etwas zu erleben, eben dieses Erlebnis selbst verhindert, schwächt oder entwertet. Der Zwang zum Erlebniserfolg führt zu dessen Misserfolg. Wir selbst entscheiden also über Erlebniswahrnehmung und somit über Täuschung und Enttäuschung mit dem Erlebten.

Literatur

Franck, Jochen (2001). Medienästhetik und Unterhaltungsarchitektur. (S. 221-231) In Regina Bittner (Hg.), Urbane Paradiese. Zur Kulturgeschichte modernen Vergnügens. Frankfurt/M.: Campus Verlag.
Gadamer, Hans-Georg (1990). Wahrheit und Methode. Grundzüge einer philosophischen Hermeneutik. 6. Aufl. Tübingen: Mohr.
Garhammer, Manfred (2001). Wie Europäer ihre Zeit nutzen. Zeitstrukturen und Zeitkulturen im Zeichen der Globalisierung. 2. Aufl. Berlin: Edition Sigma.
Geißler, Karl Heinz (2000). Zeit verweile doch – Lebensformen gegen die Hast. Freiburg, Wien: Herder.
Gross, Peter (1994). Die Multioptionsgesellschaft. Frankfurt/M.: Suhrkamp.
Gross, Peter (1999). Ich-Jagd. Im Unabhängigkeitsjahrhundert. Frankfurt/M.: Suhrkamp.
Günther, Armin (1996). Reisen als ästhetisches Projekt. Über der Formenwandel touristischen Erlebens. (S. 95-124) In Hans A. Hartmann & Rolf Haubl (Hg.), Freizeit in der Erlebnisgesellschaft. Amüsement zwischen Selbstverwirklichung und Kommerz. Opladen: Westdeutscher Verlag.
Hartmann, Hans Albrecht (1996). The Thrilling Fields oder: „Bis ans Ende – und dann noch weiter". (S. 67-94) In Hans A. Hartmann & Rolf Haubl (Hg.), Freizeit in der Erlebnisgesellschaft. Amüsement zwischen Selbstverwirklichung und Kommerz. Opladen: Westdeutscher Verlag.
Heintel, Peter (2000). Innehalten. Gegen die Beschleunigung – für eine andere Zeitkultur. Freiburg, Wien: Herder.
Nowotny, Helga (1995). Eigenzeit. Entstehung und Strukturierung eines Zeitgefühls. 2. Aufl. Frankfurt/M.: Suhrkamp.
Prisching, Manfred (1999). Die Mc-Gesellschaft. In der Gesellschaft der Individuen. 2. Aufl. Graz, Wien: Ed. Kleine Zeitung/Verlag Styria.
Reheis, Fritz (1996). Die Kreativität der Langsamkeit. Neuer Wohlstand durch Entschleunigung. Darmstadt: Wiss. Buchgesellschaft.

Alexander G. Keul

Reisezeit = Erlebniszeit?

Welche Phänomene der physikalischen und sozialen Welt bildet der Begriff *Erlebnis* ab? Die große Bedeutungsbreite im Deutschen erschließt sich bereits indirekt aus der englischen Übersetzung in *(personal) experience, adventure, occurrence* und *event*. Die Internet-Suchmaschine Google zeigte Mitte 2002 zu *Erlebnis* 237.000 Treffer an. 100 durchgesehene homepages erwiesen sich als thematisch breit gestreut – Sport, Pädagogik, Lernen, Musik, Kunst, Fotografie, EDV, Literatur, Gedichte, aber auch Garten, Elektrizität, Astronomie, Medien, Philosophie, Medizin oder Sexualität. Folgende, teilweise skurrile, Textpassagen fielen auf: Erlebnis Boden (Schweiz), Erlebnisschmiede Lüneburg, Erlebnis Pferd, Team Erlebnis, Erlebnis Alfsee (Teutoburger Wald), Erlebnis-Töpferei, Das ultimative Gay-Erlebnis, Zoo-Erlebnis, Erlebnis Geburt, Hopfen-Erlebnis-Hof (Bayern), Die Erlebnis-Profis, APS Erlebnis-Filme, Golf-Erlebnis, Energie-Erlebnis.

Wie wird *Erlebnis* in der touristischen Praxis instrumentalisiert? Im folgenden – beliebig herausgegriffenen – Beispiel markierte der Autor erlebnisbezogene Begriffe/Satzteile im „Ausflugsprogramm der Insel Kreta", erstellt von lokalen Agenturen, erhalten auf einer Pauschalreise 2002:

> „Bekannteste (..) Ausgrabungsstätte, reizvolle Gegend, fruchtbarster Teil der Insel, eine der reizvollsten Fahrten, um den Westteil (..) zu entdecken, **wo Sie** noch immer den türkisch-orientalischen Einfluss **spüren**, mit herrlicher Strandpromenade, **erwarten Sie**, sind ein ERLEBNIS, **ERLEBEN Sie** den Ostteil, die südlichste Stadt Europas, kleine, idyllisch gelegene Stadt, **zeigt Ihnen** das Leben der Kreter, das bekannteste Ikonenkloster, dem einzigen Palmenstrand (..) Europas, **kombinieren Sie** Land, Leute und Geschichte, mit vielen kleinen, typischen Dörfern, **erkunden Sie** das Weinbauerndorf, einzigartige Mischung von venezianischen und türkischen Gebäuden, die Markthalle ist ein ERLEBNIS, Besichtigung des berühmten Klosters, die abenteuerliche Art, Kreta zu entdecken, **genießen Sie** Kreta einmal ganz anders, für Individualisten das besondere ERLEBNIS, **feiern Sie** einmal wie die Kreter und mit den Kretern, eine malerische Landschaft, landschaftlich eine äußerst reizvolle Gegend, **lädt Sie** zum Bummeln oder zum Verweilen (...) **ein**, genießen vom Schiff aus das schöne Panorama, in dieser traum-

> haften Lagune **haben Sie Zeit, lassen Sie sich** von den malerischen Dörfern des Westens **verzaubern, entdecken Sie** das Kloster, schon **wartet** einer der schönsten Strände des Westens **auf Sie**, mit seinem goldenen Sand und seinem kristallklaren Wasser, **wandern Sie** ...) über die türkisblaue Lagune, Mittelmeer oder Karibik, die faszinierende Landschaft (...) **lädt Sie** zu diesem NaturERLEBNIS **ein**, die einmalige (..) Schlucht, **entdecken Sie** die längste Schlucht Europas <u>auf bequeme Art</u>, **wandern Sie** <u>nur soweit (...) wie Sie wollen</u>, Zeit zum Baden, **ERLEBEN Sie** einen traumhaften Tag, die Insel (...) **erwartet Sie** zum (...) Faulenzen, **ERLEBEN Sie** einen Badetag auf der Karibikinsel im Mittelmeer, einen unvergesslichen Badetag, **entdecken Sie** (..) die Küste, eine unglaublich schöne Insel **lädt Sie** zum Besuch **ein**, ganz in den Farben weiß und blau gehalten, der Sage nach (...) Atlantis, **versäumen Sie nicht,** (...) zu entdecken, Robinson Crusoe-Bootsfahrt, ein Tag auf dem Wasser, vorbei an steiler Felsenküste zu idyllischen Stränden, **Sie baden** im tiefblauen Meer **und genießen** ein Essen an Bord, Fahrt (..) durch kleine ursprüngliche Dörfer, weniger bekannte, aber wunderschöne Schlucht, Zeit zum Essen oder zum Schwimmen, Fotosafari: Land und Leute, faszinierende Eindrücke Mittelkretas, typische Dörfer, vorbei an Schluchten, **kommen Sie** Land und Leute **näher**, genau das Richtige für Naturliebhaber und Fotofreunde, **kommen Sie** der Natur **näher, entdecken Sie** Kreta mit dem Mountainbike, <u>hochwertige Mountainbikes und ständige Begleitung durch den Servicewagen, Sturzhelme und Trinkwasser inklusive.</u>"

Im Text sind Einmaligkeit, Emotionalität und Wert der Orte hervorhebende Passagen kursiv gesetzt, personalisierte Appelle fett gedruckt und den Nutzen und die Auswahl betonende Passagen unterstrichen. Erlebnis und Erleben (sieben Textstellen) wurden durch Blocksatz hervorgehoben. Inmitten soviel wohlfeiler Erlebnisware fühlt man sich ins Schlaraffenland (Richter 1995) versetzt.

Erlebnis wird im alltagssprachlichen bis touristischen Kontext noch breiter und inflationärer verwendet als seine englische (Teil-)Übersetzung *event* (vgl. Keul 1998b). Auch wenn in essayistischen Darstellungen die Grenzen verfließen (Kemper 2001; Schulze 2000) – *Events* sind eher außeralltägliche, festliche Ereignisse, *Erlebnis* kann (und soll) dagegen überhaupt alles und jedes sein. Diese Plastizität und Kontextunabhängigkeit ist nicht unbedingt nur von Vorteil – so wurde bereits ernsthaft am österreichischen Nationalfeiertag ein Tag der offenen Tür der Armee als „Erlebniswelt Bundesheer" beworben.

Die Duden Etymologie (Drosdowski 1989, S. 161, S. 408) verweist bei „erleben, Erlebnis" auf „leben", wo es dann heißt: „erleben ‚mit ansehen, mitfühlen; mitmachen; Erfahrungen machen, erfahren' (mhd. erleben), dazu Erlebnis ‚miterlebtes Ereignis; starker Eindruck' (um 1800)." Weitere von „leben" abgeleitete Bildungen sind z. B. lebendig und lebhaft.

Das Internet-Philosophie-Lexikon gibt folgende Begriffsdefinition: „Als Erlebnis bezeichnet man sowohl ein Geschehnis oder Ereignis, durch das jemand stark beeindruckt wurde, als auch jedes von jemandem miterlebte Geschehen. In der Psychologie bezeichnet Erlebnis entweder den Inhalt des Erlebens, das was erlebt wird [sic], oder das Innewerden von Inhalten des Bewusstseins. Dem

Erlebnis werden folgende Eigenschaften zugesprochen: 1. es ist durch seinen Inhalt bestimmt, 2. es ist unmittelbar, d. h. nicht durch Begriffe vermittelt, 3. es ist an die Perspektive des erlebenden Subjekts gebunden, es ist also immer Selbsterlebtes, 4. es ist für das Ganze eines Lebenszusammenhanges eines Subjektes bedeutsam." (Wiedemann 2002) Erwähnt wird die Diskussion des Begriffes Erlebnis bei Natorp, Husserl und Dilthey.

Laut Gadamer (1990) wurde der Begriff *Erlebnis* erst ab 1870 im deutschen Schrifttum üblich, war bei den Klassikern also noch unbekannt. Datiert man mit Schulz (1996, S. 8) die Romantik „als Name für eine Epoche in der Geschichte der europäischen Kunst (..) zwischen 1790 und 1840", dann wird deutlich, dass *romantisches* Erleben und Fühlen (Wortwurzel: Rom, verwandte Begriffe: Roman, Romanze) lange vor dem heute fast untrennbar damit verbundenen Erlebnisbegriff präsent war. Für Bertrand Russell (2002, S. 686f) charakterisiert die romantische Bewegung, „dass sie die utilitaristischen Ideale durch ästhetische ersetzte (..) Die Moral der Romantiker ist vor allem ästhetisch motiviert." Bewunderten Rousseaus Vorgänger noch üppige Weiden mit Vieh, also gepflegte, fruchtbare, nützliche Landschaft, so wertschätz(t)en romantisch Denkende und Fühlende die Alpen, Abgründe, reißende Bäche, Wälder, Gewitter und das Meer. Russell (2002, S. 687) ironisch: „(..) und überhaupt alles, was nutzlos, zerstörerisch und gewalttätig ist. Dieser Wandel scheint mehr oder minder von Dauer zu sein. Fast alle Leute geben heute dem Niagara und dem Grand Canyon vor üppigen Wiesen und wogenden Kornfeldern den Vorzug. Die Touristenhotels erbringen den statistischen Beweis für den Geschmack an der Landschaft."

Inspiration „durch das Großartige, Fernliegende und Furchtbare" (Russell 2002, S. 687), auch durch Verfall, Mysterium, Okkultismus, ging also dem Erlebnisbegriff historisch voraus. Und ähnlich wie die Verbreitung des Reisens als Tourismus vom Adel auf Bürgertum und schließlich auf die ganze Gesellschaft beschäftigt das romantische *Erlebnis* (zunächst nicht so benannt) erst Adlige, Poeten und Philosophen, erfasst Ende des achtzehnten Jahrhunderts das deutsche Bürgertum und schließlich als Enzensbergers „vergebliche Brandung der Ferne" (1958) die ganze moderne westliche Gesellschaft.

Der Kultursoziologe Gerhard Schulze (1995) benennt den Wandel von außenorientierten Projekten (Arbeitskraft, Ressourcensicherung, Gelderwerb, Fortbewegung) zu *innenorientierten* Lebensauffassungen (Erlebnis, Vergnügen, schönes Leben, Ästhetisierung aller Wirklichkeitsbereiche) mit dem Begriff *Die Erlebnisgesellschaft*. Das Denken und Handeln von Minderheiten, die sich Luxus leisten konnten, wird zum Projekt, ja zur Pflicht für alle: „Das Vergnügen ist eine Arbeit geworden." (Greiner) Schulze sieht Simmel als einen frühen Diagnostiker der Erlebnisorientierung. Riesman, Bell und Galbraith charakterisierten dieses zentrale Moment moderner Subjektivität. Scharfe Kritiker der Vorgänge sind Postman („Wir amüsieren uns zu Tode", 1988), Gergen („Das übersättigte Selbst", 1996), Sennett oder Türcke (2002). Daneben findet sich auch begeisterte Marketing-Literatur (z. B. Mikunda 2002).

Alexander G. Keul

„Erleben" in der Psychologie

Was weiß die *Psychologie* als Wissenschaft vom Erleben (!) und Verhalten des Menschen vom Erlebnis? Eine Suche in der deutschsprachigen Psychologie-Datenbank Psyndex (ZPID Trier) für den Zeitraum 1977 bis Juni 2002 ergab 350 Treffer, von denen die ersten 100 ausgewertet wurden: 57 stammten aus dem Bereich Klinische Psychologie und Therapie, 17 aus Entwicklungs- und Pädagogischer Psychologie, 10 aus Medien- und Wirtschaftspsychologie, 7 aus Allgemeiner Psychologie, Geschichte und Philosophie, je 3 aus Sport- und Gesundheitspsychologie, 2 aus Lese- und Literaturpsychologie und 1 aus der Tiefenpsychologie. *Tourismus* kam in Kombination mit *Erlebnis, Ereignis* oder *Abenteuer* im Suchzeitraum nicht vor. (Allerdings kann dies auch ein Resultat schlechter Verschlagwortung sein.)

Eine parallele Suche in der US-Psychologie-Datenbank PsycLit (PsycINFO) 1996-2001 ergab für *event* 8.392 Treffer, davon 5 mit touristischem Bezug, für *experience* 36.560 Treffer, davon 18 touristisch, und für *adventure* 233 Treffer, davon 9 mit Tourismusbezug. Damit standen gerade 0,07% dieser Literatur in touristischem Themenbezug. Wovon handeln die wenigen Arbeiten? 12 kreisen um Aspekte des Abenteuertourismus, je einige um Esoterik oder Sextourismus, der Rest untersuchte Kultur- und Wirtschaftsthemen.

Bleibt die direkte Begriffsverwendung auch sparsam, hat die Psychologie doch einiges zur Begriffsklärung beizutragen. *Erlebnis* als populärer wie antiquierter Begriff hat den Nachteil, sowohl inneres Geschehen wie äußere Vorgänge, also sowohl Erleben wie Verhalten zu meinen. Die Emotionspsychologie hat sich daher von *Erlebnis* wie *Erlebnistönung* verabschiedet (vgl. z. B. Schmidt-Atzert 1996). Unterschieden werden heute *Emotionen, Stimmungen* und als positiver Gefühlsbereich *Wohlbefinden*. Als Lebensbilanz reflektierte Emotion kann zu Glück führen (Mayring 1991). Becker (1991) unterscheidet aktuelles und habituelles Wohlbefinden.

Aktuelles Wohlbefinden durch erfolgreiche Handlungen – das phänomenologisch dem alten Erlebnisbegriff sehr nahe liegt – untersucht v. a. die Kulturpsychologie. Boesch (1975) sieht in seiner ich-psychologischen Handlungstheorie emotionale Regulationsprozesse, die den Handlungserfolg laufend durch Soll-Ist-Vergleich „zwischen Angst und Triumph" überprüfen. Intensive Glücksgefühle sind die Folge von persönlich bedeutsamen Handlungen, deren Ausgang ungewiss war. Ähnlich Csikszentmihalyi (1985), der ein *flow-Erlebnis*, das Verschmelzen von Handlung und Bewusstsein, postliert, welches besonders bei autotelischen, kreativen und/oder motorisch besonders komplexen Aktivitäten auftritt. Durch hohe Faszination und Befriedigung besteht Abhängigkeitsgefahr. Gerade diese Handlungsfolgen verschreibt die „Erlebnispädagogik" (Gilles 1998) wiederum Jugendlichen als Therapie.

Doch ist *Erlebnis* für die Psychologie weit mehr als nur aktives Handeln. Emotions- und Umweltpsychologen (Döring-Seipel 2000; Gifford 1997; Keul

1995, 1998a, 2000; Russell & Snodgrass 1987) weisen darauf hin, dass auch so genannte „passive" Erholung und Entspannung, vorzugsweise in „natürlichen" Umwelten (vgl. Romantik) subjektiv sehr befriedigend und eine Quelle für Wohlbefinden sein können. Freilich wusste schon Jacobson (1990, Kap. 15), der Begründer der progressiven Muskelentspannungstherapie, dass „Erholung" nicht immer automatisch zu muskulärer Entspannung führt.

Psychotechnisch (im alten, manipulativen Wortsinn) nutzt die Markt-, Werbe- und Konsumentenpsychologie das *Erlebnis*. Kroeber-Riehl (1992) referiert über Strategien und Techniken der Erlebnisvermittlung, über Stärke, Qualität und Träger der Emotionen. Nach Felser (1997) schafft Werbung Erlebniswert und damit Zusatznutzen von Produkten. Impulsive Jung-Konsumenten sind „experiencers" (Solomon 1996, S. 589). Die Werbewirkungsforschung kennt eine „erlebnisorientierte Verarbeitungsstrategie" (Moser 2002, S. 90-91), ohne sie freilich systematisch erforscht zu haben.

Eine sinnvolle Erklärung zum Phänomen Erholung stammt von Lewin (1928), der davon sprach, dass *psychischer Sättigung* und fallender Motivation durch monotone Arbeits- und Lebensumstände mittels „aus-dem-Feld-Gehen" beizukommen sei. Gemeint waren damit nicht primär Reise und Tourismus, sondern jeder psychische „Tapetenwechsel", also jede Pause, Zerstreuung, ritualisierte Unterbrechung und Kontemplation. Paradoxerweise beschränkt sich psychologische Erholungsforschung immer noch auf die Sportpsychologie und überlässt das bunte Feld *Wellness* und *Genuss* populärwissenschaftlichen Autoren (Biziou 2000; Hofmann 2002; Ornstein & Sobel 1994; Randow 2001; Stark & Sandmeyer 2000; Vienne & Lennard 2000 u. v. a.). Urlaubserleben versucht, zyklisch Erregung und Ruhe, Lust und Unlust zu optimieren (Schober 1993) bzw. optimal zwischen Anstrengung und Entspannung abzuwechseln.

Die ideologische Basis allen touristischen Erlebens betonte besonders Enzensberger (1958). Ähnlich wie die Waschmittelwerbung das „gewöhnliche" Waschmittel erfand, das Wäsche grau und hart machen soll, führt die Touristifizierung der Welt zu einer Abwertung des „grauen" Alltags, zur Pflege der Negation (Wöhler 2000). Inzwischen erschienen bereits „Reiseführer" für „Öde Orte" (Roth & Wieland 1998, 1999) wie auch ein Bildband „Langweilige Postkarten" (Parr 2001).

Wie vertragen sich Urlaubserleben und seelische Gesundheit? Zyniker werden schließlich nicht müde, einen Nachurlaub zur Erholung vom Urlaub zu fordern. Eine frühe Arbeit dazu war das Experiment von Trins 1962, bei dem deutsche Urlauber in Tirol untersucht wurden (Mundt & Lohmann 1988).

In einer neueren Arbeit zieht Graf (2002, S. 285-286) aus ihrer teilnehmenden Beobachtung von Wohnwagen- und Rucksacktouristen folgendes Resümee: „Touristisches Reisen hat zwei wesentliche psychologische Effekte. Zum einen eine kompensatorische Verschiebung [eine Flexibilisierung, Dynamisierung und Verschiebung zwischen den Polen Aufregung/Abenteuer und Ruhe/Entspannung] und zum anderen eine Wiederbelebung des Lustprinzips mit ei-

ner (..) Umweltwahrnehmung (..), bei der Wünsche und Bedürfnisse einen besonders starken Einfluss haben (,illusorische Perzeption') (..). Dieser Prozess beeinflusst die Entstehung positiver Emotionen im Urlaub." Graf weist aber auch darauf hin, dass die „kompensatorische Verschiebung" zur Verfestigung neurotischer Strukturen und zur Vermeidung von Entwicklungsanforderungen führen kann. Reisen wird so zur regressiven Flucht.
Erlebnisse schlagen symbolisch die Brücke zwischen Lust und Kunst (vgl. Kobbert 1986; Tunner 1999), pendeln zwischen Alltag und Urlaub, zwischen Realem und Imaginärem. So schwer fassbar der Inhalt dieses schillernden Begriffes auch erscheint – ohne ihn wäre der Tourismus eine salzlose Suppe.

Literatur

Bachleitner, Reinhard (i. D.). „Erlebnis" kritisch betrachtet (im vorliegenden Band).
Becker, Peter (1991). Theoretische Grundlagen. (S. 13-49) In Andrea Abele & Peter Becker (Hg.), Wohlbefinden. Weinheim: Juventa.
Boesch, Ernst (1975). Zwischen Angst und Triumph. Über das Ich und seine Bestätigung. Bern, Wien: Huber.
Biziou. Barbara (2000). Sahnehäubchen für die Seele. München: Goldmann.
Csikszentmihalyi, Mihaly (1985). Das Flow-Erlebnis. Jenseits von Angst und Langeweile: im Tun aufgehen. Stuttgart: Klett-Cotta.
Döring-Seipel, Elke (2000). Umwelt und Emotion. (S. 605-615) In Jürgen H. Otto, Harald A. Euler & Heinz Mandl (Hg.), Emotionspsychologie. Weinheim: Beltz, PVU.
Drosdowski, Günther (1989). Duden – Etymologie. Herkunftswörterbuch der deutschen Sprache. Mannheim: Dudenverlag.
Enzensberger, Hans Magnus (1958). Vergebliche Brandung der Ferne. Eine Theorie des Tourismus. Merkur, 1958, 12, 701-720.
Felser, Georg (1997). Werbe- und Konsumentenpsychologie. Stuttgart, Heidelberg: Schäffer-Poeschel-Spektrum.
Gadamer, Hans-Georg (1990). Wahrheit und Methode. Grundzüge einer philosophischen Hermeneutik. Tübingen: Mohr.
Geier, Manfred (1999). Fake. Leben in künstlichen Welten. Mythos – Literatur – Wissenschaft. Reinbek: Rowohlt.
Gergen, Kenneth J. (1996). Das übersättigte Selbst. Identitätsprobleme im heutigen Leben. Heidelberg: Auer.
Gifford, Robert (1997). Environmental psychology. Boston: Allyn & Bacon.
Gilles, Christoph (1998). Abenteuer und Erlebnis. (S. 270-276) In Ulrich Deinert & Benedickt Sturzenhecker (Hg.), Handbuch Offene Jugendarbeit. Münster: Votum.
Graf, Bettina (2002). Reisen und seelische Gesundheit. Erfahrungs(t)räume zwischen Autonomie und Geborgenheit. München, Wien: Profil.
Hofmann, Inge (2002). Lebe faul, lebe länger. Warum sich Müßiggang lohnt. München: Mosaik.
Jacobson, Edmund (1999). Entspannung als Therapie. Progressive Relaxation in Theorie und Praxis. Stuttgart: Pfeiffer, Klett-Cotta.
Kemper, Peter (Hg.). (2001). Der Trend zum Event. Frankfurt/M.: Suhrkamp.
Keul, Alexander G. (Hg.). (1995). Wohlbefinden in der Stadt. Umwelt- und gesundheitspsychologische Perspektiven. Weinheim: Beltz, PVU.

Keul, Alexander G. (1998). Reise, Erholung, Urlaub, Gesundheit. Ein Feld zwischen Mythos und Empirie. Psychosozial, 1998, 69, 7-12.
Keul, Alexander G. (1998). Psychologische Gedanken zu „Events" im Tourismus. Salzburger Volkskultur, 1998, 22, 31-33.
Keul, Alexander G. (2001). Gesunde Freizeit – erholsamer Urlaub? (S. 48-53) In Alexander G. Keul, Reinhard Bachleitner & H. Jürgen Kagelmann (Hg.), Gesund durch Erlebnisse? Aktuelle Trends der Tourismusgesellschaft. 2. Aufl. München: Profil.
Kobbert, Max J. (1986). Kunstpsychologie. Darmstadt: Wiss. Buchgesellschaft.
Kroeber-Riehl, Werner (1992). Konsumentenverhalten. München: Vahlen.
Lewin, Kurt (1928). Bedeutung der psychischen Sättigung für einige Probleme der Psychotechnik. Psychotechnische Zeitschrift, 1928, 3, 182-188.
Mayring, Philipp (1991). Psychologie des Glücks. Stuttgart: Kohlhammer.
Mikunda, Christian (2002). Kino spüren. Strategien der emotionalen Filmgestaltung. Wien: WUV Universitätsverlag.
Moser, Klaus (2002). Markt- und Werbepsychologie. Göttingen: Hogrefe.
Mundt, Jörn W. & Lohmann, Martin (1988). Erholung und Urlaub. Starnberg: Studienkreis für Tourismus e.V.
Ornstein, Robert & Sobel, David (1994). Gesund durch Lebensfreude. München: Hugendubel.
Parr, Martin (2001). Langweilige Postkarten. Berlin: Phaidon.
Postman, Neil (1988). Wir amüsieren uns zu Tode. Frankfurt/M.: Fischer.
Randow, Gero von (2001). Genießen. Eine Ausschweifung. Hamburg: Hoffmann & Campe.
Rheingold, Howard (1992). Virtuelle Welten. Reisen im Cyberspace. Reinbek: Rowohlt.
Richter, Dieter (1995). Schlaraffenland. Geschichte einer populären Utopie. Frankfurt/M.: Fischer.
Roth, Jürgen & Wieland, Rayk (Hg.) (1998). Öde Orte. Leipzig: Reclam.
Roth, Jürgen & Wieland, Rayk (Hg.). (1999). Öde Orte 2. Leipzig: Reclam.
Russell, Bertrand (1950). Philosophie des Abendlandes. Zürich: Europa.
Russell, James A. & Snodgrass, Jocalyn (1987). Emotion and the environment. (pp. 245-280) In Daniel Stokols & Irwin Altman (Eds.), Handbook of environmental psychology. New York: Wiley.
Schmidt-Atzert, Lothar (1996). Lehrbuch der Emotionspsychologie. Stuttgart: Kohlhammer.
Schober, Reinhard (1993). (Urlaubs-)Erleben, (Urlaubs-)Erlebnis. (S. 137-140) In Heinz Hahn & H. Jürgen Kagelmann (Hg.), Tourismuspsychologie und Tourismussoziologie. München: Quintessenz.
Schulz, Gerhard (1996). Romantik. Geschichte und Begriff. München: Beck.
Schulze, Gerhard (1995). Die Erlebnisgesellschaft. Kultursoziologie der Gegenwart. Frankfurt/M.: Campus.
Schulze, Gerhard (2000). Kulissen des Glücks. Streifzüge durch die Eventkultur. Frankfurt/M.: Campus.
Solomon, Michael R. (1996). Consumer behavior. Upper Saddle River, NJ: Prentice-Hall.
Stark, Michael & Sandmeyer, Peter (2000). Wenn die Seele neue Kraft braucht. Wie aus Urlaub und Freizeit Erholung wird. Reinbek: Rowohlt.
Türcke, Christoph (2002). Erregte Gesellschaft. Philosophie der Sensation. München: Beck.
Tunner, Wolfgang (1999). Psychologie und Kunst. Vom Sehen zur sinnlichen Erkenntnis. Wien: Springer.
Vester, Heinz-Günter (i. D.). Das Erlebnis begreifen – Überlegungen zum Erlebnisbegriff (im vorliegenden Band).
Vienne, Veronique & Lennard, Erica (2000). Die Kunst, nichts zu tun. Bern: Scherz.

Wiedemann, Uwe (2002). Erlebnis. In PhilLex. Lexikon der Philosophie. Internet: http://www.phillex.de/erlebnis.htm (Ausdruck beim Autor).
Wöhler, Karlheinz (2001). Pflege der Negation. Zur Produktion negativer Räume als Reiseauslöser. (S. 29-37) In Alexander G. Keul, Reinhard Bachleitner & H. Jürgen Kagelmann (Hg.), Gesund durch Erleben? 2. Aufl. München: Profil.

Frederic Goronzy

Erlebniszoos: das Tier als Erlebnis

1. Erlebniszoos im Aufwind

Vor zehn Jahren hätte das Wort „Erlebniszoo" wahrscheinlich noch große Verwunderung hervorgerufen: zu unverstellbar diese Begriffsmischung aus traditionellem Zoologischen Garten und diesem Zauberwort: „Erlebnis"[1]. In der Zwischenzeit gibt es einige erfolgreiche Beispiele dieses neuen Genres. In Deutschland hat vor allem der Zoo Hannover von sich reden gemacht. In den Niederlanden ist besonders Burgers Zoo (Arnheim) als interessantes Beispiel bekannt. In den USA war es das 1998 eröffnete Animal Kingdom im Walt Disney World Resort. Dabei erzielen die Anlagen mit etwa einer Mio. Besucher im Jahr (2002: Zoo Leipzig: 1,2 Mio., Zoo Hannover: ca. 1 Mio.) einen höheren Besucherzuspruch als die meisten traditionellen Zoos in Deutschland (vgl. Themata 2003, S. 110). Erlebniszoos sind also im Aufwind und scheinen ihren festen Platz im Erlebnismarkt einzunehmen. Daher widmet sich dieser Beitrag dem Phänomen unter folgenden Fragestellungen: Welche Entwicklungen führten überhaupt zu diesen neuen Anlagen? Mit welcher Philosophie und mit welchem Konzept gehen sie an den Markt? Und, wie lassen sich diese Tiergärten in Bezug zu den klassischen Erlebniswelten (Freizeitparks oder -bäder) einordnen?

2. Traditionelle Zoos unter dem Druck der Veränderung

Die Entwicklung von Erlebniszoos ist ein Prozess, der Anfang der 1990er Jahre begann und noch lange nicht abgeschlossen ist. Zurzeit kann man in Deutschland von ca. 40 Großzoos mit mehr als 200.000 Besuchern pro Jahr sprechen (Themata 2003, S. 109). Allerdings gibt es bisher nur wenige Beispiele von reinen Erlebniszoos.[2] Es ist aber erkennbar, dass sich viele Tiergärten Gedanken über ihre weitere Entwicklung machen und mit Einzelprojekten ihren Erlebniswert zu steigern versuchen, wie z. B.: Berliner Zoo, Pinguin- und Robbengelände: € 19 Mio.; Tierpark

Hagenbeck, Orang-Utan-Haus: € 4,5 Mio.; Osnabrücker Zoo, Giraffenhaus: € 2,15 Mio. (Themata 2003, S. 109). Zur Annäherung an das Phänomen seien zunächst die Geschichte der zoologischen Gärten und anschließend die gesellschaftlichen Veränderungen, die mit zu dieser Entwicklung führten, dargestellt.

Historische Entwicklung der zoologischen Gärten

In Deutschland beginnt die Geschichte der traditionellen Zoos Mitte des 19. Jahrhunderts. Unter dem Einfluss Alexanders von Humboldt eröffnet der erste Tiergarten 1844 in Berlin, dem kurz darauf weitere Zoologische Anlagen folgen. Zwar wurden exotische Tiere bereits zuvor einer breiten Öffentlichkeit zu Schau gestellt, aber in den Zoos geschieht dies zum ersten Mal mit dem Ziel der Bildung und der wissenschaftlichen Forschung. 1907 beginnt eine neue Entwicklung, als der Tierhändler Carl Hagenbeck in Hamburg seinen eigenen Zoo eröffnet. Hier werden Tiere in relativ großzügigen Gehegen präsentiert, die ihrem natürlichen Lebensumfeld ähneln. Durch die ansprechende Gestaltung der Anlage hat der Zoo großen Erfolg und findet sowohl seine Kritiker als auch seine Nachahmer. Bis in die 1950er Jahre entstehen viele weitere Anlagen, die zum Teil von Privatleuten, aber überwiegend von der öffentlichen Hand betrieben werden. 1976 tritt Deutschland dem internationalen Artenschutzabkommen bei. Seitdem ist die Jagd auf Tiere zum Export verboten, und die Zoos müssen sich vermehrt um die Arterhaltung der Tiere bemühen. Der wirtschaftliche Betrieb von Zoos wird im Laufe der Zeit immer schwieriger, und die Anlagen müssen fast alle von den Gemeinden finanziell unterstützt und betrieben werden. Im Jahr 1998 muss jeder Zoobesucher mit € 1,50 bis € 2,00 subventioniert werden (NatureCom, 1998, Zoos in Deutschland). Mitte der 90er Jahre spitzt sich die finanzielle Situation der Gemeinden zu, neue Investitionen bleiben aus. Die Zoos haben zunehmend mit sinkenden Besucherzahlen zu kämpfen. Somit stehen die Anlagen vor großen Herausforderungen und müssen neue Konzepte finden, um ihre Einnahmen zu steigern, was v. a. bedeutet, wieder mehr Besucher anzuziehen. Anscheinend treffen die klassischen Anlagen nicht mehr den Geist der Zeit. Das geänderte Besucherverhalten ist zum Teil durch allgemein gesellschaftliche Veränderungen zu erklären.

Gesellschaftliche Veränderungen

Unter dem Einfluss gesellschaftlicher Veränderungen[3] haben sich die Erwartungen der Besucher an Freizeiteinrichtungen geändert. Im Hinblick auf zoologische Gärten kann die Erlebnisorientierung als besonders einflussreicher Faktoren gesehen werden. Sicherlich ist die *Erlebnisorientierung* – nach Schulze (2000, S. 37) „die Gestaltungsidee eines schönen, interessanten, subjektiv als lohnend empfundenen Lebens" – heute der kleinste gemeinsame Nenner unserer Gesellschaft. Menschen streben nach Erlebnissen und Emotionen, die sie als schön empfinden; Ziele, die Spaß, Abwechslung und Außergewöhnliches versprechen, werden immer begehrter.

Da für Freizeitangebote wie viele andere Bereiche des Alltags das Phänomen der *Marktsättigung* gilt – das Marktangebot ist heute größer als die Marktnachfrage – ist es wichtig, möglichst unverwechselbare, einzigartige Produkte („Marken") aufzubauen. Auch und besonders Freizeiteinrichtungen/Freizeitgroßanlagen müssen durch (auch emotional spürbare) Unterscheidungsmerkmale auffallen.

Vorbilder in Übersee und unter Wasser

Dass zoologische Anlagen durchaus das Interesse von Besuchern wecken (und finanziell reüssieren) können, demonstrieren seit langem erfolgreiche Einrichtungen in den USA. Die dortigen privatwirtschaftlichen Anlagen wie die Sea-World-Parks oder Busch Gardens (Tampa, Florida) waren immer schon gezwungen, sich nach dem Besuchergeschmack auszurichten, und begannen deshalb früh mit erlebnisorientierten Konzepten. So können sie im Vergleich zu den deutschen Anlagen auch einen großen wirtschaftlichen Erfolg vorweisen. In Deutschland haben derzeit neue Konzepte wie die Großaquarien der SeaLife Centers der englischen Merlin-Gruppe (Konstanz, Timmendorfer Strand, Speyer, Oberhausen u.a.) Erfolg. Dies erhöht den Druck auf die traditionellen zoologischen Anlagen, mit neuen Konzepten aufzuwarten.

3. Der Erlebniszoo – Philosophie und Konzeption

Aus der Überlegung, die Anlagen attraktiver für die Besucher machen zu müssen und dadurch die Einnahmen zu steigern, entstand das Konzept des Erlebniszoos. Definieren lassen sich „Erlebniszoos" als zoologische Gärten, die neben den klassischen Aufgaben
  – pädagogischer Art: die Demonstration von Tieren,
  – biologischer Art: Arterhaltung,
  – allgemein wissenschaftlicher Art: Forschung
  – freizeitpolitischer Art: Naherholungsangebote
den Besuchern ein erlebnisorientiertes Angebot bereitstellen. Dies beinhaltet u. a. den Einsatz von Multimedia, Shows, Geschäfte, Bildungsangebote und (Erlebnis-)Gastronomie (vgl. Machens 2000, S. 304f.). Im Vergleich mit den traditionellen Zoos lassen sich Unterschiede besonders an folgenden Punkten hervorheben: Unternehmensphilosophie – Inszenierung der Anlage – Geschäftsmodell der Erlebniszoos.

Unternehmensphilosophie

Die Unternehmensphilosophie der Erlebniszoos lässt sich am Beispiel des Zoos Hannover gut verdeutlichen: „Nur was Menschen kennen, werden sie lieben. Nur was Menschen lieben, werden sie schützen." (EXPOnat HANNOVER ZOO 2000, S. 5) Dabei geht es um ein neues Verhältnis zwischen Mensch und Tier. Die Tiere sind nicht mehr nur Anschauungsobjekt, sondern sollen in ihren natürlichen Lebensräumen, so nah am Besucher wie möglich, mit allen Sinnen erlebt werden. Ziel ist es, dass die Tiere emotionaler wahrgenommen werden, in der Hoffnung, dass die Besucher die Notwendigkeit des Arten- und Naturschutzes verinnerlichen (vgl. Hoff 2000, S. 279). Dabei wird versucht, die Bedürfnisse von Mensch und Tier gleichermaßen zu berücksichtigen. Dies bedeutet einen „(..) Balanceakt zwischen artgerechter Tierhaltung und Inszenierung für die Besucher" (Amusement T&M, 2/2001, S. 52).

Inszenierung der Anlage

Um den Besuchern ein interessantes Umfeld zu bieten, wird die gesamte Anlage neu in Szene gesetzt, also inszeniert. Ziel ist es, spannungsvolle Mikrokosmen *(Habitats)* zu schaffen, die sich von der Alltagswelt deutlich unterscheiden. Die Inszenierung schließt dabei alle Bereiche des Erlebniszoos mit ein: Gehege, Restaurants, Geschäfte, ja sogar Bildungsangebote.

Die einzelnen Gehege werden dabei zu einem thematisch geschlossenen Teilbereich zusammengefasst – meist orientiert auf den Lebensraum einer großen Gruppe von Tieren/Pflanzen wie z. B. Afrika oder Asien.[4] An diesem Leitmotiv werden alle Gestaltungselemente in dem Themenbereich festgemacht. „Afrika" besteht aus großen Steppenlandschaften mit Fluss- und Felsformationen, in denen sich die Tiere frei bewegen können. Die Gastronomie ist daran angepasst und bietet Safarisnacks in Strohhütten u. Ä. an. Dazu werden in den Prospekten und Displays kleine Geschichten erzählt, die bei den Besuchern Träume und Mythen wachrufen und so das Angebot besser begreifbar machen sollen. In Hannover ist die Elefantenanlage in Form eines verlassenen, indischen Fürstenpalastes gestaltet, mit folgender Geschichte: „Erkunden Sie die Ruine des majestätischen Palastes, den die Natur vor langer Zeit für sich zurückeroberte. Wo einst ein Maharadscha herrschte, haben Tiger, Elefanten und Affen das Regiment übernommen." (Die Wildnis ruft!, Zoo Hannover Flyer 2002)

Zusätzlich kann man in manchen Bereichen dank technischer Mittel (Simulatoren) an einem simulierten Rundflug oder einer Auto-Rallye teilnehmen und sich noch besser in das Lebensumfeld der Tiere hineinversetzen (das aus den Themenparks bekannte Prinzip des Storytelling).

Auch die *Bildungs*angebote werden neu in Szene gesetzt. Der früher übliche und charakteristische „pädagogisch-didaktische Zeigefinger" (Machens 2000, S. 294) findet sich heute kaum noch. An so genannten interaktiven Info- oder Forschungsstationen können die Besucher sich informieren und die Lebensumstände der Tiere auch sinnlich wahrnehmen: So ist es etwa möglich, Baumrinden zu fühlen oder an Tropenfrüchten zu riechen.[5] (Diese haptischen/olfaktorischen Erlebnisse sind gegenwärtig auch stark in neuartigen „Botanischen Gärten" wie z. B. „Biosphäre"/Potsdam und Regenwaldhaus/Hannover zu finden.)

Abb. 1: Elefantenanlage im indische Palaststil (Quelle: Zoo Hannover)

Schulklassen können mit „Zoo-Scouts" bestimmte Themengebiete vertiefen oder auf einem Lehrpfad die Geschichte der menschlichen Evolution kennen lernen.[6] Mit Showfütterungen und anderen aufwändigen Inszenierungen soll die Besuchergunst entscheidend gesteigert werden.

Geschäftsmodell der Erlebniszoos

Ziel der Anlagen ist es, wirtschaftlich zu arbeiten, um im Idealfall ohne Zuschüsse auszukommen. Dazu müssen sie sich am Markt behaupten. Am Anfang stehen also im Normalfall die Umwandlung des Betriebes in eine GmbH und hohe Investitionen (z. B. Zoo Hannover € 50 Mio., Zoo Leipzig € 90 Mio.). Die Investitionen werden aber nur zum Teil von den Kommunen getragen und müssen ansonsten fremdfinanziert werden. Um für die hohe Zinslast aufzukommen, benötigen die Anlagen höhere Einnahmen. Dies geschieht durch 1. eine Erhöhung der Eintrittspreise, 2. Einschränkung der Ermäßigungen, 3. Merchandising: mehr und verschiedene Zooshops mit unterschiedlichen Souvenirs und Spielsachen, 4. Attraktivierung der Gastronomie: Fastfood-Konzepte und hochwertigere Angebote, 5. Sponsoring-Partner aus der Wirtschaft, 6.verstärktes Marketing, 7. Trend zu kostenpflichtigen Individualangeboten. Neben das Massengeschäft treten mehr und mehr Angebote für Besucher, die etwas „Besonderes" erleben wollen und dafür hohe Zusatzkosten in Kauf nehmen. In den USA bietet z. B. SeaWorld Orlando ein Tauchprogramm für zwei Teilnehmer in einem echten Haifischkäfig („Sharks Deep dive"), wo der furchtlose Besucher 50 verschiedene Haisorten aus nächster Nähe kennen lernen kann – vorausgesetzt, er hat 150 US$ gezahlt (Kagelmann, ITB, 2003). Auch der Zoo Hannover hat diesen Trend bereits aufgegriffen. Hier besteht als besonderer Höhepunkt die Möglichkeit, sein Lieblingstier für € 99 persönlich zu treffen. Einige der neuen Anlagen sind mit diesem Konzept durchaus erfolgreich; so konnte der Zoo Hannover z. B. seine Besucherzahl von ca. 600.000 in 1994 auf ca. 1. Mio. im Jahr 1999 steigern und dieses Niveau bis heute halten. Der Umsatz dagegen stieg auch in den folgenden Jahren und der Zuschuss der Gemeinden konnte gesenkt werden (Machens, Vortrag, Tile in Berlin, 11.06.2002).

Stadt	1997	1998	1999	2000	2002
Stuttgart	1.810.139	1.736.849	1.887.000	2.005.000	2.000.000
Berliner Zoo + Aquarium*	1.689.766	1.658.035	2.566.238	2.760.842	1.600.000
München	1.348.667	1.309.809	1.380.000	1.279.376	1.280.000
Leipzig	687.398	744.749	755.736	751.620	1.200.000
Berlin Tierpark	1.071.207	1.023.326	1.411.743	1.112.850	1.068.000
Karlsruhe	1.066.130	966.066	966.066	966.066	990.000
Erlebniszoo Hannover	930.623	921.000	970.000	1.051.487	989.000
Nürnberg	994.050	890.372	1.056.000	941.000	975.000
Duisburg	883.559	892.229	967.851	936.469	907.000
Köln	863.323	793.086	896.000	980.000	896.000
Münster	722.753	779.773	830.903	822.474	838.000
Hamburg Hagenbeck	748.648	721.743	700.000	700.000	795.000
* 1999 + 2000: Mit Aquarium					

Tab. 1: Zoos in Deutschland. Aus Freizeit in Deutschland, hg. v. THEMATA Services (München: Profil 2003), Daten Themata nach Waschk Consult Köln 2001, ZOO-AG Bielefeld u. eigenen Ermittlungen.

4. Zoos im Spektrum der Erlebniswelten

Erlebniszoos können dem Spektrum der Erlebniswelten zugeordnet werden (Kagelmann 1998, S. 75). Wo liegen aber Unterschiede zu anderen Erlebniswelten? In einer qualitativen Inhaltsanalyse von Prospektmaterial wurden jeweils drei Freizeitparks, Erlebnisbäder, Erlebniszoos und Erlebnismuseen anhand von 11 Erlebnisaspekten eingeschätzt (Goronzy 2002).

Die 11 Erlebnisaspekte beschreiben das mögliche Angebotsspektrum von Erlebniswelten. Sie lassen sich grob in zwei Gruppen aufteilen: einmal die „Inszenierungserlebnisse" – also die Gestaltungs- oder Kommunikationsinstrumente – und einmal die „Besuchererlebnisse" – in Anlehnung an Schober (1993, S. 137ff.) das, was der Besucher subjektiv erleben kann (s. Abb. 2).

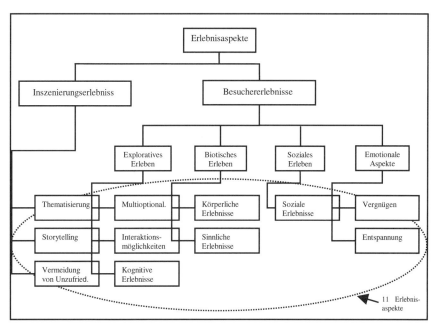

Abb. 2: Die 11 Erlebnisaspekte (Quelle: Eigene Darstellung)

(I) Inszenierungserlebnisse

(1) Thematisierung: Eine Anlage orientiert sich deutlich an einem Leitmotiv und bezieht ihre Gestaltung darauf. Eine gute Thematisierung ist dabei durchgängig, detailreich und schließt alle Bereiche mit ein.
(2) Storytelling: Zur Vermittlung oder Gestaltung der Einrichtung bedient man sich einer Geschichte. Dabei kann die Anlage an eine bekannte Erzählung erinnern oder eine eigene kreieren.
(3) Vermeidung von Unzufriedenheit: Für die Schaffung eines positiven Gesamteindrucks muss eine Anlage auch Themen wie Sauberkeit, Servicequalität oder Sicherheit beachten.

(II) Besuchererlebnisse

(1) Multioptionalität: Eine Anlage stellt für die unterschiedlichen Bedürfnisse der Besucher viele verschiedene Angebote bereit. Dazu gehört auch, dass die Gäste den Ablauf ihres Besuches frei gestalten können.
(3) Interaktionsmöglichkeiten: Der Besucher kann selbstständig in das Geschehen eingreifen, sich informieren oder spielen.
(4) Kognitive Erlebnisse: Dies bedeutet die Möglichkeit, etwas Neues dazuzulernen oder seine Allgemeinbildung zu verbessern.
(5) Körperliche Erlebnisse: Außergewöhnliche Körpergefühle, wie in einem Karussell herumgeschleudert zu werden oder Schwerelosigkeit zu erleben.
(6) Sinnliche Erlebnisse: Dies sind außergewöhnliche Sinneserfahrungen wie ein guter Duft oder schöne Melodien.
(7) Soziale Erlebnisse: Erlebnisse, die aus der gemeinsamen Interaktion mit Familienmitgliedern oder Freunden entstehen.
(8) Vergnügen: Spannung, Faszination und Spaß: ein Aspekt, mit dem Erlebniswelten sehr häufig assoziiert werden.
(9) Entspannung: Ein wenig Ruhe und die Zeit für Muße.

Die Ergebnisse der Untersuchung erlauben eine grobe Trennung der untersuchten Erlebniswelten in zwei Gruppen: Erlebniszoos und -museen auf der einen und Freizeitparks und -bäder auf der anderen Seite (s. Abb. 3). Erlebniszoos legen im Gegensatz zu den klassischen Erlebniswelten relativ viel Wert auf ihre Bildungsangebote, wobei immer interaktive Mittel eingesetzt werden.

Thematisierung und Storytelling beherrschen die Erlebniszoos mittlerweile genauso gut wie die klassischen Freizeitparks und Spaßbäder. Was die Perfektion der Präsentation anbetrifft, sind so gut wie keine Unterschiede mehr zu erkennen. Auch die Servicequalität, also die Vermeidung von Unzufriedenheit, ist bei den neuen Tieranlagen zu einem wichtigen Baustein des gesamten Angebots geworden. Sinnliche Erlebnisse finden sich ebenfalls relativ häufig in den neuen Anlagen, genauso wie die Möglichkeit für soziale Erlebnisse. Offensichtlich haben die Erlebniszoos die klassische Trennung zwischen Vergnügen und Bildung überwinden können und vereinen heute beides in ihrem Angebot.

Im Hinblick auf Multioptionalität finden sich nicht so viele unterschiedliche Angebote in den Erlebniszoos. Die Hauptattraktion ist immer noch das Tier, das so gut wie immer im Mittelpunkt steht. Daher lassen sich auch selten außergewöhnliche Körpergefühle in den Anlagen finden. Achterbahnen oder Karussells werden wahrscheinlich (zumindest in den europäischen Anlagen) nicht so schnell in Erlebniszoos aufgestellt werden.[7] Es erstaunt aber, dass Erlebniszoos im Vergleich mit den klassischen Erlebniswelten relativ wenige Möglichkeiten zur „Entspannung im traditionellen Sinne" bieten. Erklärbar könnte dies dadurch sein, dass bei den neuen Konzepten Abwechslung und Vergnügen stark im Vordergrund stehen.

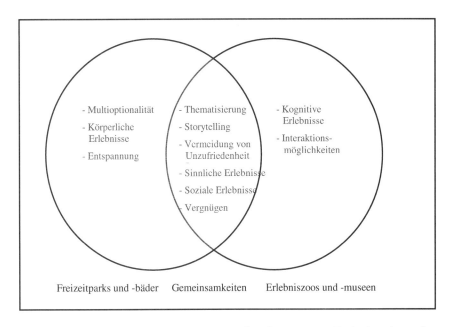

Abb. 3: Unterschiede zwischen den Angebotsformen von Freizeitparks und -bädern und Erlebniszoos und -museen (Quelle: Eigene Darstellung)

5. Resümee

Die Institution Erlebniszoo scheint ihren Platz auf dem Markt der Freizeitanlagen gefunden zu haben. Dabei hat sie sich nicht in einen „Freizeitpark mit Tieren" verwandelt, sondern verfolgt ein eigenständiges Konzept, bei dem das Tier immer noch die Hauptattraktion ist. Fraglich ist, ob diese Trennung bestehen bleibt oder ob es zu einer vermehrten Vermischung und Hybridisierung kommt wie in den USA, etwa in den Anlagen von SeaWorld oder Busch Gardens. Diese Erlebniswelten können sowohl als Freizeitparks wie als Erlebniszoos bezeichnet werden, da sie auch Shows und Rides (sogar Achterbahnen) bieten.

Allerdings arbeiten die Anlagen in Deutschland bis jetzt noch nicht profitabel, sondern müssen immer noch von der öffentlichen Hand unterstützt werden. Die Institution Erlebniszoo scheint allerdings ein Vorbild für viele Tiergärten zu sein, es ist ersichtlich, dass immer mehr Anlagen Bausteine aus dem Konzept aufgreifen. Festzuhalten ist, dass bereits bestehende Anlagen mit ihrem Konzept eine Bereicherung des Spektrums der Erlebniswelten darstellen.

Literatur

Amusement T&M (2001). Der Zoo der Zukunft, 1/2001, 61-63.
Amusement T&M (2001). Zoom – Die Wildnis ist näher als Du denkst, 2/2001, 52-55.
Die Wildnis ruft! Zoo Hannover Flyer (2002).
EXPOnat HANNOVER ZOO, Zoo Hannover (2000).
NatureCom (1998). Zoos in Deutschland. CD-ROM. Münster: Multimediaproduktionen.
Goronzy, Frederic (2002). Die Inszenierung des Paradieses. Univ. Augsburg: Diplomarbeit.
Hoff, Arthur van (2000). Burgers' Zoo. (S. 279-288) In Albrecht Steinecke (Hg.), Erlebnis- und Konsumwelten. München: Oldenbourg.
Kagelmann, H. Jürgen (1998). Erlebniswelten: Grundlegende Bemerkungen zum organisierten Vergnügen. (S. 58-94) In Max Rieder, Reinhard Bachleitner & H. Jürgen Kagelmann (Hg.), ErlebnisWelten. München: Profil.
Kagelmann, H. Jürgen (1999). Disney's Animal Kingdom. Kirmes- & Park-Revue, 1999, 11, 72-74.
Kagelmann, H. Jürgen (2003). ITB-Bericht. In Thomas Bausch (Hg.), Tourismusforum 2003. Beiträge aus Forschung und Praxis des Wissenschaftszentrums der ITB Berlin. online-Berichte www.fvw.de, Stand 6.6.2003.
Machens, Klaus-Michael (2000). Zoo Hannover – auf Erfolgskurs mit kundenorientierten Konzepten. (S. 289-307) In Albrecht Steinecke (Hg.), Erlebnis- und Konsumwelten. München: Oldenbourg.
Müller, Wolfgang (2001). Erlebnismarkt und Menschenbild. Düsseldorf: Vdm. Müller.
Ritzer, Georg (1998) Die McDonaldisierung der Gesellschaft. Frankfurt/M.: Fischer TB.
THEMATA, Freizeit- und Erlebniswelten Services GmbH (2003). Freizeit in Deutschland 2003. München, Wien: Profil.
Schober, Reinhard (1993). (Urlaubs-) Erleben, (Urlaubs-) Erlebnis. (S. 137-140) In Heinz Hahn & H. Jürgen Kagelmann (Hg.), Tourismuspsychologie und Tourismussoziologie. Ein Handbuch zur Tourismuswissenschaft. München: Quintessenz.
Schulze, Gerhard (2000). Die Erlebnisgesellschaft: Kultursoziologie der Gegenwart. Frankfurt/M.: Campus.

Anmerkungen

[1] Zu dem hier verwendeten Erlebnisbegriff sei verwiesen auf Müller 2001, S. 42.
[2] In Deutschland kann man zurzeit von drei größeren Projekten sprechen: dem Erlebniszoo Hannover, dem Zoo Leipzig und der Erlebniswelt Zoom, Gelsenkirchen. Diese Projekte befinden sich aber zum Teil noch in der Entwicklung.
[3] Siehe hierzu auch die Bemerkungen im Artikel von Penz und Rösch in diesem Band.
[4] Dies ist natürlich die logischste Aufteilung, die in Erlebniszoos vorgenommen werden kann. Fraglich ist, ob eine ständige Wiederholung dieser Aufteilung auf Dauer die Einzigartigkeit der unterschiedlichen Anlagen gefährdet.
[5] Z. B. im Themenbereich „Pongoland", Zoo Leipzig.
[6] Z. B. im Themenbereich „Gorillaberg", Zoo Hannover.
[7] Im Gegensatz zu amerikanischen Tierwelten, in denen dies kein Problem ist: So gibt es beispielsweise in SeaWorld Orlando, Florida, die schnellste floorless-Achterbahn der Region („Kraken") und eine neuartige Wasser-Achterbahn („Journey to Atlantis"); in Busch Gardens, Tampa Bay, Florida, einem Afrika-thematisierten Tierpark, der dem gleichen Unternehmen – Anheuser-Busch – gehört, gibt es gleich fünf Achterbahnen, ein Simulationskino sowie eine Abenteuerrallye mit Thrillelementen.

Otto Penz und Stefan Rösch

Misserfolge und Scheitern von Erlebniswelten

1. Einleitung: Der Hunger nach Erlebnissen

„Wir stehen am Übergang von der Dienstleistungsgesellschaft zur Erlebniswirtschaft", zitiert die österreichische Tageszeitung „Der Standard" (29.4.2002, S. 14) den amerikanischen Bestsellerautor und Managementberater Joseph Pine. Dessen Aussage fasst auf prägnante Weise zwei wesentliche soziale Veränderungen in der Spätmoderne zusammen: Zum einen verweist sie auf den Triumph des Kommerzes in postfordistischen Kulturen, der alle Poren des Alltagslebens durchdrungen hat. Freizeitaktivitäten unterliegen heute mehr denn je marktwirtschaftlichen Verwertungsinteressen. Davon zeugt die Flut an Markensportartikeln wie etwa die obligaten Nike-Laufschuhe ebenso wie die Errichtung ganzer Brandlands. Zum anderen spricht das Zitat eine der gängigsten Strategien an, um in Zeiten gesättigter Märkte und vielfältigster Unterhaltungsangebote Aufmerksamkeit zu erzielen, die sich stimulierend auf die Nachfrage auswirken soll: die Kreation von Erlebnissen. Die lebhafte Atmosphäre der spätmodernen Konsumtempel der Malls und Urban Entertainment Center führt dazu, dass die profane Versorgung um impulsive Erlebniseinkäufe bereichert wird (vgl. Haubl 1996, S. 199ff.), so wie der Ereignisreichtum von Themenparks zu profitablen Wochenend-Abenteuern der Kleinfamilie avanciert.

Diese Unterhaltungsaspekte haben eine lange Tradition. Sowohl die großen Warenhäuser des 19. Jahrhunderts mit ihren luxuriösen Salons, Modeschauen oder orientalischen Inszenierungen als auch die Weltausstellungen jener Zeit besaßen bereits einen hohen Erlebniswert. Max Weber konstatierte schon zu Beginn des 20. Jahrhunderts eine „Erlebnisjagd der jungen Generation" (vgl. Weber 1919/1975, S. 28), und Walter Benjamin spricht von der „sakralen Ordnung des Kommerz" (vgl. Benjamin 1921/1991, S. 100ff.). Neu und für die Spätmoderne bezeichnend erscheint allerdings – neben der zunehmenden Intensität der Reize – der hegemoniale Charakter der Erlebnisorientierung, die breite Teile der Bevölkerung ergriffen hat und sich in allen Freizeitbereichen – sei es im Sport, Tourismus oder beim Shopping – manifestiert. Die soziologische Literatur führt dies unter anderem auf den enorm ansteigenden gesellschaftlichen Wohlstand seit den späten fünfziger Jahren zurück, wonach „immer seltener sozioökonomische Restriktionen persönliche Handlungswahlen einengen"; im Zuge dessen zeichne sich ein Wertewandel hin zu einer „postmaterialistischen Grundorientierung" ab, derzufolge der Sinn des Lebens vor allem durch die Qualität subjektiver Prozesse definiert werde (vgl. Hölscher 1998, S. 110f.). Erlebnisse im Sinne von selbstbezüglichen, inneren Ereignissen werden damit zu zentralen Lebenserfahrungen, und der erlebnishungrig-narzisstische Konsument erweist sich als jener adäquate Sozialcharakter, den die Vergnügungsindustrie braucht, um gedeihen zu können.

2. Hochkonjunktur von Erlebniswelten

Die Entwicklung der letzten Jahrzehnte führt deutlich vor Augen, dass das industrielle Erlebnismanagement und der massenhafte Erlebnishunger bestens miteinander korrespondieren. Haubl (1996, S. 200) berichtet über das Mutterland der Erlebniswirtschaft – die Vereinigten Staaten von Amerika –, dass sich die Zahl der Malls und Urban Entertainment Center seit Eröffnung des ersten Einkaufspalastes im Jahr 1956 bis zum Jahr 1996 auf 39.000 erhöhte. 50 % des Gesamtumsatzes aller Einzelhandelsgeschäfte werden bereits in diesen Einrichtungen getätigt und 13% des Bruttosozialprodukts werden dort erwirtschaftet. Im Segment der Freizeit- und Erlebniswelten, auch hier spielen die USA eine Vorreiterrolle, haben sich die weltweiten Umsätze in den letzten zehn Jahren verdoppelt; die Besucherzahlen erhöhten sich um 8,5 % (vgl. THEMATA 2000). Aber auch in Europa hat sich der traditionelle Familienausflug in Vergnügungsparks der alten Schule anfangs des 20. Jahrhunderts (Beispiel Tivoli in Kopenhagen) zu erlebnisorientierten Kurzurlauben in höchst professionell und kommerziell betriebene Themenwelten gewandelt. Allein in Deutschland besuchten 2002 rund 20,5 Mio. Besucher die heimischen Freizeitparks, was gegenüber dem Jahr 1987 einer Steigerung von 22,2 % entspricht (vgl. THEMATA 2003, S. 89f). Die Gründe für diesen Boom sind im erwähnten Erlebnis‚hunger' der Besucher, in der wachsenden Perfektion der Freizeitgroßeinrichtungen sowie im massiven Neubau solcher Anlagen durch Großunternehmen im vergangenen Jahrzehnt zu suchen.

Diese Entwicklung macht vor Österreich keineswegs Halt. In den letzten Jahren sind inmitten Wiens sowie am Rande der Großstadt eine ganze Reihe Urban Entertainment Center und Multiplex-Kinos entstanden. Die *Shopping City Süd* (SCS) im angrenzenden Niederösterreich hat sich zu einem der größten Einkaufszentren Europas entwickelt. Allerdings existieren bis dato in ganz Österreich keine großflächigen Brandlands oder Themenparks, wenn man von einigen kleinen/mittelgroßen Projekten wie den *Swarovski-Kristallwelten* in

Wattens (1995), dem *PlayCastle* in Seefeld oder dem NoNameCity-Westernland (jetzt PullmanCity) in Wien-Wöllersdorf (2001) absieht. 25 weitere Erlebniswelten befanden sich im Jahr 2000 in der Planung, darunter auch erste Großprojekte wie die *Ultrapolis 3000* auf dem Gebiet der SCS in Niederösterreich (vgl. Baumgartner 2000, S. 8).

3. Misserfolge in Zeiten des Booms

Geht man davon aus, dass eine Vielzahl von Projekten bereits im Planungsstadium scheitert, so ist in Österreich in absehbarer Zeit kein dichtes Netz an Erlebniswelten zu erwarten. Aus demselben Grund sind auch jene Zeitungsmeldungen mit Vorsicht zu genießen, die noch 1998 für Deutschland rund 250 zusätzliche Freizeitparks prognostizierten (Frankfurter Allgemeine Zeitung, 15. April 1998, S. 21). Nach Schätzungen von Experten werden nicht einmal 50 % der Bauvorhaben in die Tat umgesetzt, wobei die Liste der in den letzten Jahren fehlgeschlagenen Planungen recht imposant ist.

So scheiterte die Errichtung des *Centroparadiso* bei Wang/Bayern an der Frage der Verkehrsprobleme und Projekte in Vilshofen und Immenstadt am wachsenden Widerstand der Bürgerinnen und Bürger; in Lechbruck (Allgäu) wurde der Investorengruppe Palmyra Hotelpark AG von öffentlicher Hand keine Baugenehmigung erteilt, während sich in Landsberg bei Leipzig die amerikanischen Investoren zurückzogen; der projektierte *Ocean Park* bei Bremerhaven wurde aus einer ganzen Reihe von Gründen ebenso wenig errichtet (vgl. die ausführliche Analyse in Rösch 2001, S. 44-63), wie die von vielen Erwartungen begleitete *Stronach-Kugel* im niederösterreichischen Ebreichsdorf nicht realisiert wurde.

Im Vergleich zur großen Menge an Projekten, die – sei es aus externen Gründen wie Bürgerinitiativen, die sich dem Bauvorhaben entgegenstemmen, oder sei es aufgrund interner Probleme wie Finanzierungsschwierigkeiten – nie über das Planungsstadium hinauskommen, nimmt sich die Zahl der Fehlschläge in Betrieb genommener Erlebniswelten bescheiden aus. Selbst weltweit betrachtet gibt es dafür nur einige wenige, aber allemal spektakuläre Beispiele, wie etwa der Untergang des *Freedomland* in New York, des *Magic Mountain-Parks* in Denver oder von *Pleasure Island* in Boston. Die Hauptfehler waren jeweils Unterfinanzierung, ein unprofessionelles Betreiberkonzept, eine mangelhafte Angebotsstruktur sowie massive Fehler in der Öffentlichkeitsarbeit (vgl. Hannigan 1998, S. 39f.). In Europa zählte die Schließung des Londoner *Millenium Dome* nach nur einjähriger Betriebszeit, der nur von rund halb so vielen Menschen wie den erwarteten 12 Mio. besucht wurde, zu den spektakulärsten Fehlschlägen des Jahres 2000.

In Anbetracht der kurzen Geschichte von Erlebniswelten in der Bundesrepublik Deutschland, wo zudem das Reservoir der Erlebnissehnsucht keineswegs ausgeschöpft erscheint, wirkt es beinahe erstaunlich, ersten Freizeitruinen zu begegnen. Dennoch hat die deutsche Erlebniswirtschaft bereits einige markante Fehlschläge zu verzeichnen: Sowohl *Olympic Spirit* in München (Laufzeit: 1999-2000) (vgl. die Analyse in Rösch 2001, S. 102-114) als auch das Brandland *Opel Live* der Adam Opel AG (Laufzeit: 2000-2001) mussten ihren Betrieb einstellen. Und der Filmpark der Bavaria-Filmstudios in Bottrop-Kirchhellen hielt Mitte der 90er Jahre ganze 16 Monate lang geöffnet, bevor das Grundstück und einige wesentliche Attraktionen an Warner Bros. veräußert wurden. 2003 schloß auch das Brandland Meteorit der RWE in Essen. Besonders markant stellt sich die Situation in Österreich dar. Da sich dieses Land bisher eben nur durch einen geringen Bestand an Erlebniswelten, insbesondere im westlichen Teil des Bundesgebietes, auszeichnet, war es umso Aufsehen erregender, dass eines der wenigen realisierten Projekte binnen kürzester Zeit Konkurs anmelden musste: das *PlayCastle Tirol* in Seefeld. An ihm soll exemplarisch veranschaulicht werden, welch prekäre Gebilde Erlebniswelten mitunter darstellen bzw. wie eine Vielzahl kleinerer und größerer Mängel das Prestigeprojekt einer ganzen Tourismusregion, im gegebenen Fall des Bundeslandes Tirol, zum Einsturz bringen können.

4. Das *PlayCastle Tirol*: vom Scheitern einer Erlebniswelt

Das als Infotainment-Center deklarierte *PlayCastle Tirol* in Seefeld mag als mahnendes Beispiel dafür stehen, welch immense Auswirkungen sich durch das Scheitern einer Freizeitgroßeinrichtung ergeben können – eines Großprojekts, in das die Fremdenverkehrswirtschaft Tirols große Hoffnungen gesetzt hat. Nachdem der Tourismus in den Jahren zuvor stagniert hatte, wurde der Bau des *PlayCastle* als zukunftsweisende, neue Angebotsform im Tourismus einhellig begrüßt. Das Konzept wollte einen witterungsunabhängigen Mix aus Skater-Funpark für Jugendliche und einem Erlebnisschloss mit verschiedenen Spielwelten für Kinder kombinieren. Bauherr des *PlayCastle* war der Seefelder Hotelier Hannes Seyrling, der das vom ebenfalls aus Seefeld stammenden Projektentwickler Ludwig Morasch entworfene Konzept 1996-99 in die Tat umsetzte. Er konnte nicht nur die Gemeinde Seefeld als künftigen Standort der Erlebniswelt für sich gewinnen, sondern überzeugte auch die Hypo Tirol Bank, die sich über ihre Tochter Hypo Tirol Leasing GmbH an der Finanzierung beteiligte. Die Gesamtkosten des Projekts beliefen sich auf rund 13,5 Mio. Euro. Etwa 2 Mio. Euro brachte der Privatmann Seyrling selbst auf, der Restbetrag wurde über ein Darlehen des Landes, die Hypo Tirol Bank und weitere Privatinvestoren finanziert (Seefelder Rundschau, Nr. 11/00, S. 3). Die feierliche Eröffnung wurde im ganzen Land mit großem Interesse verfolgt: Neben dem Landeshauptmann von Tirol und dem obersten Tourismuswerber Österreichs wohnten der Zeremonie rund 5.000 Gäste bei. Die Tourismusbranche begrüßte die Freizeitimmobilie als alternative Angebotsform während Schlechtwetterperioden und spekulierte, neue Zielgruppen generieren zu können. Bei erfolgreicher Betriebsphase hätte das *PlayCastle* also durchaus Signalwirkung für den gesamten Raum Tirol haben können.

Die hohen Erwartungen relativierten sich jedoch schnell. Von den zunächst angestrebten 300.000 Besuchern pro Jahr wurden mit Ablauf des ersten Betriebsjahres gerade 150.000 gezählt (Tiroler Tageszeitung, 10.11.2000, S. 9). Zwar erkannte Seyrling die möglichen Fehlerquellen, die Hypo Tirol Bank verweigerte jedoch die von ihm geforderte Finanzspritze. Im Oktober 2000 musste Insolvenz beantragt werden. Die Sachgüter wurden zurückgenommen oder veräußert, die Liegenschaft erwarb die Hypo Tirol Leasing GmbH mit Blick auf eine mögliche Nachnutzung.

5. Fehlerquellen

(A) Fehler in Planung und Konzeption

(1) Diffuse Thematisierung, ungenügende Story-Line. Am schwersten wiegt die Tatsache, dass das gewählte Thema „Erlebnisschloss" nicht hinreichend spannend umgesetzt wurde. Die verschiedenartigen Themenwelten schienen willkürlich und ohne jegliche Story-Line verknüpft. Dieser Eindruck wurde bereits durch die Außenarchitektur vermittelt. Hier grenzte die künstlich geschaffene Ritterburg der Spielwelten unmittelbar an die funktional nüchterne Stahlträgerhalle des Skater-Funparks. Im Inneren der Anlage setzte sich dieser Gegensatz fort. Der Besucher wurde zunächst über die Zugbrücke und den Innenhof in den Rittersaal gelenkt, in dem, neben mittelalterlichen Stil- und Einrichtungselementen, der Roboter „Y2K" den Gast begrüßte und in die angrenzende Raumstation wies, welche die Verbindung zur Science-Fiction-Welt des Planeten „Red Rock Run" darstellte. Dieser übergangslose, geradezu brutale Wechsel zwischen den einzelnen Themenwelten zog sich durch das gesamte Erlebnisschloss. Eine durchdachte Anordnung mit Ruhe- und Übergangszonen zwischen den verschiedenen Themen, wie sie Walt Disney bereits 1955 in Disneyland so gekonnt zelebriert hat, fehlte zur Gänze.

(2) Unspektakuläre Attraktionen. Die eigentlichen Attraktionspunkte des *PlayCastle*, zum Großteil Spielkonsolen und Spielsachen von Herstellern wie Playmobil, Steiff, Lego, stellten keine außergewöhnlichen Attraktionen dar. Eine Ankerattraktion, wie sie z. B. das nicht allzu ferne Spaßbad *Alpamare* in Bad

Tölz mit seinem gigantischen Rutschensystem aufweist, gab es im *PlayCastle* nicht. – Der Hauptkritikpunkt war jedoch der, dass zwar für Kinder und Jugendliche, nicht aber für die Eltern etwas geboten wurde, was zwangsläufig zu Langeweile und Unmut bei den Besuchern führte.

(3) Fehlende gastronomische Einrichtungen. Bezüglich der Gastronomieeinrichtungen wird noch deutlicher, dass das Projekt mangelhaft geplant war: Das *PlayCastle* wies lediglich ein unspektakuläres Fast-Food-Restaurant *(Kuno's Farm Restaurant)* auf. Dies wurde vor allem seitens der Eltern kritisiert, die ein Café oder Restaurant mit landestypischer Küche vermissten. Noch verwunderlicher ist es, dass der Bereich Gastronomie nicht kontinuierlich erweitert wurde, entfallen bei Freizeitgroßeinrichtungen doch etwa 30 % der Besucherausgaben auf gastronomische Einrichtungen, die darüber hinaus die höchste Gewinnmarge für den Betreiber aufweisen.

(4) Kapazitätsbezogene Fehler. Hinzu kommt, dass die Mengengerüste bzw. die Durchgangskapazität der gesamten Anlage schlecht berechnet waren: bei Erreichen der prognostizierten Besucherzahlen von 1.000 Besuchern pro Tag wären große Warteschlangen entstanden. – Der Zuspruch für den FunDome mit seinen ausgezeichneten Möglichkeiten zum Inline-Skaten, Skateboarden oder Inline-Hockey hielt sich in Grenzen. Vermutlich war die Konkurrenz der kostenlosen Skaterplätze in den umliegenden Gemeinden zu gross.

(5) Zielgruppenkonflikt. Es ist unter Experten unstrittig, dass bereits das Planungskonzept eklatante Fehler und Mängel aufwies. So bestand ein gravierender Zielgruppenkonflikt zwischen der Zielgruppe der Jugendlichen und jener der Eltern mit Kindern, da die jeweiligen Aktionszonen räumlich nicht voneinander getrennt waren.

(B) Fehler im Betrieb

(1) Dienstleistungsbezogene Qualitätsmängel. Darüber hinaus wurde die „Karibik-Welt", eine Art Südsee-Hallenbad mit Sandstrand, dem Tenor nach von den Besuchern völlig abgelehnt. Nicht nur, dass die hygienischen Verhältnisse des Kleinkindbeckens zu wünschen übrig ließen. Statt karibischem Strandflair fühlten sich die Besucher vielmehr in eine Kunstwelt ohne jeglichen Ausblick auf das Alpenpanorama versetzt. Klagen gab es ferner über die mangelhafte Instandhaltung der Attraktionen. Vor allem technisch anfällige Einrichtungen wie die Elektroautos der Offroad-Strecke waren des Öfteren defekt, die Reparaturarbeiten ließen zum Teil lange auf sich warten.

(2) Überzogenes Pricing. Der äußerst sensible Bereich der Preispolitik trug ein Übriges dazu bei, dass die Besucherzahlen weit hinter den Erwartungen zurückblieben. Anfangs waren für eine Tageskarte unter der Woche rund € 16, an Wochenenden ca. € 20 zu bezahlen. Kinderermäßigungen waren keine vorgesehen.

Die Flexibilität des Eintrittspreissystems wurde erst erhöht, als die Besucher ausblieben. Erst am 1. Juli 2000 wurden die Eintrittspreise auf rund € 14 gesenkt, ferner erhielt der Käufer einer Familienkarte eine fünfprozentige Ermäßigung auf alle Zusatzangebote. Stark kritisiert wurde auch die Tatsache, dass für das Action-Kino zusätzlich etwa € 4,30 zu bezahlen waren.

(3) Unprofessionelle Öffentlichkeitsarbeit und defizitäres Marketing. Erstaunlicherweise stellte der Betreiber kurz nach der Eröffnung des *PlayCastle* nahezu sämtliche Marketingaktivitäten ein. Dies lag sicherlich zum großen Teil darin begründet, dass die Gelder für Marketingaktionen nicht mehr vorhanden oder vielleicht nie eingeplant waren.

Abschließend ist festzuhalten, dass das Projekt an entscheidenden Punkten krankte, was möglicherweise damit zusammenhing, dass der Investor die nicht ausgereiften Pläne des Projektentwicklers zu unreflektiert übernommen hatte. Die Mängel wurden zu spät erkannt, die verunsicherten Banken zogen die Bremse. Für die notwendigen Nachbesserungen und Innovationen, die bei derartigen Projekten in der Regel alle drei bis vier Jahre anfallen, gab es keinerlei Spielraum. Die Nachnutzung der Immobilie ist derzeit noch ungewiss. Was aber schwerer wiegt, ist die Tatsache, dass die Insolvenz des *PlayCastle* Spuren im ganzen Land hinterlassen hat. „Das Scheitern und die Häme opportunistischer Politiker lassen für Investoren mit Pioniergeist in diesem Lande Schlimmstes befürchten." (Seefelder Rundschau, Nr. 11/00, S. 7): Zukünftige Projektentwickler, Investoren und Betreiber österreichischer Erlebniswelten dürften stets das mahnende Beispiel der Freizeitruine *PlayCastle* im Hinterkopf haben, was der Entwicklung dieses Sektors sicherlich nicht zuträglich sein wird. Deutlich wurde in jedem Fall, dass der Erlebniskonsument sehr wohl kritisch und reflexiv derartigen Freizeiteinrichtungen begegnet und äußerst sensibel auf unprofessionelle Angebote reagiert.

Literatur

Baumgartner, Christian & Reeh, Tobias (2000). Erlebniswelten im ländlichen Raum. Ökonomische und soziokulturelle Auswirkungen. München, Wien: Profil.
Benjamin, Walter (1991). Kapitalismus als Religion. (S. 101-103) In Walter Benjamin, Gesammelte Schriften. Bd. VI. Frankfurt/M.: Suhrkamp.
Hannigan, John (1998). Fantasy city. Pleasure and profit in the postmodern metropolis, London, New York: Routledge.
Haubl, Rolf (1996). „Welcome to the pleasure dome". Einkaufen als Zeitvertreib. (S. 199-224) In Hans A. Hartmann & Rolf Haubl, Freizeit in der Erlebnisgesellschaft. Amüsement zwischen Selbstverwirklichung und Kommerz. Opladen: Westdeutscher Verlag.
Hölscher, Barbara (1998). Lebensstile durch Werbung? Zur Soziologie der Life-Style-Werbung. Opladen: Westdeutscher Verlag.

Opaschowski, Horst W. & Zellmann, Peter (1998). 2. Freizeitmonitor 1998. Eine Analyse über die Freizeitaktivitäten der Österreicherinnen und Österreicher. Wien: LBI.
Richter, Brigitta (1998). Erlebnis-, Freizeit- und Themenparks – eine Recherche. Raumordnung Niederösterreich aktuell 1/1998, 8-12.
Rösch, Stefan (2001). Gescheiterte Erlebnisweltplanungen und -Projekte. Eine Analyse von möglichen Fehlerquellen in der Projektentwicklung und im Betrieb von Erlebniswelten an ausgewählten Fallbeispielen im deutschsprachigen Raum. Universität Eichstätt-Ingolstadt: unveröff. Diplomarbeit am Lehrstuhl für Kulturgeographie.
THEMATA (2000). Der Branchendienst der Freizeit- und Erlebniswelten Beratungs-GmbH (N. Altenhörner u. S. Friedrich, Hg.). Herne.
THEMATA (Hg.) (2003). Freizeit in Deutschland. München, Wien: Profil.
Weber, Max (1975). Wissenschaft als Beruf. Berlin: Duncker & Humblot.

Josef Steinbach

Erlebnisorientierung im Gesundheits- und Wellnesstourismus

1. Problemstellung

In der vorliegenden Arbeit sollen „Erlebnisse" und „Erlebniswelten" analysiert werden, welche ganz wesentlich zur Attraktivität des Gesundheits- und Wellnesstourismus beitragen. Beide touristische Angebotsformen gehören einer gemeinsamen „Familie von Urlaubsstilen" (Steinbach 2003) an und dürften sich dem Ende der „Wachstumsphase" und dem Beginn der „Reifephase" ihrer Produktlebenszyklen annähern. In diesem Entwicklungsstadium wandelt sich die Marktsituation grundlegend: Zwar steigt die Nachfrage immer noch: nach den Ergebnissen der „Deutschen Reiseanalyse" hat das Interesse der Bevölkerung am Gesundheitsurlaub in den beiden letzten Jahren um 125 % zugenommen und nach der „Gästebefragung Österreich" liegt der Anteil der Gesundheitsurlauber an der Gesamtzahl der Gäste bereits bei 10 % (1994: 4 %, 1997: 6%; Skoda 2002). Es kommt jedoch auch zu einer raschen Expansion der Angebotsstrukturen: So hat sich z. B. die Zahl der Gesundheits- und Wellnesshotels in Österreich von 88 im Jahr 1997 auf 536 im Jahr 2002 erhöht. Dies entspricht einem Wachstum von 609 % in nur fünf Jahren (Skoda 2002). Daher wandelt sich der „Verkäufermarkt" der beiden Urlaubsstile (in dem die Anbieter mit ihren attraktiven und z. T. exklusiven Offerten das Marktgeschehen dominieren) in einen *„Käufermarkt"*, wo sich die Wahlmöglichkeiten der Kunden und die Konkurrenz der Anbieter deutlich vergrößert haben und den Gästen ein breites Angebotsspektrum (differenziert nach Art, Qualität und Preis-Leistungsverhältnis) offen steht. In einer solchen Situation spielt der *„Erlebnisgehalt"* im Gesundheits- und Wellnesstourismus eine wesentliche Rolle, v. a. wegen der möglicherweise erreichbaren „Unique Selling Position" unter den relativ gleichartigen Angeboten der Konkurrenz.

2. Die Nachfrage nach Erlebnissen

In der Literatur wird häufig die Definition des Begriffes „*Gesundheitstourismus*" von Claude Kaspar (1996, S. 55) zitiert als „Oberbegriff für einen touristischen Aufenthalt mit dem Ziel der Erhaltung, Stabilisierung und Wiederherstellung der Gesundheit, bei dem aber – um ihn von einem normalen Ferienaufenthalt zu unterscheiden – Gesundheitsdienstleistungen einen Schwerpunkt bilden". Nach Müller und Lanz (1998) handelt es sich hier um einen Urlaubsstil, der im Gegensatz zu Kur-/Reha-Aufenthalten von mehr oder minder gesunden Menschen betrieben wird. Unter *„Wellness"* versteht man ein umfassenderes Konzept, das auf „Harmonie von Körper, Geist und Seele" abzielt, wobei Fitness, ausgewogene Ernährung, Entspannung (inkl. Spaß und Unterhaltung), geistige Aktivität und Umweltsensibilität wesentliche Elemente bilden und „Selbstverantwortung" einen entscheidenden Motivationsfaktor darstellt, ebenso aber auch hedonistische und lustbetonte Einstellungen.

Die Nachfragegruppen beider Urlaubsstile orientieren sich im besonderen Ausmaß an den Werten der *„postmaterialistischen" Gesellschaft*, für deren Mitglieder die Probleme der Existenzsicherung prinzipiell gelöst sind. Daher werden für diese „Neue Bourgeoisie" (Bourdieu 1984) höherrangige Bedürfnisse nach individueller Selbstverwirklichung und individuellem Lebensglück releant. Ihre Urlaubsstile (Aktivitätenmuster) sind zunehmend geprägt von *„Erlebisorientierung"* und *„Erlebniszwang"*, d. h. von einer immer dichteren Abfolge „Glück verheißender Aktionen" (Renner 1999). Außerdem führt die fortschreitende *„Ästhetisierung des Lebens"* auch dazu, dass man dem Umfeld der Uraubsaktivitäten (Atmosphäre und Milieu, Image und Statussymbole) eine immer größere Bedeutung beimisst.

Zusätzlich wird das Nachfrageverhalten auch wesentlich von einem *neuen Gesundheitsverständnis* beeinflusst, in dem Gesundheit nicht mehr bloß als die Abwesenheit von Krankheit definiert wird (s. a: Nahrstedt 2001). Anstelle dieses auf das Heilen von Krankheiten ausgerichteten, „pathogenetischen" Modells gewinnt das Konzept der *„Salutogenese"* immer mehr an Bedeutung: Hier will man die „Gesundheitsressourcen" der Individuen zur Entfaltung bringen, vor allem über die Stärkung des Immunsystems, gesundheitsfördernde Verhaltensweisen und Konzepte der Stressbewältigung (Antonovsky 1997): Um diese Ziele zu erreichen, bilden körperliche Fitness, ausgewogene Ernährung, Körperpflege (Beauty), geistige Aktivität, Meditation und Entspannung wichtige Aktivitätenkomplexe in Freizeit und Urlaub (s. a. Nahrstedt 2001).

Unter den Nachfragern des Gesundheits- und Wellnesstourismus mit ihren von „Erlebnisorientierung" und „Ästhetisierung der Umwelt" sowie vom neuen Gesundheitsverständnis geprägten Grundhaltungen kann man mindestens zwei wichtige Gruppen unterscheiden, die sich aus den für den Arbeitsalltag notwendigen *Zeit- und Energieaufwänden* ergeben. In der Zeit des „Neofordismus", des „Neoliberalismus" und der globalen wirtschaftlichen Konkurrenz sind diese

Gesundheits-/Wellnesstourismus

Einflussfaktoren des Urlaubsverhaltens wieder sehr bedeutend geworden (s. Abb. 1):

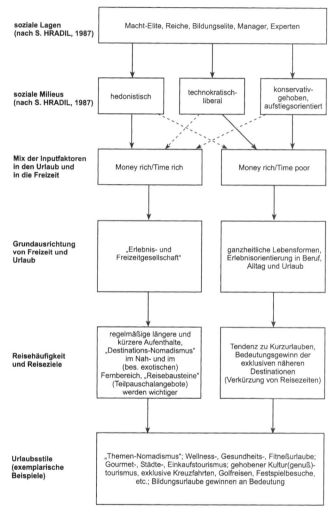

Abb. 1: Wichtige Nachfragegruppen des Gesundheits- und Wellnesstourismus (nach Steinbach 2003)

Hier gelten die Verhaltensmuster der „Freizeitgesellschaft" wohl nur mehr für ein Nachfragesegment, das durch die Merkmalskombination *„Money rich/ time rich"* (WTO 1999) gekennzeichnet ist, und zwar v. a. für die hinsichtlich ihrer Präferenzen „hedonistisch" ausgerichteten Mitglieder dieser Gruppe. Sie verreisen oft und regelmäßig, wobei der „Destinations-" und der „Thermennomadismus" wichtige Verhaltensmerkmale darstellen, ebenso das Ausüben der neuen, postmodernen Urlaubsstile.

Immer mehr touristische Nachfrager aus den höherrangigen „sozialen Lagen" gehören aber der Merkmalsgruppe *„Money rich/time poor"* an, was v. a. für die jüngeren Personen gelten dürfte, die ihr Leben nach den Werten der „technokratisch-liberalen" bzw. der „konservativ-gehobenen" und „aufstiegsorientierten" sozialen Milieus (Hradil 1987) gestalten. Im Gegensatz zu den echten Mitgliedern der „Erlebnis- und Freizeitgesellschaft" tendieren sie zu ganzheitlichen Lebensformen mit dem Beruf im Zentrum. Sie bevorzugen ebenfalls die postmodernen Urlaubsstile, wobei aber Kurzurlaube und näher gelegene, exklusive Destinationen an Bedeutung gewinnen, die keine großen Aufwände an Reisezeit und Reisestrapazen (Jet-Lag) erfordern (Steinbach 2003). Heute dürften die „Money rich/time poor" bereits zu den wichtigsten Nachfragegruppen im Gesundheits- und Wellnesstourismus zählen, v. a. für die Angebote im näheren und mittleren Einzugsbereich der großen Agglomerationen.

3. Der „Produktionsapparat" von Erlebnissen

Wegen dieser Grundhaltungen (Erlebnisorientierung, Ästhetisierung des Lebens und neues Gesundheitsverständnis) der beiden genannten Nachfragegruppen sowie wegen des in der Einleitung bereits angesprochenen Wandels vom „Verkäufer-" zum „Käufermarkt" ist es (für das Marketing im Gesundheits- und Wellnesstourismus, für die Gestaltung der benötigten baulichen Anlagen, für die Auswahl und die Schulung des Personals etc.) besonders wichtig, den „Produktionsapparat" von Erlebnissen genauer zu kennen. Hierzu bietet die Tourismuspsychologie einen geeigneten Einstieg.

Sie geht von dem Konzept des *„Erlebens als Prozess"* (Schober 1999) aus und versteht darunter Abfolgen von Aktivitäten bzw. Aktivitätenmustern sowie das daraus als Output resultierende Spektrum an (positiven) Gefühlen. Auslösende Faktoren der Erlebnisorientierung sind Bedürfnisspannungen, die in Form von Zielen (Präferenzordnungen bezüglich der Aktivitäten und ihrer Rahmenbedingungen) mehr oder minder konkretisiert und dann – nach Möglichkeit – realisiert werden. Nach dem so genannten *„Erwartungs-Erfüllungsmodell"* der Tourismusforschung (Braun 1993; Steinbach 2003) vergleichen die Gäste ihre individuellen Erwartungen mit den entsprechenden Urlaubserlebnissen. Die Urlaubserwartungen beziehen sich einerseits auf *„Gewinne an Humankapital"*, z. B. etwa auf neu zu erwerbende Kenntnisse und Fertigkeiten (etwa im sportlichen, kulturellen und sozialen Bereich) oder – wie im Gesundheits- und Wellnesstourismus – auf den Erhalt oder die Verbesserung von physischen und psychischen Körperfunktionen. Andererseits sind die Erwartungen aber immer auch an die *Produktion von positiven Gefühlen* geknüpft, an Freude und Glück als „primäre Emotionen" (Vester 1991), u. U. an das so genannte „Flow-Erlebnis", das selbstvergessene Aufgehen in bestimmte Aktivitäten (Csikszentmihalyi 1975). Schon während des Urlaubs, vor allem aber am Urlaubsende, ziehen die Touristen eine Gesamtbilanz bezüglich der Gefühlsproduktion und der erzielten Gewinne an Humankapital. Hier gehen neben den entsprechenden „Erfüllungsgraden" (Erwartung im Vergleich mit der tatsächlichen Zufriedenheit) auch die unterschiedliche Wichtigkeit der Aktivitäten ein (die Outputs der „Schlüsselrollen" des ausgeübten Urlaubsstiles werden höher bewertet als die der „Neben-" oder „Folgerollen") sowie auch die Beurteilung der entsprechenden Rahmenbedingungen. Allerdings kann eine Urlaubsregion auch unvorhergesehene „Gelegenheiten" bieten, über die man vorher nicht bzw. nur unvollständig informiert war oder zu deren Nutzung man sich erst vor Ort mehr oder minder spontan entschließt. So ist es möglich, dass der Urlaubsoutput auch völlig von den ursprünglichen Vorstellungen abweicht.

Das Angebot erfolgreicher Tourismusregionen muss also bei der Mehrzahl der Besucher eine positive Gefühlsbilanz auslösen. Daher kann man Vester (1999, S. 50) nur zustimmen, der den Tourismus als „groß angelegten Versuch" ansieht, „Emotionen zu organisieren". Er stellt aber auch fest: „Für Emotionen gibt es weder Garantien, noch kann man sich gegen sie versichern." Daher bildet die genaue Kenntnis des *„Produktionsapparates von Erlebnissen"* eine unabdingbare Voraussetzung für ein erfolgreiches touristisches Destinationsmarketing.

In Anlehnung an das theoretische Konzept von Barker (1968) kann man *Behavior Settings*, die räumlich-zeitlichen Grundeinheiten des individuellen Verhaltens, als die „Produktionsstätten" von Erlebnissen ansehen. Sie bestehen aus einem oder mehreren feststehenden Handlungsmuster/n (definiert durch bestimmte Regeln und soziale Normen), die an bestimmte Zeiten und an bestimmte Orte gebunden sind. Die teilnehmenden Individuen sind oft austauschbar, sie „schlüpfen" in ihre Rollen, deren konstituierende Handlungsmuster bestehen bleiben, auch wenn die agierenden Personen wechseln. Beispiele aus dem Bereich des Gesundheits- und Wellnesstourismus sind etwa die Saunabereiche oder die Therapiezentren von Gesundheits- und Wellnesshotels bzw. von Erlebnisthermen. Hier wird auch die Untergliederung der Behavior Settings in so genannte *„Synomorphs"* deutlich, als kleinere räumliche Subeinheiten, welche über die verschiedenen Aktivitätenprogramme der Nachfrager eng verbunden sind:

– So umfasst die *„Saunalandschaft"* in der Regel die „Synomorphs": verschiedene Saunakabinen, Abkühlräume, Ruheräume, Gesundheitsgarten etc.
– In den *Therapiezentren* gibt es Abteilungen für balneologische Anwendungen (Bäder, Packungen etc.), Massagen, spezielle medizinische Therapien

und Beratungen (F.X.-Mayer-Kur), asiatische Anwendungen (Yoga, Tai Chi, Reiki, Ayurveda) u. a.

Die Aktivitäten solcher Behavior Settings und ihrer „Synomorphs" finden in einem „Milieu" aus *Elementen des Sachsystems* statt, die an sich unabhängig existieren und ihre Funktionen so lange innehaben, wie das Behavior Setting andauert: Außerhalb der Öffnungszeiten der „Saunalandschaft" und nach Ende der Behandlungs- und Kurzeiten in den Therapiezentren bestehen die entsprechenden materiellen Einrichtungen natürlich weiter, es ruhen aber ihre Funktionen im Rahmen der Behavior Settings. Diese sind an die Handlungen (soziale Rollen) der Gäste und ihres Betreuungspersonals gebunden. Zwischen der materiellen Ausstattung und den Aktivitätenmustern muss eine *„gegenseitige Angemessenheit"* bestehen. Ohne diese wechselseitige Anpassung ist die Funktion der Behavior Settings gestört und die Schaffung von *Atmosphäre* (als „die emotionale Wirkung einer (räumlich definierten) Situation", Schober 1993, S. 119) erschwert.

Behavior Settings sind also Ereignisse in Raum und Zeit, in deren Rahmen die touristischen Dienstleistungen an die Gäste vermittelt und Erlebnisse produziert werden. Für die *„Dienstleistungs- und Erlebnisqualität"* eines Behavior Settings sind also die folgenden Faktoren maßgeblich (Steinbach 2003):

(1) der Zustand der materiellen Umgebung (etwa das Design und die Ausstattung eines „Erlebnisrestaurants");
(2) die Art und die Eigenschaften von angebotenen Produkten (etwa der konsumierten Speisen und Getränke);
(3) die erbrachten Dienstleistungen (etwa die Serviceleistungen und die Freundlichkeit des Personals) sowie
(4) ein Preis-Leistungs-Verhältnis, das nach der subjektiven Einschätzung der Konsumenten den Qualitätsniveaus der genannten Komponenten angemessen ist.

Die Kunden müssen sich in der Regel selbst am Prozess der Leistungserstellung beteiligen (wobei ihr Engagement unterschiedlich stark ausgeprägt sein kann) und sind somit eigentlich Konsumenten und Produzenten in einem (Bezold 1998). Neben diesem *Kundenbeteiligungsprinzip* gilt auch die *Simultanität von Produktion und Konsum* („uno actu-Prinzip") als charakteristische Besonderheit von Dienstleistungsangeboten. Hier ist ihre sehr beschränkte „Lagerungsfähigkeit" gemeint sowie auch ihre mehr oder minder große Heterogenität: Der Ausgang der Dienstleistungen ist zunächst offen und meist nur in Grenzen standardisierbar (Hilke 1989).

Der Gesundheits- und Wellnesstourismus ist besonders dadurch gekennzeichnet, dass die Gäste, welche ihre touristischen Schlüssel- und Folgerollen ausüben, in der Regel eine größere Anzahl verschiedener Behavior Settings (mit ihren differenzierten „Synomorphs") durchlaufen. Für diese *„Dienstleistungsketten"* bestehen einerseits *„zentralisierte"* (bei der Kur: *„stationäre"*) *Angebotsformen* mit der räumlichen Konzentration der Behavior Settings und der Aktivitäten innerhalb eines geschlossenen Komplexes (Gesundheits-, Wellnesshotel, Clubareal). Andererseits verteilen sich im Fall der zweiten Variante des *„dezentralisierten" Gesundheits- und Wellnesstourismus* die beanspruchten Behavior Settings innerhalb der Aktionsräume von Tourismusgemeinden oder sogar von größeren Fremdenverkehrsregionen, wo die Einrichtungen der privaten und der öffentlichen Tourismusinfrastruktur (z. B. Erlebnisthermen) nachgefragt werden. Der „Produktionsapparat" von Erlebnissen ist also außerordentlich komplex (Hilger & Steinbach 1998). In der Konsumforschung wird davon ausgegangen, dass es in solchen Fällen besonders wichtig ist, die *kritischen Ereignisse* und entscheidenden *Kundenkontaktpunkte* zu identifizieren, von denen der „Erlebnisgehalt" der Aktivitätenfolgen mit ihren hintereinander geschalteten Behavior Settings besonders abhängt. In den meisten Fällen durchläuft man eine Reihe von personalen und nicht personalen Kontaktpunkten, an denen qualitätsrelevante Eindrücke gewonnen werden. „Diese Einzeleindrücke haben zum einen Einfluss auf die Wahrnehmung und Erwartung der folgenden Kontaktsequenzen, zum anderen wirken sich die Einzeleindrücke im Ergebnis auf die Bewertung der Gesamtqualität aus." (Bezold 1998, S. 36).

Das hier dargestellte Beispiel für die Analyse eines solchen „Produktionsapparates" von Erlebnissen bezieht sich auf die *personellen und materiellen Kundenkontaktpunkte der „Altmühltherme"* im fränkischen Treuchtlingen mit ihren verschiedenen Behavior Settings (Thermalbad, Hallenwellenbad, Freibad, Erlebnissauna und Restaurant) bzw. den dazugehörigen „Synomorphs" (z. B. Ruhehalle, Wintergarten; Steinbach, Holzhauser u. a. 2000). Abbildung 2 zeigt die Aktivitätenmuster der verschiedenen Besuchergruppen sowie die angebotenen *„Dienstleistungsketten"* und ihre Verknüpfungsmöglichkeiten. Solche Ablaufdiagramme („Blueprints") bilden eine wesentliche Grundlage für die Erfassung der „ereignis-" (oder „prozess-"),,orientierten" Kundenzufriedenheit.

Mit der zunehmenden Konkurrenz der Anbieter im Rahmen des Wandels vom „Verkäufer-" zum „Käufermarkt" kommt es zur Umgestaltung und zum wieiteren Ausbau der „Produktionsapparate", und zwar v. a. in folgender Hinsicht:

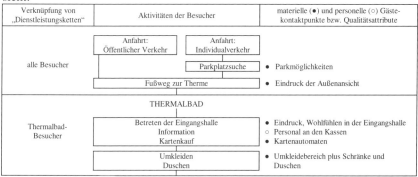

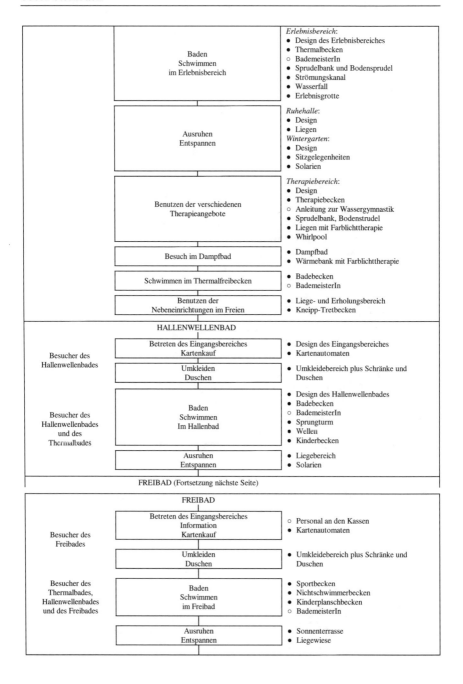

Gesundheits-/Wellnesstourismus

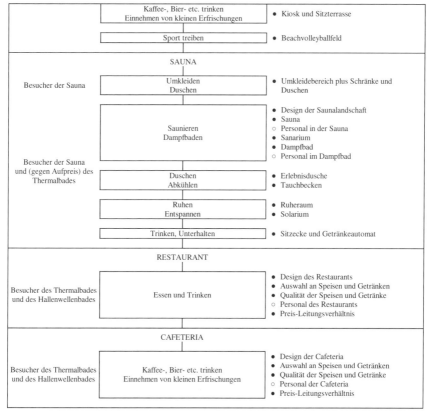

Abb. 2: „Dienstleistungsketten", Gästekontaktpunkte und Qualitätsattribute in der Altmühltherme (nach: Steinbach, Holzhauser u. a. 2000)

Zunächst durch die *Variation und Verlängerung der „Dienstleistungsketten"* im Bade- und Saunabereich, im therapeutischen Angebot, in Beauty und Fitness sowie auch hinsichtlich der ergänzenden Bildungs- und Unterhaltungsprogramme. Trotz vieler Neuerungen – wie etwa die „asiatischen" Wellnessaktivitäten (Ayurveda, Tai Chi, Qi Gong etc.), welche die Angebote der „westlichen" Medizin ergänzen – kann man das Spektrum der Angebotselemente aber nicht mehr unbegrenzt ausweiten.

Daher bilden auch die *Variation des Designs der Behavior Settings* und die spezielle *Schulung und Motivation des Personals* eine wichtige Strategie zur Schaffung einer „einzigartigen Atmosphäre" für die auch von der Konkurrenz mehr oder minder häufig angebotenen Gesundheits- und Wellnesselemente.

Zusätzlich – und typisch für Urlaubsstile, welche das Ende ihrer Wachstumsphase erreicht haben – beginnt in den Marketingstrategien aber auch die *Preispolitik* eine bedeutendere Rolle zu spielen, z. B. durch spezielle „Off-Season"- oder „Wochenmitte"-Angebote.

Im Folgenden wird kurz dargestellt, wie Gesundheits- und Wellnesshotels, Erlebnisthermen und Anbieter von Kreuzfahrten diese Strategien zur Anwendung bringen.

4. Gesundheits- und Wellnesshotels

Aus dem Studium der Angebote von Gesundheits- und Wellnesshotels in den Katalogen der Reiseveranstalter, im Internet, aus den Reisebeilagen der Zeitschriften etc. lässt sich ihre Bandbreite, aber auch ihre Uneinheitlichkeit erkennen.

Z. B. wird im Reiseteil einer Zeitung (Kurier, 17.11.2002) für das niederösterreichische Hotel PANHANS geworben (Wellnesslandschaft mit Hallenbad, Whirlpool, Erlebnisduschen, Sauna, Dampfbad, Solarien, Saftbar, Fitness-Bereich, Squash-Courts, Billardzimmer, Kosmetikprogramm mit der Besonderheit der Farbölmassage, Krimispiel „Herzblut", in welches die Hausgäste mit einbezogen werden), während die „Wellness-Oase" des Hotels CENTRAL (in Sölden, Tirol) neben Haubenküche und Spitzenweinen die Wasserwelt „Venezia" (ein Erlebnisbad auf drei Ebenen) anbietet sowie osmanische und römische Dampfbäder, verschiedene Sauna- und Whirlpoolarten, Kneippzonen und Eisgrotten sowie eine große „Health- und Beautyabteilung", u. a. mit Vitalwickel, Massagen, Thalassotherapien, Shiatsu, Reiki oder Floating.

Labacher und Baumann (2001) haben in einer „Analyse der österreichischen Wellness-Hotels" Aufschluss über die verschiedenen *Angebotsbündel („Dienstleistungsketten")* und über die *Struktur des „Produktionsapparates"* von Erlebnissen in Wellness-Hotels gegeben. Es zeigt sich, dass vor allem zwei Wellness-Schwerpunkte bestehen (1. Quadrant des Diagramms, rechts oben), die von den meisten Betrieben angeboten werden, und zwar (siehe die Werte auf der y-Achse) in vielfachen Varianten: „Beauty" und balneologische Anwendungen (z. B. Wasser- und Heubäder, Dampfbad und Sauna, Packungen etc.). Außerdem stehen Sport, „Erlebnisse" (z. B. Unterhaltungsprogramme, Spiele, Erlebnisgastronomie etc.), Massagen, Kur (medizinisch-therapeutische und spezielle Anwendungen) sowie Ernährung (Fasten, spezielle Diäten) ebenfalls auf dem Programm vieler Hotels. Sie beschränken sich jedoch auf deutlich weniger einzelne Angebotselemente (zweiter Quadrant, rechts unten). Schließlich zählen Bildung, „asiatische" Anwendungen und Entspannung (z. B. autogenes Training, Muskelrelaxation, Biofeedback) zu den nur relativ selten und in geringer Variation angebotenen Kategorien (3. Quadrant, links unten).

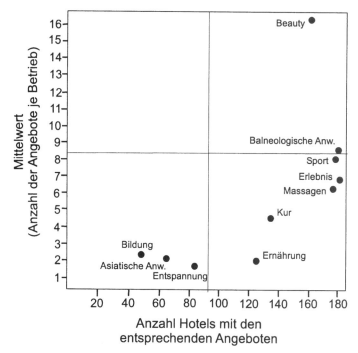

Abb. 3: Angebotselemente österreichischer Wellness-Hotels (nach Labacher & Baumann 2001)

Da die Betreiber der Wellness-Hotels versuchen, mit möglichst differenzierten Programmen auf dem Markt zu bestehen, bieten sie aus dem (in Abb. 3 dargestellten) Spektrum unterschiedliche „Dienstleistungsketten" an. Labacher und Baumann (2001) haben diese *Hoteltypen* (mit Hilfe von clusteranalytischen Verfahren) erfasst, ohne dass sie aber eine Aussage über die Häufigkeit ihres Auftretens in Österreich treffen. Tab. 1 enthält eine Übersicht über diese spezifischen Angebotsstrukturen mit den jeweiligen Schwerpunkten und den ergänzenden Dienstleistungen. Es zeigt sich, dass die „Dienstleistungsketten" v. a. auf die körperliche Komponente von Gesundheit und Wellness ausgerichtet sind und die psychische Gesundheit (Stressbewältigung, Lebenszufriedenheit, kognitives Training u. a.) vernachlässigt wird. Hier könnten die Anbieter also Marktlücken füllen. Allerdings gibt es Hinweise darauf, dass solche Dienstleistungen von den potentiellen Nachfragern (noch?) nicht intensiver gewünscht werden (Hilger & Steinbach 1998).

Tab. 1: Angebotstypen von Wellness-Hotels (nach Labacher & Baumann 2001)

Hoteltyp	Angebotsschwerpunkte	ergänzende Angebote	weitgehend fehlende Angebote
Bildungshotel	geistige Aktivitäten	Ernährung, asiatische Anwendungen, Kur	alle anderen Kategorien
Erlebnishotel	„Genießen", Unterhaltung	Fitness und Sport	alle anderen Kategorien
Kurhotel mit Massagen	gesundheitsbezogene Dienstleistungen, Massagen	balneologische und asiatische Anwendungen plus Beauty, Entspannung, Bildung, Sport, Ernährung	Erlebnisangebote
Beauty-Hotel	Schönheits- und Körperpflege	Erlebnisangebote, Massage, Sport	alle anderen Kategorien
Asiatisches Hotel	asiatische und balneologische Anwendungen, Sport, Ernährung, Massage	Beauty, Erlebnisangebote, Bildung	Kur, Entspannung
Entspannungshotel	Entspannungstechniken	Sport, balneologische und asiatische Anwendungen	alle anderen Kategorien
Balneologisches Hotel	Bäder, Saunen und sonstige balneologische Angebote	Erlebnisangebote, Sport, Ernährung, Kur	Entspannung, Bildung
Kur- und Ernährungshotel	medizinisch-therapeutische Angebote, Fasten, spezielle Ernährung, Sport	balneologische Anwendungen, Beauty	Bildung, Massage, Erlebnisangebote
Sporthotel	Fitness, verschiedene Sportarten, Ernährung, Entspannung, Erlebnis		alle anderen Kategorien

Auf die „Produktion" von Erlebnissen in Gesundheits- und Wellnesshotels haben nicht nur die Art und die Vielfalt der „Dienstleistungsketten" wesentlichen Einfluss, sondern auch die in den Behavior Settings geschaffene „gegenseitige Angemessenheit" zwischen „inszenierten" Aktivitätenmustern bzw. der Funktion und dem Design ihrer materiellen Umwelt. Die *„Inszenierung"* als „Umsetzung eines tourismusrelevanten Themas (..) auf der Grundlage einer klaren Handlungsanweisung" (Steinecke 1997, S. 8) erfordert eine spezifische Balance zwischen „Ritualen" und dem individuellen „Management von Gefühlen":

- „*Rituale*" sind nach Erving Goffman (1983) diejenigen allgemeinen Inhalte von sozialen Rollen, in denen standardisierte „*Vollzugsnormen*" nahezu ausschließlich dominieren. Sie legen die Grundabläufe für die „Gestaltung von touristischen Spektakeln" (Chaney 1993) fest, sowohl in Behavior Settings, in deren Handlungsmustern mehr oder minder umfangreiche Personengruppen involviert sind (Beispiel: das Aerobic-Programm einer Fitnessgruppe mit Trainerin), als auch in solchen Situationen, wo einzelne Gäste mit ihrer Gesundheits- und Wellnessbetreuung alleine agieren (Ayurveda, „Rückenschule").
- Das „*Management der Gefühle*" bezieht sich auf die in den Gesundheits- und Wellnessdienstleistungen besonders wichtige persönliche Anteilnahme von Beratern und Betreuern. Hochschild (1983) unterscheidet hier zwischen „*Surface Acting*" und „*Deep Acting*". Im ersten Fall werden die Emotionen ohne große innere Beteiligung dargestellt. Die Betreuer tragen gleichsam Masken, die sich aus den für die Behavior Settings entwickelten Inszenierungskonzepten ergeben. Im Fall des „Deep Actings" versuchen sie hingegen, auch ihre persönlichen Gefühle in den Dienstleistungsprozess einzubringen, die individuellen Motive und Bedürfnisse der Gäste zu ergründen bzw. zu verstehen und ihre Emotionen positiv zu beeinflussen. Dies stellt allerdings große Anforderungen an die „Gefühlsarbeiter", welche dem Stress eines ständigen inneren Engagements manchmal auf Dauer nicht gewachsen sind. Fortlaufende Schulungs- und Qualifikationsmaßnahmen für das Personal sind daher wesentliche Voraussetzungen für das Funktionieren des „Produktionsapparates" von Erlebnissen.

Sorgfältig zu planen und ständig zu überprüfen ist auch die den Inszenierungen entsprechende „Angemessenheit" von Ausstattung, Design und Ästhetik der Behavior Settings. Dies gilt auch für ihre Anordnung innerhalb der Hotelkomplexe, welche den reibungslosen und angenehmen Ablauf der Aktivitätenfolgen garantieren muss.

Man kann hier unterscheiden:
- Hotels „*polyzentrischer Ausrichtung*", wo hinsichtlich der technischen Ausstattungselemente der internationale Qualitätsstandard geboten wird, die Architektur und Gartengestaltung, das Design der Einrichtungsgegenstände, z. T. auch der Bekleidung des Personals, das Speisen- und Getränkeangebot etc., aber auch an der Landeskultur orientiert sind. Ein gutes Beispiel ist AMANDARI RESORT in Ubud auf der Insel Bali: „Die Anwohner glauben, dass der Weg nach Amandari heilig ist. Der auf einer Steilküste gelegene Komplex ist ein von den traditionellen Dörfern Balis inspirierter Zufluchtsort, in dem Frieden und Stille regieren." (Asensio, 2002, S. 187)
- „*Geozentrische Gestaltungskonzepte*" folgenden Kriterien der internationalen Kultur. Dazu zählen etwa Anlagen im eklektizistischen Stil, wo Stilelemente verschiedener Epochen gemeinsam vorherrschen (Beispiel: NIRVANA SPA in Miami Beach, Florida), ebenso Hotels im Design des Art Deco (GRAND HOTEL MERCURE SPLENDID in Dax, Frankreich), Baukomplexe im verspielten Stil der Postmoderne (HOLMERS PLACE, Canary Wharf, London) und sogar Gebäude mit Stilelementen der architektonischen Moderne, die aber bei manchen Besuchern wohl kaum Emotionen des Wohlfühlens und der Geborgenheit auszulösen vermag (AURORA SPA RETREAT, St. Kilda, Melbourne, Australien; alle Beispiele aus: Asensio 2002).

5. Erlebnisthermen

Ein „*Erlebnisbad*" ist nach Maschke eine Anlage, „deren Gestaltung sich nicht nach sportlichen, sondern nach ästhetischen Gesichtspunkten bzw. den spezifischen Wünschen der Gäste richtet. Je nach vorrangig zu bedienender Zielgruppe werden dabei eher ‚Spaßelemente' oder ‚Gesundheitselemente' im Vordergrund stehen." Somit bilden „*Erlebnisthermen*" als „gesundheitsorientierte Erlebnisbäder" (neben den „*Spaßbädern*") hier eine Unterkategorie. Sie „bieten eine möglichst große Vielfalt an Einrichtungen, die im weitesten Sinne therapeutischen Zwecken dienen" (Maschke 1999, S. 75-89).

Nach Maschke gibt es derzeit in Deutschland ca. 150 Spaßbäder und ca. 120 Erlebnisthermen. Diese haben im Jahr ca. 54 Mio. Besucher zu verzeichnen (30 % im Rahmen von Kur, Urlaub, Kurzerholung; 70 % Freizeitgestaltung im Wohnumfeld oder in der Region). Pro Anlage ergeben sich im Durchschnitt ca. 450.000 Besucher im Jahr bzw. über 3.000 an Spitzentagen. Zur *Grundausstattung von Erlebnisthermen* zählen die folgenden Behavior Settings mit ihren „Synomorphen" Wasserlandschaft, Saunalandschaft, Gastrolandschaft, Wellnessbereich:

- die „*Wasserlandschaft*" mit möglichst vielen, aber nicht zu großen, unterschiedlich gestalteten Innen- und Außenbecken (Temperaturen zwischen 14° und 36°C, vom einfachen Wasser bis zur hochprozentigen Sole) mit vielfältigen zusätzlichen Attraktionen („Wildwasser", Sprudler, Massageliegen, Wasserfall, Strömungskreisel, Grotten, Beleuchtungs- und Musikeffekte etc.) und großzügigen Ruhebereichen, Licht- und Sonnenbänken etc.;
- die „*Saunalandschaft*" mit unterschiedlichen Typen von Heißluft- und Niedrigtemperatursaunen (z. B. finnische Sauna, Tepidarium, Lacomium), Dampfbädern in verschiedener Variation (z. B. osmanisches Bad), Abkühlräume mit Tauchbecken, „Schneegrotten", Körperduschen, Schwall- und Erlebnisbrausen, Einrichtungen für Güsse, Arm- und Fußbäder, Ruhebereich mit Fensterfront, Vitamin-/Saftbar, Saunagarten mit abgeschirmten Bereichen für Luft-/Sonnenbäder, Tauchbecken, Kneipp-Anlagen etc.;
- die „*Gastro-Landschaft*" mit unterschiedlichen Behavior Settings (Café, Bistro, Bar, Restaurant) unter Dach und im Freien;
- die *Wellness- und Therapiebereiche* mit einer wechselnden Auswahl der in Abschnitt 4 dargestellten Angebote und Dienstleistungen.

Abgesehen von den letztgenannten Wellness- und Therapiebereichen sind die Erlebnisthermen relativ einheitlich ausgestattet und es fehlt die im Hotelbereich festgestellte größere Differenzierung. Daher bilden Marketingstrategien der „*Thematisierung*" wichtige Instrumente zur Akquisition von Gästen und zu ihrer längerfristigen Bindung. Anhand von Beispielen kann man hier gut die beiden grundsätzlichen Möglichkeiten zur „Verankerung" der Angebote in den „*touristischen Perspektiven*" (Urry 1990) der Nachfrager erkennen:

Dazu zählt einmal die Schaffung von individuellen Besonderheiten, vor allem von einmaligen visuellen Wahrzeichen.

Am besten ist dies wohl im Fall der 1997 eröffneten ROGNER THERME – BAD BLUMAU im „Steierischen Thermenland" gelungen. Ihr liegt das gestalterische Konzept des Künstlers Friedensreich Hundertwasser zugrunde, der eine Verschmelzung von Architektur und Natur anstrebte und dazu seine eigenen Stilmittel eingesetzt hat: etwa die Vermeidung von geraden Linien, z. B. mit dem oft angewandten Motiv der „Spirale", die bunte und abwechslungsreiche Gestaltung von märchenhaft aussehenden Gebäuden („Rehrückenhaus", „Augenschlitzhaus", „Schneckenhaus", „Fachwerkhaus" u.a.; s. Abb. 4), deren Dächer oft mit Blumenwiesen bewachsen sind (Hausmann 2000). Dieses spezielle Gestaltungskonzept hat wesentlich zum Erfolg der für 1.200 Gäste je Tag konzipierten Therme beigetragen. Das angeschlossene 600 Betten-Hotel ist nahezu voll ausgelastet. 43 % der Übernachtungsgäste und 29 % der Tagesbesucher geben an, dass die Hundertwasser-Architektur wesentlich zur Wahl des Reise-(Besuchs-)zieles beigetragen hat (Brittner u.a. 1999).

Abb. 4: Einmalige visuelle Wahrzeichen als Hauptelemente der „touristischen Perspektive": die ROGNER THERME – BAD BLUMAU

Die zweite Strategie zur Verankerung von Thermenangeboten in den „touristischen Perspektiven" der Nachfrager kann man unter dem Begriff „*touristische Reproduktion*" (Steinbach 2003) zusammenfassen. Sie beruht auf der Nachahmung von fremden und erfolgreichen „touristischen Perspektiven", etwa auf mehr oder minder genauen Repliken von Originalen aus der orientalischen oder japanischen Badekultur sowie auf dem Bestreben, Südsee-Romantik, karibischen Flair etc. in den Badewelten spürbar zu machen (Maschke 1999).

In der THERME ERDING im Münchner Umland (Abb. 5) hat man unter einer transparenten Kuppelkonstruktion (Durchmesser 56 m, Höhe 20 m), die sich bei günstigem Wetter öffnen lässt, eine „Südseelandschaft" rekonstruiert, mit 1.400 qm Thermalwasserfläche, hunderten, bis zu 11 m hohen Palmen, verschiedenen tropischen Pflanzen, sandfarbenen Natursteinen etc. (Archiv des Bäderwesens 7/2000). Zusätzlich ist die Saunalandschaft teilweise im „römischen Stil" gestaltet („Pompejaneum" als Ruheraum, „römische Villa" mit Entspannungsbecken).

Abb. 5: Reproduktionen als Hauptelemente der „touristischen Perspektive": „Südseelandschaft" in der THERME ERDING

Um konkurrenzfähig zu bleiben, müssen die nach beiden Grundrichtungen „thematisierten" Thermen ihre Angebotsspektren in relativ kurzen Zeiträumen modifizieren und ergänzen.

6. Kreuzfahrten

Unter dem Begriff „Kreuzfahrt" versteht man in der Regel eine Pauschalreise (Übernachtung, Vollpension, Unterhaltungsprogramm, verschiedene andere Aktivitäten an Bord, Landausflüge) mit einem Hochsee- oder Flussschiff entlang einer touristischen Route (Schäfer 1998). Die Traditionen der *europäischen Hochsee-Kreuzfahrt* (strenge Kleiderordnung, Galaempfänge, konservative Formen der Unterhaltung, an den Interessen des Bildungsbürgertums orientierte Landausflüge etc.) werden seit den 70er Jahren des 20. Jahrhunderts sukzessive vom US-amerikanischen *Fun-Ship-Konzept*[1] abgelöst. Hier stehen die von der Pop-Kultur beeinflussten und auf ein mehr jugendliches (oder auf jugendliche Verhaltensweisen orientiertes) Publikum ausgerichteten Vergnügungs-, Unterhaltungs- und Animationsprogramme im Vordergrund. Die Aktivitäten konzentrieren sich mehr auf das Schiff (Erlebnisgastronomie, Shows, Casinos, Discotheken, Poolspiele etc.), während im Rahmen der Landgänge das Einkaufen (etwa in speziellen Duty-Free-Zonen) immer wichtiger wird. Mit den *„Clubschiffen"* (AIDA cara und AIDA vita) wurde in jüngerer Zeit die Grundidee des CLUB MEDITERRANEÉ auf die Kreuzfahrt übertragen. Diese Schiffe der jüngsten Generation bieten ihren Gästen neben den gut ausgestatteten Fitness-Centern auch großzügige *Wellness-Bereiche* an:

Neben den beiden genannten „Clubschiffen" hat auf dem deutschen Markt derzeit vor allem die AROSA BLU (sie wird – wie die beiden AIDA-Schiffe – von SEETOURS vermarktet) mit ihrem 30 m über dem Meer gelegenen Health Club (1.300 qm) das umfassendste Angebot. Fitness und Wellness in luxiösen *„Entspannungsoasen mit Meerblick"* vermitteln den Gästen neue Erlebnisdimensionen. Ca. 80 % davon nutzen die Wellness- und Fitnesseinrichtungen als offenbar sehr willkommene Ergänzung der anderen, oben genannten Aktivitäten. Aufgrund dieses Erfolges befinden sich auch spezielle *Themenkreuzfahrten* in Vorbereitung, in deren Rahmen Gesundheit und Wellness ganz im Mittelpunkt stehen (Tönnishoff 2002). Ein neuer Schritt zum Ausbau dieses Konzeptes wird im Jahr 2004 gesetzt, wenn die QUEEN MARY 2 der CUNARD LINE ihren Dienst aufnimmt. Sie wird mit ca. 1.860 qm über einen der *größten Spa-Bereiche auf See* verfügen, der sich über zwei Decks erstreckt. Dazu zählen auch 24 Behandlungsräume, in denen sich 51 Schönheits- und Gesundheitsexperten um die Gäste kümmern werden (Tönnishoff 2002).

So entwickeln sich Gesundheit und Wellness in sehr kurzer Zeit zu einem wesentlichen Bestandteil der Angebote an Hochseekreuzfahrten. In Ansätzen kann man diesen Trend auch bei den Flusskreuzfahrten beobachten. Jedoch sind hier wegen der geringeren Größe der Schiffe Grenzen gesetzt. Allerdings ist auch die Nachfrage des (noch) deutlich älteren Publikums nicht so groß.

Literatur

Antonovsky, Aaron (1997). Salutogenese: Zur Entmystifizierung der Gesundheit. (Dt. Ausgabe v. Alexa Franke) Tübingen: DGVT-Verlag.
Asensio, Paco (Hg.) (2002). Spa und wellness hotels. Düsseldorf: teNeues.
Barker, Roger (1968). Ecological psychology: Concepts and methods for studying the environment of human behavior. Stanford: University Press.
Bezold, Thomas (1998). Ereignisorientierte Analyse der Dienstleistungsqualität. Tourismus Journal, 1998, 1(2)., 21-168.
Brittner, Anja (1999). Kurorte der Zukunft. Neue Ansätze durch Gesundheitstourismus, interkommunale Kooperation, Gütesiegel Gesunde Region und Inszenierung im Tourismus. Trier: Geographische Gesellschaft (Materialien zur Fremdenverkehrsgeographie, H. 49).

Bourdieu, Pierre (1984). Distinction: A social critique of the judgement of taste. London: Routledge and Kegan Paul.
Braun, Ottmar (1993). Reisezufriedenheit. (S. 308-311) In Heinz Hahn & H. Jürgen Kagelmann (Hg.), Handbuch der Tourismuspsychologie und Tourismussoziologie. München: Quintessenz.
Chaney, David C. (1993). Fictions of collective life. London: Routledge.
Csikszentmihalyi, Mihaly (1975). Beyond boredom and anxiety. Experiencing flow in work and play. San Francisco: Wiley & Sons. (Dt. Das Flow-Erlebnis. Jenseits von Angst und Langeweile: im Tun aufgehen. Stuttgart: Klett-Cotta, 1985)
Deutscher Heilbäderverband (2002). Wellness im Kurort. http://www.deutscher-heilbaederverband.de; 25.10.2002
Goffmann, Erving (1983). The interaction order. American Sociological Review, 1983, 48, 1-17.
Hausmann, Robert F. (2000). Erlebnis Thermenland: Gesundheit – Kultur – Freizeit. Graz: Styria.
Hilger, Sigrid, Steinbach, Josef & Perissutti, Roman(1998). Marktpotential für einen Gesundheits- und Wellnesstourismus in traditionellen Fremdenverkehrsregionen. Tourismus Journal, 2(4), 495-516.
Hilke, Wolfgang (1989). Dienstleistungs-Marketing. Wiesbaden: Gabler.
Hochschild, Ariel Russell (1983). The managed heart. Commercialization of human feeling. Berkeley (CA): University of California Press.
Hradil, Stefan (1987). Sozialstrukturanalyse einer fortgeschrittenen Gesellschaft. Von Klassen und Schichten zu Lagen und Milieus. Opladen.
Kaspar, Claude (1996). Gesundheitstourismus im Trend. (S. 53-61) In Jahrbuch der Schweizer Tourismuswirtschaft 1995/96. St. Gallen: Institut für Tourismus und Verkehrswirtschaft.
Labacher, Gerhard & Baumann, Urs (2001). Angebotsanalyse der Wellness-Hotels Österreichs. Tourismus Journal, 2001, 5(3), 283-300.
Maschke, Joachim (1999). Erlebnisbäder in Deutschland. (S. 75-89) In Deutsches Wirtschaftswissenschaftliches Institut für Fremdenverkehr e. V. an der Universität München, Jahrbuch für Fremdenverkehr. München: Verlag des DWIF.
Müller, Hansruedi & Lanz, Eveline (1998). Wellnesstourismus in der Schweiz: Definition, Abgrenzung und empirische Angebotsanalyse. Tourismus Journal, 1998, 2(4), 477-494.
Nahrstedt, Wolfgang (2001). Wellness, Fitness, Beauty, Diet, Soul: Angebotsanalyse von deutschen Kur- und Urlaubsorten. (S. 53-78) In Wolfgang Nahrstedt (Hg.), Fitneß und Wellness: Gesundheitstourismus in Europa , IFKA.
Renner, Erich (1999). Gesellschaft – Freizeit – Lebensraum. Humanökologie und Freizeitforschung: Engagierte Geographie im lokalen Kontext. St. Gallen: Ostschweizerische Geographische Gesellschaft (Publ. d. Ostschweizerischen Geographischen Gesellschaft, N. F. 4).
Schäfer, Christian (1998). Kreuzfahrten, die touristische Eroberung der Ozeane. Nürnberg: Wirtschafts- und Sozialgeographisches Institut d. Friedrich-Alexander-Universität (Nürnberger Wirtschafts- und Sozialgeographische Arbeiten, Bd. 51).
Schober, Reinhard (1993). (Urlaubs-)Erleben, (Urlaubs-)Erlebnis. (S. 137-140) In Heinz Hahn & H. Jürgen Kagelmann (Hg.), Ein Handbuch zur Tourismuspsychologie und Tourismussoziologie. München: Quintessenz.
Skoda, Elisabeth (2002). Relax Guide 2003. http://vienna.at/pups/redaktion/wellness/news/Wellness-News-89145.shtm, 21.10.2002

Steinbach, Josef, Holzhauser, Andrea u. a. (2000). Grundlagen für ein Ausbau- und Marketingkonzept der Altmühltherme. Materialien und Diskussionsgrundlagen der Faches Wirtschaftsgeographie. H. 11. Eichstätt: Katholische Universität Eichstätt.

Steinbach, Josef (2003). Tourismus – Einführung in das räumlich-zeitliche System. München, Wien: Oldenbourg.

Steinecke, Albrecht (1997). Inszenierung im Tourismus. Trends – Modelle – Prognosen. Trier: Europäisches Tourismus-Institut.

Tönnishoff, Peter (2002). Fitneß, Schönheit, Wohlbefinden: Der neue Trend an Bord. FVW spezial Schiff, 2002, Nr. 25, 11.10.2002. Hamburg.

Urry, John (1990). The tourist gaze. London: Sage.

Vester, Heinz-Günter (1991). Emotion, Gesellschaft und Kultur. Grundzüge einer soziologischen Theorie der Emotionen. Opladen: Westdeutscher Verlag.

Vester, Heinz-Günter (1999). Tourismustheorie. Soziologischer Wegweiser zum Verständnis touristischer Phänomene. München, Wien: Profil.

WTO (1999). Changes in leisure time. The impact on tourism. Madrid: World Tourism Organization.

Anmerkung

[1] Vgl. dazu den Beitrag von Kagelmann in diesem Band.

H. Jürgen Kagelmann

Fun Cruising:
Kreuzfahrtschiffe – die neuen Erlebniswelten

1. Einführung

Angesichts der immer lauter werdenden (und berechtigten) Warnungen, mit dem „Erlebnis-" bzw. „Erlebniswelt"-Begriff allzu freigiebig und inflationär umzugehen, muss die Attribution von Kreuzfahrtschiffen bzw. -reisen als einer Erlebniswelt zweifellos begründet werden. Natürlich sind theoretisch alle Arten und Formen von Reisen und Urlauben geeignet, eine starke Erlebnisorientierung zu realisieren, aber wieso gerade die Kreuzfahrtreisen? Tatsächlich konnte jahrzehntelang dieses Reisesegment eher das genaue Gegenteil des hier Gemeinten beanspruchen, war es doch in der Wahrnehmung der Kunden und der Öffentlichkeit eher mit dem Attribut „erlebnis*arm*" verbunden; typische Klischees von den „schwimmenden Altersheimen" bestimmten lange Zeit das Bild. Wenige Reisesegmente schienen so sehr mit der Vorstellung eines „ruhigen", vorausschaubar-ereignislosen, sicheren Urlaubmachens verbunden, wie die Passage auf einem Schiff, dessen Kurs ja typischerweise genau festgelegt ist und dessen wichtigste Abwechslung die täglichen Mahlzeiten bzw. die dafür notwendigerweise anzulegende Kleidung, dessen einzigen Unabwägbarkeiten die Unbilden des Wetters und dessen einziger „Fun"-Aspekt die Tanztees der etwas angegrauten Bordcombo, eventuell noch die erregenden abendlichen Bingospielrunden waren. Die hier beschriebenen Reisen gibt es so oder ähnlich immer noch und sie machen das Gros des Angebotes aus, aber daneben haben sich Formen des Kreuzfahrtreisens herausgebildet, die verblüffende strukturelle Ähnlichkeiten mit anderen, typischen Erlebniswelten wie Freizeitparks, Shopping Malls, Ferienclubs usf. aufweisen.

2. Daten zum Kreuzfahrtmarkt

Der Kreuzfahrtmarkt (zu Definition und Geschichte vgl. u. a. Kludas 2001) ist ein kleines, aber ansteigendes Segment.
2000 ging man international von 7 Mio. Kreuzfahrtpassagieren auf Ozeanschiffen aus. Für Deutschland betrug der Umsatz im Touristikjahr 2001/02 0.74 Mrd. Euro – ein Zuwachs von 20,7 % gegenüber dem Jahr 2000/01 (0,62 Mrd. Euro) (Focus 2003, S. 10, nach FVW-Dokumentation ‚Deutsche Veranstalter in Zahlen'), der sicherlich auch auf das veränderte Reiseverhalten der Deutschen nach den Terroranschlägen des 11.9. zurückzuführen ist. Die Studie „Kreuzfahrtenmarkt Deutschland 2002" (DRV 2003) ergab rd. 430.000 Passagiere, die im Jahr 2002 eine Kreuzfahrt unternommen hatten – 9,2% mehr als im Vorjahr; für 51,6% der Veranstalter gab es, z. T., größere Zuwächse im Passieraufkommen, für 38,7% schlechtere Zahlen als im Vorjahr. Jeder Passagier hatte durchschnittlich 2.050 Euro für das Ticket ausgegeben. 76% aller Passagiere hatten eine Fahrt in deutsche/europäische Gewässer gebucht; der Anteil der Fahrgäste mit überseeischen Reisezielen war von 33,8% (2001) auf 24% (2002) gefallen. Für das Jahr 2003 blickten die Veranstalter mit großem Optimismus in die Zukunft; 91% erwarteten ein weiteres Wachstum.[1] Bereits 1997 hatte Ergebnissen der „Reiseanalyse" zufolge zwar nur 1% der befragten Deutschen eine Kreuzfahrt unternommen, 7% hatten jedoch zu Protokoll gegeben, an einer Kreuzfahrt interessiert zu sein; das Wachstumspotential dieses Tourismussegments wurde damals bereits für den deutschen Markt als „sehr groß" eingestuft. Eine andere Studie definierte 2000 den Kreuzfahrt-Urlaub als eine von acht Reisearten mit Wachstumspotenzial (Focus 2000. In anderen Ländern, v. a. den USA, ist dieser Urlaubsbereich seit Jahrzehnten etabliert: Der Branchenprimus, Carnival Corp. hatte 2001 3,3 Mio. Passagen verkauft und in 2002 das bisher teuerste Schiff, die Carnival Conquest (500 Mio. $,110 Tsd. Tonnen, 2.974 Passagiere), in See geschickt (Stanley 2002).

Die beliebtesten Kreuzfahrtziele – gemessen an Passagierankünften – waren lt. einer Untersuchung von Lloyds' Cruise International (Globo 1998, S. 10): US Virgin Island, Miami, Bahamas, San Juan-Puerto Rico, Yucatán, Grand Cayman, St. Martin, Jamaika, Barbados, Vancouver. Manche kleinen Karibikstaaten sind wirtschaftlich stark vom Kreuzfahrttourismus abhängig (2,5 Mio. der insgesamt 4,2 Mio. Besucher auf den Bahamas kamen 2001 mit Kreuzfahrtschiffen an; Menck 2002).

1990 waren international rd. 170 Schiffe im Einsatz, Ende 2001 250, wobei sich die Zahl der Betten in diesem Zeitraum verdoppelt hat; für 2005 rechnet man mit einem Angebot von 250.000 Betten (Menck 2002). Die Situation 2003 war geprägt von einer Zurückhaltung sowohl im deutschen als auch internationalen Bereich – bedingt durch Irak-Krise und Terrorismus-Angst (Touristik Report 2003); „sichere" Ziele wie etwa Nordlandreisen für deutsche Gäste konnten Zuwächse verbuchen.

3. Veränderungen in Struktur und Angebot der Kreuzfahrtanbieter

Verfolgt man die Entwicklung der Kreuzfahrtreisen über die letzten 15 Jahre, fallen u. a. folgende Veränderungen auf:
- *kurze bzw. kürzere Reisen* auf festen Routen, v. a. in der Karibik (was eine Intensivierung des Erlebnisses bedeuten kann, aber auch die Veränderungen im Reiseverhalten im Richtung auf ‚mehr kürzere Reisen' reflektiert)[2];
- Einrichtung von *all-inclusive*-Reiseangeboten, bei denen sogar das Trinkgeld inbegriffen ist („No tipping");
- wachsende Nachfrage nach *außergewöhnlichen* Reisen, nach *Luxus*-Schiffen (mit 5-Sterne-Niveau; Bsp. Queen Elizabeth II, s. Fischer 2003, Ward), neuerdings auch nach Kreuzfahrtdomizilen[3];
- *individualisierte* Angebote: Silversea Cruises bietet seinen Passagieren die Möglichkeit an, beliebig und flexibel die Länge der Reise und die Länge von Landaufenthalten und die Orte zu wählen, an denen man an Bord bzw. von Bord gehen will (Bleecker, 2002d);
- *intensives Marketing bei bisher vernachlässigten Zielgruppen* (Familien; Singles; Jugendliche; bei Kindern gibt es z. Zt. die größten Zuwächse)[4];
- immer differenziertere Angebote an *Speisen* (einschl. kalorienarmer Menus, vegetarischer Gerichte, Diätkost; Spezialitätenrestaurants);
- innenarchitektonische Verfeinerungen (exklusiv gestylte Lobbys, die an die legendären Luxushotels erinnern);
- Zunahme von gastorientierten Dienstleistungen (z. B. werden die früher üblichen Ess-Schichten von einer „offenen Essensitzung" abgelöst);
- Reduzierung traditioneller Kleidungsnormen (Casual clothing, freestyle cruising „Urlaub ohne Krawatte" statt steifem „Urlaubsprotokoll");
- Zunahme eher kleinerer, leistungsstarker, auf das Aufsuchen spezieller Zielgebiete ausgerichteter „Abenteuer-, Entdeckerschiffe" (Antarktis, Amazonas usf.) einerseits und von Riesenschiffen („Megacruisers") über 100.000 BRT (1996: Carneval Destiny; 1998 Grand Princess; 1999: Eagle-Schiffe 142.000 BRT) andererseits;
- die Clubschiff-Idee (1996 „Aida" der DRS-Seereederei);
- Einführung von *Thematisierungen* (z. B. Themenkreuzfahrten rund um den Wein; mit christlicher Erbauung, Fahrten mit ehemaligen Geheimdienstagenten; s. Bleecker 2001; auch Fahrten zu Filmhighlights sind in Mode gekommen)[5]; aber auch von thematisch eingepassten Studienelementen[6];
- ausgeklügelte *Land-See-Touren* (z. B. für Radfahrer, für Harry Potter-Fans entlang den britannischen Küsten)[7];
- Zunahme von *Unterhaltungsangeboten* verschiedenster Art („schwimmende Jazzclubs", Konzerte, Events, Medienangebote, Comedy; Internet-Cafés, z. B. auch „Mördersuchspiele"; Glücksspielangebote);

- Einführung von ökologischen u. a. *Edutainment-Programmen* v. a. für Jugendliche und Kinder[8];
- individuell zugeschnittene *Events* (z. B. Heiratszeremonien auf See);
- Zunahme von *Sportangeboten*, auch solche eigentlich für Kreuzfahrtschiffe untypischen Charakters (Kletterwände, Schlittschuhbahnen, Rollerbladebahnen, Fahrradfahren, Golfplätze)[9].

Eine Konsequenz dieser Entwicklung sind die neuen Fun-Cruiser, schwimmende Erlebniswelten, für die das Erholungsmotiv gleichbedeutend mit der Absicht ist, möglichst viel zu erleben. Die neue Generation der Kreuzfahrtunternehmer versteht sich auch selbst als Anbieter von Erlebniswelten; dafür ein Beispiel:

„Die Erlebniswelt AIDA wird Sie überraschend anders begrüßen, als Sie es unter Umständen von einem Urlaub auf dem Meer erwarten. Hier lebt es sich locker, sportlich, kommunikativ und erfrischend unterhaltsam. Keine klassische Kreuzfahrt also, das werden Sie bemerken, wenn Freude, Spontaneität und Unternehmungslust Sie gerade einmal wieder voll überholen. Lassen Sie Ihrem Tag an Bord freien Lauf. Ohne Kleiderzwang, Trinkgeldpflicht, Captains Dinner, festgelegte Sitzordnungen (..). Genießen Sie lieber individuell, denn dafür ist AIDA da. Mit einer Fülle an Freizeitmöglichkeiten und jeder Menge Platz für Sie und die Sonne. Holen Sie aus zu einer unvergesslichen Zeit auf dem Meer. Weniger sollten Sie an Bord wirklich nicht erwarten." (AIDA-Das Clubschiff/Seetours, Katalog Sommer 2003)

4. Disney Magic, Disney Wonder: Die neue Generation des Kreuzfahrens

Eine Zäsur kann man mit dem Auftreten des Unterhaltungs-Medien-Freizeitkonzerns Disney auf dem Kreuzfahrtenmarkt 1998 sehen. Am 30. Juli 1998 stach das erste, extra dafür in Italien für ca. 350 Mio. $ gebaute[10] Kreuzfahrtschiff der Disney Cruise Line, die „Disney Magic" (85.000 BRT, 294 m Länge, 2.400 Plätze, 880 Kabinen, 945 Personen Besatzung, darunter 50 Kinder-Betreuer) zu seiner Jungfernfahrt in See. In den Presseankündigungen und Werbematerialien zog der Veranstalter damals sehr *explizit Parallelen zu seinen Themenparks*:

„Mit dem neuen Projekt, Disney Cruise Line, setzt der Disney Konzern neue Signale in der Kreuzfahrt-Industrie. (..) An Bord des gigantischen Kreuzfahrtschiffes findet sich alles, was auch für Walt Disney Resort Hotels und Attraktionen typisch ist: ansprechende komfortable Zimmer, hochwertige Unterhaltung für jedes Alter und ein zauberhaftes Ambiente, das es leicht macht, dem Alltag für eine Weile zu entfliehen. Das facettenreiche Service- und Unterhaltungsangebot (..) ist so konzipiert, dass es bei Familien, Paaren und Senioren keine Wünsche offen lässt. Erreicht wird dies durch spezielle Bereiche für Familien mit Kindern und für Erwachsene ohne Kinder. Außergewöhnlich auch die Kombination, in der eine Kreuzfahrt mit Disney Cruise Line zu buchen ist:

‚Die Disney Magic bietet allen Gästen die Gelegenheit, die Romantik einer Kreuzfahrt mit dem Abenteuer eines Besuches im Walt Disney World Resort zu verbinden.' (..)"

An Bord des Schiffes gibt es Boutiquen und Shops, ein Kino (Disneyfilme und aktuelle Kinohits), Bars und vier Restaurants, Nachtclub und Disco, Cafés, ein Theater (in dem eigens kreierte Shows mit Disney-Motiven und -Musik vor bis zu 1040 Zuschauern gezeigt werden, Kabarett, Broadway-Unterhaltung), ein 620 qm großer Bade-, Fitness- und Erholungsbereich (u. a. drei Schwimmbäder, Fitnessstudio, Saunen, Dampfbäder usf.) und Sportmöglichkeiten (Tennis, Basketball, Tischtennis, Joggen, Fahrradfahren), eine Familienlounge. Für Erwachsene ist die 511 qm große Einkaufsmeile interessant, aber auch ein Nachtclubdistrikt, für Kinder „gibt es den größten separaten Bereich, (und...) die umfassendste Kinderbetreuung, die es je auf einem Kreuzfahrtschiff gegeben hat" (Pressemitteilung Walt Disney Attractions 1996); auf Wunsch werden die Kinder u. a. durch „lebendige" Disney-Figuren ins Bett gebracht. Die aus den Disney-Parks und -Medien bekannte *Synergie* weltweit bekannter Charaktere und Plots (Storys) wird auch auf die Schiffe übertragen. Z. B. wurde im Frühjahr 2003 neu das Kinderprogramm „Aladdin's Fun Adventures" mit interaktiven Spielen und Aktivitäten aufgelegt, das stundenlange Unterhaltung entlang der Idee des gleichnamigen Filmklassikers vorsieht.

Ein zweites Disney-Schiff wurde 1999 mit der „Disney Wonder" (mit 316 m etwa so lang wie der Eiffelturm hoch) in Dienst gestellt, um die steigende Nachfrage v. a. amerikanischer Familien nach der „einzigartigen Disney-Kreuzfahrt-Erlebniswelt" (Pressemitteilung Walt Disney Attractions) befriedigen zu können.

Man kann diese Disney-Fun-Cruiseships als einen *eigenen, schwimmenden Freizeit- oder Erlebnispark* des Walt Disney Resorts in Orlando oder als eine *Erweiterung* dieses weltweit größten Freizeitgeländes auffassen. Denn die Kreuzfahrten („Disney Cruise Vacation") sind nur als Package (erst ein drei-/viertägiger Aufenthalt im Resort, dann ein vier-/dreitägiger Kreuzfahrttrip) zu buchen; die Passagiere werden vom Resort mit Bussen in einer Fahrtstunde zum Start- und Zielhafen Port Canaveral an der Ostküste Floridas gebracht.

Disney-Kreuzfahrten simulieren, oder besser formuliert, konzentrieren eine „normale" Kreuzfahrt durch die Karibik insofern, als die wesentlichen Elemente des traditionellen Rundkurses in intensiver Form inszeniert werden. Besonders charakteristisch dafür ist der eingebaute Stopp zum Baden, Schnorcheln, Segeln usf. auf einer „paradiesischen" Karibik-Insel - „Castaway Cay", ein 3,1 Meilen langes und 2,2 Meilen breites Eiland 60 Seemeilen vor Nassau. Während sie Berichten zufolge früher Schmugglern als Drogenumschlagplatz diente, wurde sie nach dem Kauf durch Disney zum idealtypischen Kreuzfahrt-Ausflugsziel voll imaginärer Geographie und Inszenierungskunst. Alles, was ein positiv anregendes Stereotyp von Karibik-Lebenslust ausmacht, soll hier inszeniert werden.

Abb. 1 Disney-Schiff auf Castaway Cay
© Disney

5. Ein Fazit zum Erlebnisweltcharakter

(1) Für immer mehr Menschen ist *das Ziel* die Erlebniswelt Kreuzfahrtschiff, nicht (mehr) die Kreuzfahrt.[11] Typisch dafür ist, dass Landgang, früher ein Höhepunkt, völlig an Bedeutung gegenüber dem hoch differenzierten, umfassenden Angebot auf See verloren hat,[12] das dem einer kleinen, hoch entwickelten und funktional ausdifferenzierten Stadt gleicht. Nicht selten werden daher die riesigen Kreuzfahrtschiffe der neuen Generation mit „schwimmenden Städten" verglichen – Welten für sich, die zunehmend autonomer werden (eigene Meerwasserentsalzungsanlagen, Hubschrauberlandeplätze, viergeschossige La-

denpassagen usw. usf.). Ziel und Konsequenz ist bei den Kreuzfahrtangeboten wie bei anderen Erlebniswelten, besonders den Freizeit-Themenparks und den Clubs, den Aufenthalt in einer „geschlossenen" Anders-Welt immer weiter zu perfektionieren, so dass kaum noch der Wunsch auftaucht, diese Welt verlassen zu wollen – was offenbar den Kundenwünschen entgegenkommt.[13]

(2) Multioptionalität und Quantität. Das Grundprinzip von Erlebniswelten wird auf den neuen Cruisers erfolgreich realisiert: ein überbordendes Angebot: mehr als selbst bei genauester Planung zu genießen ist. Der Eindruck von überwältigender Fülle – wie man es auch aus den größten Freizeitparkresorts kennt – wird hier zelebriert. Schon in den Prospekten wird die *Quantität* des Gebotenen herausgestellt – so dass der Kunde das Gefühl hat, wie z. B. beim Eintritt in die großen Themenparks, viel für sein Geld zu bekommen (Quantifizierbarkeit als ein zentrales Merkmal der McDonaldisierungstheorie, s. Ritzer 1995).

(3) *Grenzenlosigkeit.* Der stete Ausbau von Unterhaltungs-(„Fun"-)Möglichkeiten signalisiert dabei sichtbar, dass in dieser Erlebniswelt die geographischen, klimatischen u.a. Beschränkungen des Aufenthaltes auf See durch immer neue technologische Entwicklungen überwunden werden (Schlittschuhlaufen, Bergsteigen, Golfspielen usf.; auf manchen Schiffen gibt es Billardzimmer, deren Tische dank kardanischer Aufhängung immer waagrecht bleiben.)

(4) Kreuzfahrten bieten, wie andere Erlebniswelten im optimalen Fall auch, *für alle (Zielgruppen) etwas.* Das Angebot quasi unendlicher Unterhaltungsmöglichkeiten ist auf alle möglichen Zielgruppen und deren emotionalen Bedürfnislagen ausgerichtet. Besonders auffallend ist, wie konsequent und pragmatisch der übliche „Familien"anspruch hier in ein Angebot höchst unterschiedlicher und getrennter Eltern- und Kindersphären aufgelöst wird (vgl. als impressionistischen Bericht Bertrand, 1999), was letzten Endes eine überaus realistische Vorstellung von Familie verrät.

(5) *Rationalität des Angebotes.* Auch die in anderen Erlebniswelten typisch rationalen bzw. immer rationelleren, effizienteren Formen der Dienstleistung, wie sie von Ritzer (1995) für die Fastfoodgastronomie[14] beschrieben wurden, finden sich im Segment: „industriell produzierte Kreuzfahrten (..) Große Schiffe, kurze Reisen, feste Routen (..), einheitliche Abläufe, die von der An- und Abreise, dem Landgang über das Unterhaltungsprogramm bis zum Speiseplan durchrationalisiert sind." (Niendorfer 2002). Das Prinzip der „Kontrolle" wird – zumindest für einige der wichtigeren Kreuzfahrtgesellschaften – in Zeiten zunehmender Differenzierungsmöglichkeiten und multioptionaler Atmosphäre immer wichtiger, so dass es in Einzelfällen schon dicke Regelwerke für das Verhalten an Bord gibt.[15]

(6) Die *Spannung* von Neuartigkeit und Altvertrautem, von Erwartungserfüllung und Abwechslung, die die modernen Erlebniswelten auszeichnet und dazu

führt, dass die Gäste Dinge wieder erleben wollen, zeigt sich auch beim fun cruising. Die Rahmenbedingungen (hohe Dienstleistungsorientierung an Bord; hervorragende Qualität von Essen und Trinken und Unterbringung; keine physische Gefährdung usf.) führen zu einem Gefühl von Basissicherheit auf Seiten der Gäste und erlauben es, neuen Erlebnissen nachzugehen, die *eher an-regend als auf-regend* sind. Wie bei anderen Erlebniswelten auch handelt es sich bei dem breiten Unterhaltungs-/Fun-Angebot um „*kontrolliertes Abenteuer*", „convenience adventure". Das Prinzip des „Rotation Dining" bei Disney etwa, bei dem die Gäste sich jeden Abend in einem anderen Restaurant und also einer anderen Atmosphäre treffen, kennzeichnet die harmlose Spannung und dosierte Abwechslung in einer Welt der Sicherheit und des Vertrauten. Vertrautsein wird durch viele erprobte Strategien, z. B. durch die Zelebrierung von *Marken*philosophien (z.b. AIDA) erreicht, bei den Disney-Schiffen besonders durch das Wiedererkennen von bekannten Zeichen und Themata und Figuren, die überall anzutreffen sind (schon der Rumpf der Schiffe ist entsprechend verziert) und auch lebensgroß auftreten („Characters meeting"). Sicherheit bringt die Gäste zu wiederholten Buchungen.[16]

Literatur

Bertrand, Lynne (1999). Cruise control. A family find its bliss aboard the Disney Magic. Disney Magazine, Spring 1999, S. 34-43.
Bleecker, Arline (2001). If you like spies, trip will put you in 007th heaven. Orlando Sentinel 1.7.2001.
Bleecker, A. (2001b). As more kids cruise, ships don't snooze. Orlando Sentinel, 23.9.
Bleecker, A. (2002). You can follow the trail of Harry Potter. Orlando Sentinel 22.9.
Bleecker, A. (2002b). If you're out of line, you're off the ship. Orlando Sentinel 29.9.
Bleecker, A. (2002c). 'Survivor' buoys South Seas ventures. Orlando Sentinel, 28.4.
Bleecker, A. (2002d). Go where you want to go - and when. Orlando Sentinel, 6.10.
Bleecker, A. (2003). Disney makes cruising magic for kids/The theme's the thing. Orlando Sentinel 18.5.
Byrd, Alan (2000). Wall Street gurus name cruise line best Disney theme park. Orlando Business Journal 27.3.
DRV (Deutscher ReisebüroVerband) (2003). DTV-Studie Kreuzfahrtenmarkt Deutschland 2002: Weiter auf Wachstumskurs. http://www.drv.de/kreuzfahrten.html.
Fischer, Eva-Elisabeth (2003). Die unmäßige Feier des Unzeitgemäßen. Süddeutsche Zeitung 22.7.2003, S. 39
Focus 2000. Der Markt für Urlaubs- und Geschäftsreisen. Daten, Fakten, Trends. München: Focus.
Focus 2003. Urlaubs- und Geschäftsreisen. Fakten 2002. München: Focus.
Globo (1998). Sonderheft Kreuzfahrten. München: Globo.
Klesse, Hans-Jürgen & Tönnishoff, Peter (1998). Kreuzfahrten Champagner inklusive. WirtschaftsWoche 45, 29.10.1998.
Kludas, Arnold (2001). Vergnügungsreisen zur See. Eine Geschichte der deutschen Kreuzfahrt, Bd. I. Hamburg: Convent.

Krohn, Otto (2000). Am Steuer: Mickey Mouse. Familienurlaub auf See? An Bord der „Disney Magic" bekommen Eltern ihre Kinder drei Tage nicht zu Gesicht. Die Zeit 11, 9.3.2000.
Martens, Kim (2000). The keys to the kingdom. How Michael Eisner lost his grip. New York: William Morrow-Harper Collins.
Menck, Karl Wolfgang (2002). Kreuzfahrttourismus und Entwicklungsländer. ITB Berlin Presse Informationen 16/d. Berlin: ITB.
Meltzer, Christine (2002). Themen machen die Kreuzfahrt attraktiv. Berliner Morgenpost, 2.6.2002.
Mundt, Jörn W. (1998). Einführung in den Tourismus. München: Oldenbourg.
Niendorfer, Petzer (2000). Die Weltreise ist passé, das Schiff ist das Ziel. Berliner Morgenpost, 12.3.2000.
Ritzer, George (1995). Die Mcdonaldisierung der Gesellschaft. Frankfurt/M.: Fischer (The McDonaldization of society, 1993).
Stanley, A. (2002). Cruising along, with strong sails, CBS Market Watch 29.11.2002.
Touristik-Report (2003). Seereisen & Fähren. Supplement. Touristik-Report 6/2003.
Wägner, Peter (1999). Ahoi! Hier kommt die Mickymaus. Die Welt, 7.3.1999.
Ward, Douglas (2002). Berlitz-Handbuch zu Kreuzfahrten und Kreuzfahrtschiffen (Berlitz Complete Guide to Cruising and Cruse Ships). Eschborn: Berlitz; jährlich ab 1986.

Anmerkungen

[1] Einen Eindruck von der wachsenden Bedeutung dieses Marktes geben auch die Zahlen der dafür aufgewendeten Werbung: Von den TOP-40-Unternehmen mit einem Bruttowerbeetat über 2 Mio. Euro gaben alle hier gelisteten Schifflinien/-touristikunternehmen mehr für die Werbung aus; Costa-Reisen +182 %, Arkona-Reisen +153 %, P+O-Schifffahrtslinien +137 %, Atlantic Seereisen + 87 % (Focus 2003, S. 25, nach FVW-Dokumentation ‚Deutsche Veranstalter in Zahlen'); über die gesamte Schiffstouristik gesehen, verdoppelten sich binnen zweier Jahren die Werbeausgaben.

[2] Mit billigen 3-Tages-Fahrten, die sich an ein bis dahin kreuzfahrtunerfahrenes, jüngeres Publikum richteten, hatten in den 70er Jahren in den USA Carnival Cruise Lines (Karibikfahrten, sog. Caribbean Carousel) und in den 90 Jahren in Großbritannien Airtours (Mittelmeerfahrten) neue Zielgruppen erschlossen.

[3] Die nur für Millionäre erschwingliche „World of ResidenSea" bietet seit 2002 110 Eigentum-Apartments zu Preisen zwischen 2 und 6,8 Mio. Dollar an und steuert v. a. Großevents wie Formel-1, Karneval in Rio und Filmfestspiele in Cannes an.

[4] Royal Caribbean International berichtete für 2000 mit 120.000 verkauften Kinderpassagen einen Zuwachs von 40% im Vergleich zu 1997; Bleecker, 2001b.

[5] Beispiele: Fahrten mit ehemaligen Geheimdienstagenten (Bleecker, 2001); auch Fahrten zu Filmhighlights sind in Mode gekommen; der Veranstalter Catholic Answers Cruise bietet Fahrten von Seattle nach Alaska für an katholischen Themen Interessierte an; ein Erzbischof ist Bestandteil des Angebotes (Bleecker 2003).

[6] Beispiel: Eine Südseefahrt mit der „Radisson-Gauguin" bietet Kurse über die Kultur/ Geschichte und Ökologie der Südsee; Bleecker, 2002c.

[7] Beispiel: „Wir sind mit dem Radl da", MS Melody Spanien-Madeira-Kanaren-Marokko, 60 km. Ausflüge; Melzer 2002.

[8] Beispiel „Save our Seas" bei den Princess-Schiffen (vgl. Bleecker 2001b; die MS Explorers of the Seas, mit 3.114 Betten eines der größten Schiffe, ist als erstes Kreuzfahrtschiff mit wissenschaftlichen Labors ausgestattet; Gäste können mit Forscherteams der Universität Miami bei der Untersuchung der karibischen Gewässer zusammenarbeiten.

[9] Die „Serenade of the Seas" von Royal Caribbean International (2.100 Passagiere) hat u. a. eine Kletterwand, Sportdeck mit Golfsimulator und 9-Loch-Minigolfplatz, Basketballplatz; für Passagiere, die es betulicher wollen, gibt es an Bord von Disney's Magic elektrisch betriebene Rollen zu mieten; ein offensichtlich ankommende neue Idee sind die Golf & Cruise-Programme, die Golf-Angebote sowohl auf See als auch auf Land vorsehen (Touristik-Report 2003).

[10] Details zu den Konzernplänen, ins Kreuzfahrtgeschäft einzusteigen, und zu dem für Disney-Verhältnisse problematisch und pannenhaft verlaufenen Bau der Schiffe bei Masters 2000, S. 392 f.

[11] „Die Weltreise ist passé, das Schiff ist das Ziel", lautete ein Bericht in einer Berliner Zeitung (Niendorfer 2000).

[12] In einem Bericht hieß es über die Disney-Schiffe, „(..) es funktioniert, es macht Spaß, ist aufregend, anregend, erholsam – und völlig fremdgesteuert. Der Landgang in Nassau, als ‚big shopping and a little sightseeing' angekündigt, wird da zum hilflosen Herumirren auf der Hauptstraße. Viele Passagiere gehen gar nicht erst von Bord." (Wagner 1999) Dass der typische Reiz der See-Reise in den Hintergrund getreten ist, sieht man auch an anderen Elementen gerade bei Disney, denn: „(..) letzten Tag verbringt die Disney Magic auf hoher See. Nur wer genau aufpasst, dem fällt auf, dass die Silhouette des bahamaischen Hafens Freeport abwechselnd an Steuerbord und Backbord auftaucht. Das Schiff fährt gemächlich im Kreis herum. Eine Disney-Kreuzfahrt hat nichts mit einer maritimen Entdeckungsreise zu tun. Hier lockt nicht der Zauber der Fremde, sondern der Zauber des Vertrauten." (Krohn 2000)

[13] Im Bericht einer amerikanischen Wirtschaftszeitung wurde die Disney-Schiffslinie als auch ökonomisch) „besten Themenpark", mit der wahrscheinlich höchsten Kundenzufriedenheitsrate bei allen Disney-Angeboten überhaupt, bezeichnet (Byrd 2000).

[14] Vgl. dazu auch den Beitrag über Themengastronomie in diesem Band.

[15] Als Beispiel nennt Bleecker die Guest Vacation Policy von Royal Caribbean International, „a recently codified litany of do's and don'ts (...that) reads like a „bill of nonrights", das den Passagieren sogar das Fluchen verbietet; interessant ist die Begründung eines Verantwortlichen von Brilliance of the Sea, „Ships are becoming small towns and little villages, and you need these guidelines", Bleecker 2002b)

[16] Die Repeaterquote liegt bei Royal Carribean z. B. bei 60%.

Frank Lanfer und H. Jürgen Kagelmann

Achterbahnen als Erlebniswelten

1. Einführung

Können Achterbahnen Erlebniswelten sein? Ein *Erlebnis* ist das Achterbahnfahren sicherlich, aber sind diese „Roller Coaster" *Welten*? Auf alle Fälle sind Achterbahnen – wesentliche – Bestandteile der wichtigsten Erlebnisweltypen: Wir finden sie in: Themenparks, UECs/Shopping Malls (Camp Snoopy in der Mall of America, Bloomington), Ferienparks (z.B. Duinrell, NL), Erlebnishotels (Stratosphere Hotel, Las Vegas) und natürlich auf Jahrmärkten u. ä. Events.

Als singuläre oder geballte Attraktionen tragen sie entscheidend zum Erlebniswert vor allem der großen Destination Resorts (Freizeitparkwelten als eigene touristische Ziele wie z. B. Walt Disney World in Orlando, Florida) bei, etwa:
– als originär *thematisierte*, zu den sonstigen Inszenierungen und Attraktionen eines großen Parks thematisch passende „Thrill-Attraktion";
– als technisch originäre *rekordhaltige* Attraktion in bestimmten Parks; das Marketing- und Sightseeing-Argument zentriert dann auf die schnellste oder längste Achterbahnen, die mit der höchsten (Abfahrts-)Höhe, der steilsten Abfahrt, den meisten oder engsten Loopings, den meisten Fahrelementen, jeweils differenziert nach Holz- und Stahlachterbahnen bzw. differenziert nach Art der Aufhängung (s. u.) und dergl. mehr; besonders in Japan/ Asien und Nordamerika wird immer wieder nach neuen Rekorden gesucht;
– als *konzentrierte Ansammlung* von vielen, verschiedenenartigen Achterbahnen, die zusammengenommen den Reiz des Besuchsziels ausmachen (Beispiele: Freizeitpark Six Flags Holland mit 8 Achterbahnen die meisten Rollercoasters aller europäischer Parks); die Eintrittspreise in den USA sind mehr als doppelt so hoch wie in Europa, allerdings bekommt der Gast dafür auch eine beeindruckende Anzahl an Achterbahnen (Spitzenreiter weltweit ist hier Cedar Point, Sandusky/Ohio mit 16 Bahnen).

Erlebniswelt Achterbahn

Dies ist der vorläufige Stand einer Entwicklung, die über die letzten zwei Jahrzehnte zu einem erstaunlichen Boom geführt hat, der für die Freizeit- und Tourismusindustrie nicht ohne Bedeutung ist. Ein Blick in die Geschichte soll dies verdeutlichen.

Abb. 1: „Top Thrill Dragster", Cedar Point Quelle: Kirmes & Park Revue, Reichertshausen

2. Geschichte und Entwicklung der Achterbahnen – Arten und Typen

Zur Terminologie. In jedem Land hat sich die Bezeichnung der allerersten Konstruktion dieser Art als Sammelbegriff durchgesetzt. Beispielsweise heißen sie in Österreich „Hochschaubahnen", benannt nach der „Wiener Hochschaubahn" aus dem Jahre 1911, in einigen skandinavischen Ländern „Rutschebane" (Vorbild war hier eine Anlage von 1846 im Kopenhagener Tivoli) und in den USA „Roller Coaster": Coaster waren kleine, nicht hochseetaugliche Schiffe, die von Hafen zu Hafen schipperten. Auch die ersten Achterbahnen Amerikas errichtete man in unmittelbarer Küstennähe und ließ die Wagen nicht von einem zum anderen Hafen, aber immerhin auf einer linearen Strecke vom Startpunkt zur circa 200 Meter entfernten Zwischenstation fahren, bevor sie auf einer parallel geführten Strecke wieder zum Anfangspunkt gelangten. Eine erste derartige Anlage entstand auf Coney Island nahe New York im Jahre 1884. In Deutschland hingegen setzte sich der Begriff „Achterbahn" schnell durch, nachdem man 1908 die erste aus den USA stammende Konstruktion annähernd zeitgleich in den Lunaparks in Hamburg und in Berlin und auf dem Münchner Oktoberfest errichtete; maßgebend für diese Bezeichnung war die Streckenführung im Form einer „8". In Frankreich wurden derartige Hochfahrgeschäfte lange Zeit „Montagnes Russes" genannt, seit der Zeit, als französische Soldaten diese Idee als „geistige Kriegsbeute" mitbrachten; in Spanien heißen sie noch heute „Montanas Rusas". Dies weist auf das eigentliche Ursprungsland der Achterbahn hin:

Zur Frühgeschichte. Im 16. Jahrhundert errichtete man vor allem in und um St. Petersburg und Moskau künstliche „Berge", einfache Holzgerüste, die auf der einen Seite eine Treppe, auf der anderen eine schräge spiegelglatte Abfahrt aufwiesen. Signifikant waren jeweils zwei sich versetzt gegenüberstehende Konstruktionen, um bei ausreichendem Schwung die Treppenstufen des anderen Berges zu erreichen. Dieses in sich geschlossene System der „Russischen Berge" blieb auch in anderen europäischen Ländern als typisches Merkmal erhalten. Wegen des ganzjährig milden Klimas versah man die Schlitten mit kleinen Rädern und machte sie so sommertauglich. 1804 entstand die erste Bahn dieser Art in Paris und löste eine wahre Rutschbahn-Euphorie aus, die sich auf ganz Europa ausbreitete. Immer neue Formen des bis dahin nicht gekannten Geschwindigkeitserlebnisses wurden ersonnen, z. B. 1817 die „Proménades Aériennes", die erste Anlage mit geschlossener Streckenführung ohne Zwischenstation und einem selbsttätigen, von Pferden angetriebenen Aufzugssystem. Mitte des 19. Jahrhunderts wurden die geradlinigen Ausläufe normaler Rutschbahnen gelegentlich durch Loopingelemente ersetzt, was sich jedoch als so gesundheitsschädigend erwies, dass man bald wieder davon abkam.

Neuen Anschub bekam diese Idee der Hochfahrgeschäfte aus den Vereinigten Staaten. Hier wurden die Rutschbahnen perfektioniert und in völlig eigenständige Streckenführungen umgewandelt, erstmals 1898 durch die oben erwähnte „Figur-8-Bahn". Schon bald wurden derartige Bahnen seriell gefertigt, so dass jedes kleine Dörfchen sich eine eigene Achterbahn leisten konnte (bis zu 1.500 Anlagen entstanden allein in Nordamerika). Doch während eine Fahrt auf einer solchen Bahn recht harmonisch ablief, wurden im Laufe der Jahre immer größere Schussfahrten in die Strecke eingebaut, da man erkannte, dass der *Geschwindigkeitswechsel* und die *unterschiedlichen Beschleunigungen*, die auf den Passagier einwirken, den eigentlichen *Spaß* einer Achterbahnfahrt ausmachen. Gleichzeitig wurden Fortschritte in der Sicherheit erzielt – etwa Rücklaufrasten und die Einführung von drei Räderpaaren je Achse, die ein Entgleisen praktisch unmöglich machte –, so dass immer atemberaubendere Abfahrten und zugleich sicherere Fahrten ermöglicht wurden. Galten bis dahin Höhen von bis zu 16 m als Maximum, so setzte die Philadelphia Toboggan Company 1917 mit dem Bau des „Giant" neue Maßstäbe in der Achterbahngeschichte und erreichte als erste die 100-Fuß-Grenze.[1] Nun stand der bis heute anhaltenden Entwicklung immer neuer, wilderer und höherer Achterbahnen nichts mehr im Wege – eine Entwicklung, die auch vor Europa nicht Halt machte.

Erlebniswelt Achterbahn

Abb. 2: Top Thrill Dragster, Cedar Point. Quelle: „Kirmes & Park Revue", Reichertshausen

Geschichte der modernen Achterbahn. Die erste Stahlachterbahn erblickte erst 1957 in Italien das Licht der Vergnügungswelt (weil man hier mit einem Mangel an Bauholz zu kämpfen hatte), und 1959 entstand auch im Disneyland, Kalifornien, eine Anlage komplett aus Stahl. Der deutsche Bauingenieur Werner Stengel und der Hersteller Anton Schwarzkopf brachten Stahlachterbahnen zu vollendeter Präzision und revolutionierten die gesamte Freizeitbranche mehrfach. Während amerikanischen Ingenieuren mit dem „Corkscrew" (zwei aufeinander folgende Schrauben) bereits 1975 erstmalig ungefährliche Überschlagselemente gelangen, brachten Stengel/Schwarzkopf 1976 den ersten funktionsfähigen Vertikallooping zur Produktreife und errichteten im kalifornischen Park Six Flags Magic Mountain die „Great American Revolution", eine 1.081 m lange Bahn (mittlerweile unter Denkmalschutz). Beide Innovationen signalisierten quasi das neue Zeitalter der Looping-Achterbahnen mit immer neuen Inversionen. Allein die Bezeichnungen der verschiedenen Looping-Elemente drückt die subjektiv empfundene Gefährlichkeit aus, z. B. werden sie nach gefährlichen Tieren („Cobraroll") oder nach Flugfiguren waghalsiger Kampfpiloten („Immelmann") benannt. Bis heute hält diese Entwicklung an und erreichte ihren bisherigen Höhepunkt im April 2002 mit der Eröffnung der Zehner(!)loopingbahn „Colossus" im englischen Thorpe Park. Für die bestmögliche Fahrt ist allerdings die Steigerung der Inversionen nicht allein verantwortlich, sondern auch die Höhe der Bahn. Die erste Achterbahn, die die Grenze von 200 Fuß (61 m) erreichte, ein so genannter *Hyper Coaster* (Bahn ohne Loopings), war 1989 „Magnum XL-200" im Park Cedar Point, Ohio. Abermals neue Maßstäbe wurden um die Jahrtausendwende gesetzt: Paramount's Kings Island baute die mit 64 m höchste Holzachterbahn der Welt, in deren Streckenverlauf gar ein Stahllooping eingebaut worden ist, und

Cedar Point errichtete mit „Millennium Force" die mit 91 Metern höchste Achterbahn weltweit. Der vorläufig letzte Stand ist die 127 m (!) hohe Installation „Dragster" (Kosten 25 Mio. $) im US-Park Cedar Point 2003.

Technisch machbar und dem Menschen physisch zumutbar ist sicherlich vieles – es existieren bereits Pläne für bis zu 160 m hohe Anlagen –, jedoch verhalten sich Wirtschaftlichkeit und zunehmende Höhe stark unproportional zueinander. Ohnehin bedeutet höher, schneller, weiter nicht gleich *besser*. Zudem besitzt der Mensch kein Sinnesorgan für Geschwindigkeiten. Erst der Wechsel der Beschleunigungen lässt Geschwindigkeiten (im wahrsten Sinne des Wortes) *erfahren*. Es kommt somit vielmehr auf ein gutes Streckendesign und weniger auf Höhe an – wenngleich sich das letztere Element bestens vermarkten lässt.

Neue Typen. Eine andere beliebte Möglichkeit, den Parkgästen neue Erlebnisse zu verschaffen, sind die verschiedenen Fahrpositionen und das Baumaterial:
– In Deutschland gab es bereits in der Mitte der 1970er Jahre erste Versuche mit unter der Schiene hängenden, frei ausschwingenden Gondeln, doch die erste funktionsfähige Anlage dieser Art entstand 1984 im Busch Gardens Williamsburg, Virginia. Ähnlich wie bei Bobbahnen, deren Züge führungsfrei ins Tal fahren, treten auch beim so genannten *Suspended Coaster* keine unangenehmen Querkräfte auf und sorgen für eine spannende, aber sichere und harmonische Fahrt.
– Überschlagselemente wurden allerdings erst mit der Weiterentwicklung dieses Typus möglich: Bei den sehr beliebten *Inverted Coaster* schwingen die Gondeln nicht mehr frei aus, sondern folgen dem vorgegebenen Streckenverlauf direkt.
– Beim *Standup Coaster* wird der Passagier in stehender Position durch die Lüfte gewirbelt. Ein kleiner fahrradähnlicher Sitz verhindert dabei das Hinausrutschen aus den Schulterbügeln. Neben der sehr ungewöhnlichen Position ist der entscheidende Vorteil gegenüber herkömmlichen Achterbahnen das intensiv empfundene Fahrgefühl (erstmals 1984 im Paramount's Kings Island realisiert). Die längste (1.330 m) und höchste (47 m) Stehachterbahn befindet sich seit 1998 im kalifornischen Freizeitpark Six Flags Magic Mountain und beinhaltet sechs Inversionen.
– Auch Fahrten in liegender Position *(Laydown Coaster)* sind möglich, seit „Stealth" (Paramount's Great America, Kalifornien) 2000 eingeweiht wurde. Bis Ende 2003 wird die Zahl auf weltweit zehn gestiegen sein. Auf dem Rücken liegend verbringt man jedoch nur einen kleinen Teil der Strecke (dort, wo positive g-Kräfte ansonsten schmerzhaft wären), vielmehr hängt man unter dem parallel zum Rücken verlaufenden Schienenstrang, daher auch die Bezeichnung *Flying Coaster*. Während in Europa fast ausnahmslos *Sitdown Coaster* und *Inverted Coaster* anzutreffen sind, verfügen die meisten Parks in Nordamerika mittlerweile über jede erdenkliche Fahrposition.

Stahl ermöglicht mehr Variationsmöglichkeiten als Holz und lässt wegen seiner genaueren Formbarkeit weichere Fahrten und waghalsige Konstruktionen zu. Allerdings vermittelt Holz ein optisch viel sinnlicheres Erlebnis als Stahl; und Holzbahnen sind trotz oder wegen ihrer Flexibilität des Materials genau so sicher wie moderne Stahlbahnen. Spektakulärstes Beispiel ist „Colossus", die höchste Holzachterbahn Europas im Heide-Park (Soltau). Ca. 60 m. hoch und 1.500 m. lang besteht sie aus einer Abfolge von steilen Hügeln, die mit einer durchwegs hohen Geschwindigkeit bewältigt werden und somit dem Fahrgast eine nur selten zu erlebende Fahrt mit intensiven negativen Beschleunigungen („Air-Time") bietet.
– Neben dem normalen Kettenaufzug, der mehr oder minder steil ausfallen kann, gibt es auch verschiedene Arten der Beschleunigung. Z. B. beschleunigt der Shuttle Loop Coaster (seit 1977) durch ein fallendes Kontergewicht den Zug in wenigen Sekunden aus dem Stand auf immerhin 78 km/h und katapultiert ihn in einen Looping. Im An-

schluss rollt der voll besetzte Zug am 40 m hohen Steilhang aus und absolviert die gesamte Strecke rückwärts. Sehr ähnlich, aber mit neuester Technik ausgerüstet, sind Bahnen, die durch lineare Induktionsmotoren (ein sehr ähnliches Prinzip wie beim Transrapid) in kürzerer Zeit noch höhere Beschleunigungen erreichen. Weil allerdings oftmals Probleme mit der kurzfristig benötigten Stromzufuhr auftraten, ist man auf hydraulisch-pneumatische Katapultstarts übergegangen – der Rekord liegt mittlerweile bei 190 km/h. So verschiedenartig die oben beschriebenen Anlagen auch sein mögen, so haben doch alle gemein, dass die Züge oder einzelnen Chaisen nach einer gewissen Zuführung der Startenergie ihren Ausgangspunkt allein durch die Gravitationskraft selbsttätig wieder erreichen.[2]

Abb. 3: „Colossos", Heide-Park
Quelle: „Kirmes & Park Revue", Reichertshausen

3. Achterbahnen und Freizeitparks

Seit es Freizeitparks gibt, versuchen sie sich gegenüber der Konkurrenz zu behaupten, indem sie immer „wildere" Fahrten anbieten. Das war bereits im 19. Jahrhundert in französischen Lunaparks so und in den USA hat diese Entwicklung seit Beginn des 20. Jahrhunderts eigentlich nie so recht aufhören wollen. Gerade in den letzten Jahren ist nun auch in Europa der Konkurrenzdruck durch vergrößerte Einzugsbereiche und durch das Auftreten international operierender Parkketten immer stärker geworden. Selbst Parks, die dem Wettkampf um die „most thrilling" Attraktion bisher lieber fern blieben, sehen sich gezwungen, neue Investitionen zu tätigen und Achterbahnen aufzustellen. 1998 z. B. wurden weltweit 67 neue Bahnen gebaut, die beträchtliche Investitionen erfordern, die letzte installierte Bahn, Colossus, Heide Park, kostete 2001 45 Mio. DM. Die Massenmedien, besonders die TV-Sender, beachten gerne die neuen Kolosse der Erlebnisgesellschaft, berichten über deren Rekordmaße und beschreiben in Wort und

v. a. Bild die mit einer Fahrt verbundenen körperlichen Sensationen – wobei sehr klischeehaft und sensationalistisch mit Begriffen wie „thrill" umgegangen wird.

Zielgruppen. Traditionellerweise wenden sich Achterbahnen an Jugendliche und junge, meist männliche Erwachsene. Destination Parks versuchen, durch besonders schön oder originell thematisierte und eher angenehm zu fahrende Bahnen Familien und auch jüngere Kinder anzusprechen. Typische Familienattraktionen sind die achterbahnähnlichen Mine Trains wie etwa „Big Thunder Mountain" in den Disney-Parks.

Die Tendenz läuft für viele Parks dahin, entweder sich als Achterbahn-dominierter Park *für junge Leute* (als Kernzielgruppe) zu definieren oder als *Familienpark*, der dann unterschiedliche Attraktionen und eben auch unterschiedlich „rasante" Roller coaster bietet. Z. B. ergab eine Besucherumfrage im deutschen Heide-Park (Soltau), dass nicht etwa die o. g. Holzachterbahn „Colossos" die Beliebtheitsskala des viel von Familien angesteuerten Parks anführt, sondern die Water Rides, wie „Mountain Rafting" und die Wildwasserbahnen. Der Europa-Park sieht sich selbst als Familienpark, sah sich aber unter anderem aus marketing-strategischen Gründen „gezwungen", mit dem „Silver Star" 2001 eine neue Mega-Attraktion zu errichten – die höchste (73 m) und schnellste (130 km/h) Achterbahn Europas, dessen Streckendesign jedoch – und darin liegt der Widerspruch einer solchen Millioneninvestition – kein maximal mögliches Fahrerlebnis brachte, sondern als „gerade noch familienfreundlich" bezeichnet werden kann; allerdings wird das typische Familienpublikum schon allein vom Anblick dieses 74 m hohen und zweifelsohne herausragenden Ungetüms eher abgeschreckt sein (einer Umfrage zufolge unternehmen 57 % der Parkbesucher eine Fahrt damit). Ein Erlebnis ist ein Megacoaster allerdings auch immer für den passiven Zuschauer, wenn er nur *zusieht*.

Nichtsdestotrotz war, ist und wird das Erlebnis Achterbahnfahrt immer ein grundlegendes Argument sein, einen Freizeitpark überhaupt zu besuchen. Das Beispiel „Silver Star" im Europa-Park zeigt, dass man dadurch dem allgemeinen Trend in der Freizeitbranche entgegentreten und die Besucherzahlen gegenüber dem ohnehin sehr guten Vorjahr nochmals steigern konnte.[3]

4. Zur wissenschaftliche Betrachtung des Achterbahnfahrens in der Erlebnisgesellschaft

Doch was treibt die Menschen dazu, in eine solch Furcht erregende Anlage einzusteigen? Von der breiten Öffentlichkeit und erst recht der Wissenschaft ziemlich unbeachtet, hat sich über die letzten Jahre eine ausgesprochene Fangemeinde von Achterbahnfreunden und -begeisterten entwickelt, die sich in vielen Freundeskreisen und auf vielen Webseiten tummeln und, begleitet von den Informationen einer Fülle von Spezialpublikationen, ihr Hobby, ihren „Spaß" außerordentlich ernst nehmen.[4] Tourismuswissenschaft, Psychologie, Soziologie und Medizin haben bisher nur wenige Antworten auf die Frage nach der Attraktivität, dem inhärenten Erlebniswert von Achterbahnen, gefunden.

Die tourismuswissenschaftliche Perspektive untersucht u. a. die Frage, ob und inwieweit Achterbahnen Erlebnisweltcharakter haben. In erster Linie können Achterbahnen zu intensiven Emotionen in Erlebniswelten wie v. a. Freizeitparks und damit auch zur Bindung an diese Institutionen beitragen; die besondere Rolle dieser Attraktionen sieht man daran, dass und wie neue Coaster als Werbeargument für etablierte Parks, besonders Destination Parks, eingesetzt werden.[5] Coaster gehören auch sichtbar zu den – an den Warteschlangen erkennbaren – Hauptattraktionen (oder Ankerattraktionen) für viele Parks. – Ein wesentliches Kennzeichen ist die *Thematisierung* der Achterbahnen, die die thematische Ausrichtung der Parks unterstreichen und intensivieren kann, häufig sind v. a. in amerikanischen Parks die Fahrten in eine Geschichte eingebettet (Storytelling-Prinzip)[6]. Auffallend ist auch der *Inszenierungscharakter* bei v. a. den neueren, teueren Anlagen.[7]

Erlebniswelten sind „Schein"-Welten; sie leben von Illusionen. Die wichtigste Illusion, die Achterbahnen realisieren, ist die *Gefahr*. Man könnte sie auch als das grundlegende Thema dieser Attraktionen bezeichnen. Passive Besucher können den „Horror", den andere durchmachen müssen, miterleben.[8] Aktiven Besuchern wird durch Streckenführung, Perspektiveneröffnung, unerwartete Beschleunigungen usf. das Gefühl vermittelt, es *könne* gefährlich werden, ohne dass sie jedoch rational daran glauben würden.[9]

Die soziologische Perspektive: Kalkuliertes Risiko in der Risikogesellschaft. Eine von vielen Antworten auf die Motive für Rollercoaster-Fahrer ist unsere heutige Gesellschaft an sich, in der es nicht mehr gilt, sich wirklichen Gefahren auszusetzen. Stieß man vor Jahrtausenden noch unverhofft auf Säbelzahntiger oder andere lebensbedrohliche Situationen, so begibt sich der heutige Mensch auf die Suche nach neuen Abenteuern, nach ungewöhnlichen Nervenkitzeln. Dies ist ein Grund, weshalb auch Extremsportarten so hoch im Kurs stehen. Im Gegensatz dazu bieten Achterbahnfahrten zwar den gleichen Nervenkitzel, jedoch sind sie kalkulierte Risiken. Sie gehen nicht an die Grenzen der körperlichen und nervlichen Belastbarkeit, sondern sind auch für den gesunden Durchschnittsbürger erträglich. Achterbahnen und andere Thrillrides kann man somit als *massenkompatible Extremsportarten* bezeichnen. Auf der anderen Seite entstehen während der Achterbahnfahrt Stresssituationen, die die Endorphin-Ausschüttung anregen. Der Puls steigt von 70 auf bis zu 180, ähnlich wie beim Sex. Und in der Tat macht dieser Zusammenhang den Reiz einer Achterbahnfahrt aus (auf den die Fans bisweilen Stunden lang anstehen) – sie ist Furcht und Liebe zugleich.

Die Ursachen für die bis heute anhaltende Achterbahn-Euphorie sind stets die gleichen gewesen: Sie sind (auch in ihrer manchmal rausch-ähnlichen Nutzungsart, vgl. Schaaf 1997) als Versuche zu werten, der Zivilisationslangeweile zu entkommen und sich aus gesellschaftlichen Zwängen zu befreien. Auf den Furcht erregenden Konstruktionen sucht der Mensch neue Erlebnisse und Reizüberflutungen, die im wirklichen Leben größtenteils fehlen. Mit Hilfe der Technik genießt er das kalkulierte Risiko und kommt damit seinen eigenen Grenzen ein Stück näher. Achterbahnen bedeuten „Selbst-Erfahrung" im wahrsten Sinne des Wortes. In früheren Jahrzehnten trug die erfolgreiche Bestandsprobe auf dem Jahrmarkt oder im Lunapark um die Jahrhundertwende auch direkt zur Verfestigung des Glaubens an den technischen Fortschritt bei.

In einer weiteren Perspektive wird der Maschinencharakter der Achterbahnen herausgestellt. Rollercoaster und andere Rides der Freizeitparks gelten als historischer Versuch, den *Zwängen* der durch Maschinen dominierten Industriegesellschaft (Fließbandarbeit) dadurch zu entkommen, dass man sich auf den Rummelplätzen und später Freizeitparks den Maschinen zuwendeten, die beherrschbar waren und *Vergnügen* bereiteten. Hier kann sich der Mensch lustvoll den Mächten der Geschwindigkeit und Beschleunigung zuwenden, die er sonst im Alltag fürchtet (Blume 2001).

Viele sozialwissenschaftlich interessante Aspekte des Achterbahnfahrens sind noch weitgehend unbearbeitet, z. B. die Tatsache, dass es hier offenbar mehr Männer als Frauen gibt.

Die architekturfachliche Perspektive: Achterbahnen sind außergewöhnliche Kunstwerke der Architektur und wichtige Zeugnisse der baugeschichtlichen Entwicklung. Die Betonung der Vertikalen, der klar an der Konstruktion ablesbare Kräfteverlauf, die scheinbare Aufhebung der Schwerkraft – das sind gotische Architekturmerkmale in ihrer Vollendung. Achterbahnen sind Inbild der Symbiose von Vergnügen und Ästhetik in der Baukunst: für manche ein moralischer Affront, für andere aufgrund ihrer virtuosen Simulation von Risiko ein Stück Lebensphilosophie.

Die kulturwissenschaftlichen Perspektiven. (Das Fahren in) Achterbahnen (ist) sind etwas Völkerübergreifendes, ein weltweites Phänomen, das keine politischen oder religiösen Grenzen kennt. Allerdings gibt es Unterschiede; z. B. sind Nordamerika und Japan die wichtigsten Absatzmärkte für diesen Bereich der Freizeitindustrie, was für eine besondere Beliebtheit spricht. Nordamerikaner betrachten ihre Vergnügungsbauten – Achterbahnen, andere Rides, Freizeitparks und Erlebniswelten überhaupt – anders als die Europäer ihrer Kultur zugehörig und sind bereit, in verhältnismäßig kurzer Zeit verhältnismäßig viel Geld für entsprechende Erlebnisse zu investieren. Dies alles ist „Kultur". Der Besuch einer Achterbahn„bestückten" Erlebniswelt hat daher eine andere Bedeutung als für Mitteleuropäer, die derlei Attraktionen als low-Kultur mit den unterschiedlichsten Derogativen belegen und eine Nutzung vor sich und anderen häufig noch rechtfertigen zu müssen glauben.

Die erlebnispsychologische Perspektive. Folgt man Schobers (1993) Differenzierung von Urlaubserlebnisbereichen, würde das Fahren in Achterbahnen v. a. biotische (Formen ungewöhnlicher Körperreize), explorative Erlebnisse (das spielerische Probieren, das Neugierigsein auf etwas Besonderes, ohne evidente Gefahren eingehen zu müssen), möglicherweise auch soziale Erlebnisse (kurze, unverbindliche Kontakte) und optimierende Erlebnisse (der sekundäre Erlebnisgewinn durch das Berichten „besonderer" Ereignisse) generieren.

Eine spielpsychologische Perspektive sieht Parallelen zwischen den Formen des Kinderspiels und gewissen Erlebnisformen. Achterbahnfahren könnte eine reine Form des Spiels sensu Huizinga sein (Blume 2001). *Spiel* als Wert an sich, als nicht „vergütete", also intrinsische Tätigkeit ist eine Komponente von oder sogar deckungsgleich [10]mit *Flow*erleben (Czikszentmihaly 1985, S. 103). (Allerdings sind keine Untersuchungen bekannt, inwieweit Achterbahnerleben im Kern die Empfindungen realisieren kann, die mit einem geglückten Flowerleben verbunden werden. Die Anwendung der Flowtheorie auf Achterbahnfahren hängt sicher mit der Frage zusammen, ob der zentrale Parameter des aktiven Tätigseins – s. Czikszentmihalyi 1992 – hier realisiert werden kann.)

Die psychophysiologische/persönlichkeitspsychologische Perspektive des Sensation-Seeking, Reizsuchens, behauptet im Kern, dass es für alle Menschen ein gewisses Maß an Spannung geben muss, wobei sich Menschen in ihrer Persönlichkeitsstruktur sehr unterscheiden können; Achterbahn-„Thrill"-Sucher sind demnach solche, die ein überdurchschnittliches Maß an Spannung zur Erhaltung ihrer homöostatischen Befindlichkeit suchen (müssen) und ein ausgeprägtes Bedürfnis nach verschiedenartigen, neuen und komplexen Stimulationen und Erlebnissen haben und bereit sind, dafür psychische u. a. Risiken in Kauf zu nehmen (Zuckerman 1983, S. 285).

Die *stress-erholungspsychologische* Perspektive sieht Achterbahnfahren und ähnliche „Rides" als adäquate Antwort auf spezifische Stresszustände im normalen Leben (Allmer 1996, 2001) und würde das Thrillridefahren als Bewältigungsmöglichkeit bei den Stresstypen der *Monotonie bzw. der psychischen Sätti*gung in Betracht ziehen.

Die *psychodynamische* Perspektive des „Angstlust"-Suchens geht auf Überlegungen des Psychoanalytikers Michael Balint (1959) zurück, der glaubte, zwei Persönlichkeitstypen hinsichtlich ihres Objektbezuges voneinander abgrenzen zu können, die auf unterschiedlichen Bewältigungsformen des Geburtstraumas und damit der Angstbewältigung beruhen sollten. „Angst-Lustige" wären demnach die so genannten *Philobaten*, die sich immer wieder der Angst aussetzen, um sich die Gewissheit zu holen, dass sie auch unter neuerlich traumatischen Bedingungen überlebensfähig sind (vgl. Semler 1994, S. 75; Schönhammer 1993, S. 207ff.). Sie erleben den schnellen Wechsel der Objekte, das Aufgeben und Wiedererlangen der (Stand-)Sicherheit als lustvoll (s. a. Asendorf 2001, S. 61). Interessanterweise hatte sich Balint bei der Formulierung seines Ansatzes auf Beachtungen von Kirmesveranstaltungen bezogen, die zeigten, dass Menschen die Verwirrung der Gleichgewichtssinne z. B. in Karussells und Achterbahnen nicht angst-[11], sondern lustvoll zu erleben scheinen, wofür er den Ausdruck „thrill" benutzte.[12] Die empirische Basis dieses Ansatzes ist aber eher schwach.

Literatur

Allmer, Henning (1996). Erholung und Gesundheit. Göttingen: Hogrefe.
Allmer, Henning (2001). Urlaub – Erholung oder Stress? (S. 54-60) In Alexander Keul, Reinhard Bachleitner & H. Jürgen Kagelmann (Hg.), Gesund durch Erleben? Beiträge zur Erforschung der Tourismusgesellschaft. 2. Aufl. München: Profil.
Asendorf, Christoph (2001). Schwache Feldbindung. Zur Neukoordination der Wahrnehmung im 19. Jahrhundert. (S. 53-62) In Regina Bittner (Hg.), Urbane Paradiese. Zur Kulturgeschichte modernen Vergnügens. Frankfurt/M., New York: Campus.
Balint, Michael (1959). Angstlust und Regression. Reinbek: Rowohlt (Orig.: Thrills and Regression).
Barker, Tim (2000). Theme parks not amused by report. Orlando Sentinel, 5.8.2000.
Blume, Theodor (2001). Oder die Welt gerät Tempo, Tempo vollständig aus den Fugen. (S. 36-92) In: Regina Bittner (Hg.), Urbane Paradiese. Zur Kulturgeschichte modernen Vergnügens. Frankfurt/M., New York: Campus.
Czikszentmihalyi, Mihaly (1985). Das Flow-Erlebnis. Jenseits von Angst und Langeweile im Tun aufgehen. Stuttgart: Klett-Cotta.
Czikszentmihalyi, Mihaly (1992). Flow. Das Geheimnis des Glücks. Stuttgart: Klett-Cotta.
Lancaster, Cory (1999). A firm grip on fear. Orlando Sentinel, 3.2.1999.
Lanfer, Frank (1998). 100 Jahre Achterbahn. Reichertshausen: Gemi.
Lanfer, Frank (2000). Nervenkitzel im Transrapid der Lüfte. Süddeutsche Zeitung, 4.1.
Schober, Reinhard (1993). Urlaubs-Erleben, Urlaubs-Erlebnis. (S. 137-140) In Heinz Hahn & H. Jürgen Kagelmann (Hg.), Tourismuspsychologie und -soziologie. Ein Handbuch in Schlüsselbegriffen. München: Quintessenz.
Semler, Gert (1994). Die Lust an der Angst. Warum Menschen sich freiwillig extremen Risiken aussetzen. München: Heyne. 2.Aufl. 1997.
Zuckerman, Marvin (1983). Sensation seeking and sports. Personal and Individual Differences 4(3), 285-293.

Anmerkungen

[1] Bis heute blieb die 30,5 m hohe Bahn erhalten und wird nun im Six Flags America Park nahe Washington D.C. als „Wild One" betrieben.
[2] Auch hybride Formen wie so genannte Water Coasters, Mischungen aus Achterbahn und Wildwasserfahrt (wie Journey to Atlantis in Seaworld Orlando), sind entwickelt worden.
[3] Im Jahr 2002 besuchten den Europa-Park ca. 3,5 Mio. Menschen, eine Steigerung von 11%), ein Teil davon ist sicherlich auf die Anziehungskraft der neuen Achterbahn zurückzuführen
[4] In Deutschland stellt v. a. die Zeitschrift „Kirmes- & Park-Revue" (Reichertshausen) ein Forum der Achterbahn-Aficionados dar.

⁵ Beispiel: die mit Musik „unterlegte" (d. h. aus eingebauten Lautsprechern tönende) Fahrt des Indoor-Coasters „Rock'n'Roll-Coaster feat. Aerosmith" in den Disney-Parks ab 1998.

⁶ Die Achterbahnen sind etwa nach Motiven der Comic- und Filmfigur Batman angelegt, und bevor man in die Achterbahn einsteigt, geht man durch ein Gebäude, das eine szenenartig angelegte Story des Kampfes Gut gegen Böse wiedergibt (z. B. der Suspended Coaster „Batman – Die Flucht" in Warner Bros. Movie World, Madrid).

⁷ Zur Einweihung einer neuen Anlage werden Berühmtheiten aus Unterhaltungsbranche, Sport, sogar Politik eingeladen; es finden Rekordwettbewerbe (ein Amerikaner fuhr 2002 104 Tage ununterbrochen die „G-Force" im deutschen Holiday Park) statt; die Fahrt folgt einem festen Ritus aus nicht allein technischen Prozeduren – die Prüfung der Sicherheitsbügel, das Verstauen von Utensilien, die Bitte des Personals, evtl. die Brille abzulegen u. dergl. mehr usf.

⁸ Ein Beispiel dafür ist die 1927 eröffnete Cyclone-Bahn in Crystal Beach (Ontario), die als der „körperlich bestrafendste Ride, der je gebaut wurde", bezeichnet wurde, so dass direkt neben dem Ausgang eine Krankenstation eingerichtet wurde. Die Besucher kamen in Scharen, *um den Schrecken anderer mitzuerleben.*

⁹ Dementsprechend ist auch die Frage der Sicherheit ganz zentral. Tatsächlich sind Unfälle selten, auch wenn in den letzten Jahren – mit dem Vordringen der Achterbahnen und der stark zunehmenden Beliebtheit – Unfälle, sogar tödliche Unfälle zugenommen haben, was allerdings keinesfalls auf technische u. ä. Probleme der Anlagen zurückzuführen ist, sondern eher in individuellen Problemen der Fahrgäste (Alkoholgenuss, Unvorsichtigkeit u. ä.). Dennoch ist klar, dass die „reizende" *Illusion* der Gefährlichkeit nur solange gegeben ist, als tatsächlich (so gut wie) keine Unfälle passieren, weshalb v. a. in den großen Parks/Anlagen große Sorgfalt auf maximale technische Sicherheit gelegt wird (1999 lag die Rate aller Unfälle in Vergnügungsparks der USA bei 23,5 ernsteren Verletzungen pro 1 Mio. Besucher; Barker 2000).

¹⁰ Einen aktuellen Überblick über den Stand der Theorie bietet der Sammelband von Marcus Roth & Philipp Hammelstein (Hg.), Sensation Seeking. Konzeption, Diagnostik und Anwendung. Göttingen: Hogrefe 2003.

¹¹ Die in der Öffentlichkeit verbreitete Vorstellung vom Rides-Fahren als einer Mutprobe thematisiert die geglückte Überwindung unangebrachter Angst. Dies gilt selbstverständlich nur für einen Teil der Menschen; viele, v. a. ältere Menschen lehnen es aus mehreren Gründen, durchaus aber unter Verweis auf „Angst" ab, mit Achterbahnen (oder ähnlich „sensationellen" Dingen wie z. B. Freefalltower) zu fahren. Dies hat – in Parallele zum Phänomen der Flug-Angst bzw. Techniken zu ihrer Überwindung – dazu geführt, eine *„Coaster therapy"* für jene Menschen anzubieten, die Achterbahnfahren (z. B. aus gruppenbezogenen Motiven) wollen, es sich aber nicht trauen; bisher sind aber nur Einzelfälle einer solchen psychologischen Intervention bekannt, die wie bei der Flugangstbekämpfung mit Atem-Entspannungsübungen, Simulationsbeispielen u. dergl. arbeiten – 1999 in den Universal-Parks in Orlando (www.U.S.News: Frightbusters 5.10.1999; Lancaster 1999).

¹² In Anlehnung an Kohut hält es Helmut Schaaf (unveröff. Papier 1997) für möglich, dass das bewusste Herbeiführen von Schwindel in Fahrgeschäften eine regressive Belebung des für die frühkindliche Entwicklungsphase typischen Getragenwerdens durch die Mutter darstellt; so wie man früher der Mutter vertraute, vertraut man nun der technischen Stabilität und Sicherheit des Gefährts.

Christoph Köck

Kult und Metatourismus:
die Erlebnisse der Erlebnisgesellschaft

Begibt man sich heute auf (Urlaubs-)Reisen, dann ist die Begegnung mit dem „Erlebnis" oder dem „Abenteuer" allgegenwärtig. Der Weg zum Urlaubsort und die Straßen im Urlaubsort sind in der Regel flankiert von den Handzetteln der Agenturen, die besondere Erlebnisse offerieren. Dabei scheinen die Formate der Erlebniswelten so vielfältig wie ihre Orte und so „volkskulturell" wie möglich zu sein: Event-Cooking, Erlebnisadvent, Event-Shopping, Erlebnis-Biking – die Liste ließe sich nach weiterem Belieben vielzeilig fortsetzen.

Aus der Omnilokalität des Erlebnisses ergibt sich die Schwierigkeit, im Alltag scharf zwischen gewohnter Welt und Erlebniswelt zu trennen. Wo fängt ein Erlebnis an, wo hört es auf? Zu untersuchen wäre somit auch, ob die anderen Gefühle, die uns Eventmanagement oder Eventmarketing vermitteln wollen, tatsächlich als *so* anders wahrnehmbar sind: Fühle ich mich z. B. wie in den Alpen, wenn ich im 640 m langen Alpincenter in Bottrop (Ruhrgebiet) eine Schiabfahrt unter einem Hallendach genieße?

Für die kulturwissenschaftliche Analyse stellt sich das Problem, ob es überhaupt möglich ist, mit Begriffen wie „Erlebnisgesellschaft", „Erlebnisindustrie" oder „Erlebniswelt" wesentliche Phänomene unserer Zeit zu charakterisieren. Provokanter gefragt: Fallen wir mit unseren kulturanalytischen Bewertungen nicht permanent auf die immer neuen Etiketten der Freizeit- und Unterhaltungsinstitutionen herein? Jedenfalls scheint es bei den gegenwärtigen gesellschaftlichen Tendenzen um handfeste Diskursansprüche zu gehen, um das Agieren einer wirkmächtigen Branche, die darauf zielt, mit der systematischen sprachlichen Umwidmung von banalen Alltagssituationen erst eine andere Gefühlswelt zu schaffen. Sind wir also dabei, eine „Labelling-Gesellschaft" zu installieren, oder leben wir sogar mittendrin? Und ist es nicht eher das Spiel mit den Worten und mit den alltäglichen Versatzstücken, das das Vergnügen der Menschen auslöst?

1. Die Erlebnisse der Erlebnisgesellschaft

Etwa in der Mitte der 1980er Jahre konnte ich einige empirische Beobachtungen im Umfeld des aufblühenden kommerziellen Abenteuertourismus machen. Deutlich zu registrieren war zu dieser Zeit eine zunehmende, ästhetisch besetzte „Verwilderung" im Alltagsleben: Rauchende Männer wurden zum Inbegriff von Unabhängigkeit, junge wie ältere Menschen trugen Rucksäcke anstelle von Akten- oder Einkaufstaschen, auf den städtischen Straßen wurden „Offroad"-Fahrzeuge populär, in jedem größeren Ort öffneten Wander- und Sportgeschäfte als „Outdoorläden"; in gutbürgerlichen Gaststätten standen plötzlich „Holzfällersteaks" auf der Speisekarte, und in Dänemark eröffnete der erste tropendesignte Center-Park Europas, in Lalandia, der bis heute in Mitteleuropa viele Nachahmer fand. Die Gestaltung der Freizeit geriet in den 1980er Jahren offensichtlich mehr und mehr in den Fokus individueller und kollektiver Lebensentwürfe und Lebensinteressen. Auffällig war, dass für immer weniger Menschen die Kategorie „Beruf" das Selbstwertgefühl dominierte (und somit die soziale Position definierte) und dass für immer mehr Menschen die Erfahrung des Außergewöhnlichen – in der erwerbsfreien Zeit – soziale Relevanz bekam: Abenteuerreisen bedeutete „Erlebnis leben" in potenzierter Form, verhieß die verdichtete und gesellschaftlich hoch geschätzte Erfahrung des Außergewöhnlichen zuvorderst in entlegenen Regionen Asiens, Afrikas und Amerikas, aber eben auch in heimischen Gefilden.

Im Unterschied zum damals bereits gebräuchlichen soziologischen Begriff der Freizeitgesellschaft, der eine allgemeine Dominanz der arbeitsfreien Zeit gegenüber der Erwerbszeit suggerierte, beschrieb ich diese soziale Formation als „Erlebnisgesellschaft" (Köck 1990). Erlebnisgesellschaft deshalb, weil die *mentale* und *gefühlsgerichtete* Grenzerfahrung von immer größerer Bedeutung für das soziale und kulturelle Kapital des modernen Menschen zu werden schien (ebd. S. 156ff.), und Erlebnisgesellschaft auch, weil sich aus dem Begriff Freizeitgesellschaft eine Möglichkeit der Zeitdisposition ohne Zeitzwänge[1] ableiten ließ.

Hermeneutisch ableiten ließ (und lässt) sich das Konzept Erlebnisgesellschaft aus den zivilisationstheoretischen Modellen von Norbert Elias: Die touristischen Sehnsüchte nach Wildheit, Ruhe, Einfachheit, Unkultiviertheit und nach Körperlichkeit können historisch als Reaktionen auf zunehmende Selbstzwänge interpretiert werden, die mit der Etablierung bürgerlicher Kulturmuster wirkmächtig wurden. Die Umsetzung der Sehnsüchte („raus aus dem Alltag") geschah vor 15 Jahren und geschieht auch noch heute vor allem in räumlich und zeitlich limitierten und ästhetisierten Erlebniswelten. Dies mit Hilfe einer systematisch arbeitenden Erlebnisindustrie, die darauf angelegt ist, außergewöhnliche Erfahrungen als standardisiertes Programm zu produzieren.

Mit der theoretischen Fundierung der Erlebnisgesellschaft wurde 1992 der Bamberger Kultursoziologe Gerhard Schulze bekannt. Nach ihm ist die zunehmende Erlebnisorientierung eine Folge des Übergangs von der Knappheits- zur Überflussgesellschaft. Unterschiedlichste individualisierte Formen des physischen und psychischen Genusses sollen das soziale Leben im ausgehenden 20. Jahrhundert dominieren. Entscheidend ist dabei die *Innenorientierung* des Denkens und der Lebensstile: Es reicht nun nicht mehr – wie noch in der durch Arbeit und Normenerfüllung bestimmten Welt der Nachkriegsjahrzehnte – aus, sich anerkannte materielle Wünsche zu erfüllen und diese nach außen hin zu repräsentieren. Wichtig wird zunehmend die Wirkung, welche die *Konsumwelt* auf das *Innenleben* (auf die Gefühle und Erlebnisse) des einzelnen Menschen hat. Permanent wird der spätmoderne Mensch dazu veranlasst – aus einem weiten Spektrum konsumtiver Möglichkeiten –, Entscheidungen zu treffen, die darauf zielen, ein möglichst selbsterfülltes, ein *sich lohnendes* Leben zu führen: *„Erlebnisrationalität"* (Schulze 1993; Interview mit G. Schulze 1999).

Eine zentrale kulturelle Kompetenz der Teilhaber der Erlebnisgesellschaft ist die „folkloristische Formensouveränität", damit ist das Sich-Auskennen im „Archiv der Ereignismuster" gemeint, das ständig neu vermischt und aktualisiert wird: etwa durch die Verpackungskunst von Christo, durch die Love-Parade in Berlin, die Choreographie von Boy Groups oder durch die Trinkrituale am Strand, am so genannten „Ballermann" auf Mallorca, die in oberbayerischen Stadldiscos neu aufgelegt werden. Die *Ereignisfolklore* wird zum eigenen Symbolschema, und die Elemente dieser Folklore verweisen nicht auf einen moralischen Kern, sondern einzig auf sich selbst. Dementsprechend unspezifisch bewertet werden die Events durch ihre Besucher oder Nutzer: Wie war's gestern Abend? Interessant, super, endgeil oder einfach nur: „ganz nett".

Schulze propagiert und prognostiziert keine Gegenbewegung, keine Umkehr in diesem Prozess. Vielmehr geht er davon aus, dass wir in der Erlebnisgesellschaft unwiderruflich angekommen sind und dass es nun darum gehe, uns in dieser Gesellschaft konstruktiv einzurichten (Schulze 1999, S. 100f.). Er bezeichnet das Dasein in der späten Moderne als „Projekt des schönen Lebens", das nur durch „die letzte noch mögliche Sünde (..)", die *Langeweile*, misslingen kann (Schulze 1999, S. 71f.). Schulze verdeutlicht in seinen Ausführungen gleichzeitig, dass in den unzähligen Bemühungen unserer Kultur, faszinierend zu sein, in dem Bestreben, sich allzeit und allerorten persönliches irdisches Glück zu verschaffen, (dass in diesem Streben) der Keim genau zu dieser letzten möglichen Sünde – eben der Langeweile – liege.

Nichts erscheint dabei so wenig erfüllend wie ein Lebenslauf, in dem nichts passiert. Um einer unzureichenden Lebensbilanz vorzubeugen, gerät die eigene Vergangenheit zunehmend zum Stoff einer Erlebniserzählung.

Die erlebnisrationalen Erzählmuster können dabei persönliche Traditionen als außerordentliche Erfahrungen vermitteln (also etwa den unvergesslichen Geschmack von Großmutters Apfelkuchen thematisieren); sie können die individuelle Teilhabe am großen Weltgeschehen aufgreifen (ich als Mauerspecht anlässlich der Wiedervereinigung oder ich als Tourist in Nelson Mandelas

Südafrika) oder sie können individualisierte, retrospektive Erinnerungen an jene Alltagserfahrungen sein, die heute immer stärker in den parodistischen oder „kultigen" Retrotrends münden, in den heute so populären 70er- oder 80er-Jahre-Fernsehshows (vgl. Schulze 1999, S. 71f.).

Schulzes Diagnosen zur Erlebnisrationalität erweisen sich als zielsicher: Nur wenige Jahre nach der Geburt erwartet das Kind im Kindergarten die so genannte Erlebnispädagogik (bei der es darum geht, Kindern systematisch Ersterfahrungen zu vermitteln), im Schulalter locken Erlebnisferien mit den Eltern. Mit ihnen zusammen lernt man zum Beispiel im Mittelgebirgsurlaub Goldwaschen oder Töpfern oder besucht eine der zahlreichen Erlebnisparks, die mit immer neuen Attraktionen die Gefühlswelt ihrer Kunden stets aufs Neue herausfordern. Das fortgeschrittene Jugendalter wird vom Eventmanagement der Konzert- oder Liebesparadenveranstalter begleitet. Wer kriminell wird und eine Jugendgefängnisstrafe erhält, kann in den Genuss einer anderen Variante Erlebnis*pädagogik* kommen: Erlebnis-Segeltörns mit jugendlichen Strafgefangenen sind eine bewährte Methode der Sozialisationstherapie.

Im etablierten Alter lockt vor allem das Erlebnis-Shopping, das nicht nur in den repräsentativen Galerien der Großstädte inszeniert wird, sondern auch in den Einkaufszentren kleinerer Vororte. Für Pensionäre oder Rentner sind es vor allem die Aktivsportarten, die Kreativbeschäftigungen und die kulinarischen Reiseerfahrungen, denen sinnhafte Erlebnisträchtigkeit zugeschrieben wird: Reiten und Wandern, Radfahren und Wellness, Weinseminare, abermals Töpfern oder asiatische Kochkurse.

Auch in der Arbeitswelt scheinen sich gewöhnliche Erfahrung und Erlebnis-Erfahrung stärker zu nivellieren. So sind Arbeit- und Erlebniswelt nicht länger als Gegensätze aufzufassen, sondern miteinander verwoben: Metaphern aus dem Wortfeld Abenteuer, Reise, Expedition begleiten den neuen Helden der Arbeitswelt: den Existenzgründer: „Für einen angehenden Unternehmer bedeutet die Gründung eines Unternehmens ein persönliches und finanziell befriedigendes Abenteuer", das erste Geschäftsjahr wird zur spannendsten Zeit des Lebens, heißt es im Ratgeber „Survival für Existenzgründer" aus dem Jahr 1992 (Hessler 2003, S. 6). Der Idealtyp der Arbeitswelt ist längst nicht mehr der fleißige und zielstrebige Kommando empfangende Sachbearbeiter der 1960er oder 1970er Jahre, sondern der flexible, mobilitätsorientierte, kreative und entscheidungsfreudige Manager. Survival camps, in denen seit Mitte der 1980er Jahre diese Tugenden vermittelt werden, sind weit verbreitete Einrichtungen.

Christoph Köck

2. Der Metatourismus und die Kulturalisierung der Erlebnisse

Eine Fallstudie: Ein empirischer Ausflug in eine neu errichtete Erlebniswelt gab – bezüglich der kulturwissenschaftlichen Bewertung der Erlebnisphänomene – mir zu denken: das schon erwähnte Alpin-Center in Bottrop, Ruhrgebiet. Perfekt inszeniert: Es handelt sich um eine grüne Blechhalle, die eine 640 m lange, künstlich beschneite Schi- und Snowboard-Abfahrt, ausgehend vom ‚Gipfel' einer ehemaligen Kohlenhalde, überdeckt. Hier bestätigt sich die Erlebnisrationalität besonders auffällig. Die Werbebroschüre schreibt vom „Fit- und Funerlebnis der Superlative" mit garantiertem hundertprozentigem Wintersportvergnügen das ganze Jahr über, mit Erlebnis-Gastronomie für individuelle Bedürfnisse. Das „alpine Ambiente" der Gastronomie ist für dreihundert Gäste konzipiert: Ein „lustvoller Rahmen" findet sich im „Hasenstall", dem „Kaminzimmer", in der „Pfand'ler Alm" und der „Tenne". Investoren und Sponsoren sind der bekannte Schirennläufer Marc Giradelli sowie die Tiroler Gletscherregion Kaunertal, die großflächig Werbefolien ausgerollt hat.

Und was geschah nun dort am Ostersamstag 2001, einem für die meisten Leute arbeitsfreien Tag, dem man sicherlich einen hohen Erlebniswert zuschreiben würde? Vielleicht zwei Dutzend Wintersportanhänger fuhren am Vormittag gemächlich einen flachen Hang hinab, zeitweise beäugt von ebenso vielen biertrinkenden Hasenstallbesuchern, die ansonsten nichts anderes taten als die Gäste in der Bottroper Eckkneipe einen Kilometer entfernt. Das Ambiente war geprägt vom vielerorts beliebten, quasi-freilichtmusealen Inventar: Dreschflegel, Flachshechel, Holzschlitten und unzählige historische Fotografien mit Wintersportlern an den Wänden. Außergewöhnliche Gefühle waren aus den Gesprächen der Gastronomiegäste nicht abzuleiten, einige wenige passten sich allerdings in ihrem Habitus der vorgegebenen Ästhetik an: im Schneeanzug einen Germknödel essen, mitten auf der Kohlenhalde. Aber superlative Sinnenfreuden?

Was dieses Beispiel ausdrücken soll: Die Mehrzahl jener Erfahrungen, die mit Erlebnisräumen verbunden sind, lassen sich empirisch *nicht* ihrer Bezeichnung entsprechend als außergewöhnlich oder als sinnen- oder gefühlsbetont kategorisieren: Die Besucher fühlen sich definitiv nicht wie in den Alpen, wenn sie die Bottroper Alpin-Center-Piste herunterfahren; sie fühlen sich nicht annähernd wie in den Tropen, wenn sie in Center-Parks unter Palmen liegen, und sie fühlen sich nicht wie in Thailand, wenn sie ein „landestypisch eingerichtetes" thailändisches Restaurant in Deutschland besuchen. Nicht immer ist demnach evident, was Gerhard Schulze formuliert, dass mit diesen theatralischen Formen elementare Sehnsüchte, Wünsche und Fantasien und Szenarien verbunden sind, die das nach irdischem Glück suchende Innenleben des modernen Menschen erfüllen.

Offensichtlich ist es eben nicht das inhaltliche Versprechen, sondern das souveräne, zum Teil auch *ironische Spiel* mit den folkloristischen Formen, das die Erlebniswelten trägt. Es ist der Spaß der Menschen daran, die umgebende Wirklichkeit zu gestalten und zu interpretieren – Kulissen sind allgegenwärtig, betont Schulze (1999b, S. 11) treffend. Erving Goffman hat bereits Ende der 1950er Jahre die theatralische Haltung beschrieben, mit der wir unsere alltäglichen Lebenswelten inszenieren. Er unterschied damals zwei konträre Positionen: einmal diejenigen, die in der „front region", der Vorderbühne, agieren, also dort, wo die Vorstellung stattfindet (also etwa die Touristen und Kellner), und diejenigen, die in der „back region", der Hinterbühne, tätig sind, dort wo die „Illusionen und Eindrücke offen entwickelt werden" (Goffman 1969), dort, wo die Kulissen erstellt werden, also etwa in der Küche eines Restaurants. Was uns von den 1950er Jahren grundlegend unterscheidet, ist die Aufhebung der Grenzlinien zwischen Front- und Backregion. Spannend für die Touristen (oder die Besucher) ist das *making of* – also zu erfahren, wie etwas gemacht wird: Nichts ist bei jugendlichen Konzertbesuchern begehrter als eine Backstage-Karte, sie verschafft den Zutritt zum eigentlichen Leben der Stars, hier sieht man, was sich hinter dem Spiel verbirgt, obwohl man zugleich weiß, dass auch dieses Backstage nur gespielt wird. Und interessanterweise kreisen so manche Gespräche der Alpin-Center-Gäste genau um dieses *making of*: Wie denn die Betreiber die Schihalle auf minus fünf Grad herunterkühlen, wie sie die Germknödel genauso hinkriegen wie im Kaunertal oder sogar besser, wo die Dekoration wohl herstammt und so weiter.

Zur *Inszenierung* gehört ganz wesentlich der sprachliche Umgang mit den Stoffen: Mit Hilfe einer schier unendlich varianten- und ideenreichen Etikettierung alltäglicher Formen, mit ihrer sprachlichen Transformation in Erlebniswelten (vgl. Gerndt 2001) entwickeln wir eine eigene kulturelle Technik gegen den *Horror vacui*, die Angst vor der Leere, vor Nichtstun und Langeweile.[2]

Die Beschreibung eines Milieus als außergewöhnliche Erlebniswelt, die Umwidmung des gemeinen Radfahrens in „AdventureBiking", die Umbenennung des Skitourenlaufs in „MountainAttacking", die Taufe eines Hallenbades zur „Aquapulco-Vitalwelt" helfen, mit dieser Verfügungsmasse fertig zu werden.

Und woher nehmen wir die Kompetenz zur folkloristischen Formensouveränität, zum ironischen Umgang mit den Alltagssymbolen, zur Etikettierungskunst unserer Zeit? Die Lust an der Inszenierung des eigenen Lebens als immer währendes Erlebnis fußt – nicht nur, aber auch – auf kulturwissenschaftlichen und journalistischen Vorgaben: Der alpine Hasenstall in Bottrop sieht so aus, weil die Teilhaber der Erlebnisgesellschaft heute wissen, wie eine alpine Almhütte aussieht, nicht zuletzt dank der detaillierten und zahlreichen Beschreibungen in volkskundlichen Fachbüchern und Ausstellungen oder auch in (reise)-journalistischen Features (Lindner 2000; vgl. Köck 2001). – Diese Kulturalisierung des Alltäglichen durch Medien und Wissenschaft ist die instrumentelle Basis, Phänomene zum Kult, zum symbolbesetzten Kollektiverlebnis, werden zu lassen.

Christoph Köck

Eine zweite Fallstudie: Es sind gerade die dicht beschriebenen Szenen des Alltags, die besonders drehbuchgerecht aufgeführt werden: etwa die Figur des vulgären Massentouristen am viel zitierten Ballermann, der Strandpromenade von El Arenal auf Mallorca. Hier auf Mallorca wird die eigene Ethnografie kultiviert. Eine Filmkamera, die zwei Studenten vor Ort mit sich führten,[3] löste bei den Touristen ein extrem medienadäquates Verhalten aus: Sobald die Kamera auf der Strandpromenade in Aktion trat, begannen die Leute, Lieder anzustimmen oder rhythmisch in die Hände zu klatschen, einige konnten nicht umhin, sich vor der Kamera komplett zu entblößen. „Bin ich jetzt im Fernsehen?", wurden die filmenden Studenten immer wieder gefragt in der Annahme, sie seien die Straßenreporter eines deutschen Privatfernsehsenders. Sowohl die Beschreibung und Etikettierung durch die kommerzielle Erlebnisindustrie wie auch durch die mediale und wissenschaftliche Tourismuskritik haben das sommerliche karnevaleske Leben an diesem Strandabschnitt zur außergewöhnlichen Erfahrung gemacht. Und zwar nicht nur zum Kult-Erlebnis für die direkt Beteiligten, sondern *auch* für all jene „anderen" Mallorca-Touristen, die vom „originären" Hinterland der Insel in Bussen anreisen, um der Aufführung „Massentourismus" und dessen *making of* beizuwohnen.

Am „Ballermann" ist daher auch ein spezifisches Phänomen der Erlebnisgesellschaft besonders klar fixiert: der *Metatourismus*, ein erlebnisbesetzter Vorgang, bei dem Touristen beobachten, ob Tourismus drehbuchgerecht inszeniert wird: Im Februar 2000 konnte ich festhalten, wie deutsche Rentnergruppen den in der Nebensaison verwaisten Strandkiosk „Ballermann 6" einnahmen, sich dort zum Sangriatrinken niederließen, die ganze Szene fotografiert von spanischen Touristen, die interessiert daran schienen, wie die Deutschen ihre „heimischen" Trinkrituale durchführen. Inzwischen ist wohl allen, auch den Mallorquinern, klar, dass die populare Kultur Mallorcas nicht im vermeintlich ursprünglichen Outback stattfindet, sondern entlang der Strandpromenaden El Arenals.

Über andere Menschen aus der Distanz heraus vergleichend zu reflektieren, ist im Verlauf des 20. Jahrhunderts zu einem wesentlichen kulturellen Merkmal spätmoderner Lebensformen geworden; Pierre Bourdieu hat diesen Grundgedanken zum Ausgangspunkt seiner Lebensstil-Analysen gemacht. Einer der Motoren dieser Entwicklung ist eine wirkmächtige Allianz aus modernem Tourismus und populären Medien, deren organisatorische Basis die *Schaulust* ist (Löffler 2001), eine Schaulust, die zunehmend durch die Beschaulust komplementär ergänzt wird.[4] Die für diese Entwicklung katalytische Rolle der Kultur- und Sozialwissenschaften sowie des (Reise-)Journalismus ist ambivalent: Sie spielt unablässig zwischen analytischem Beobachten und Stoffproduktion für den Tourismus selbst: Über die Konsequenzen aus diesem Dilemma wäre in Zukunft nachhaltig zu diskutieren.

Anmerkungen

[1] Die touristischen Zeitzwänge dienen dazu, ein maximales Potenzial an Erlebnissen zu realisieren, was manchmal zu paradoxen Situationen führt: Der Stau etwa wird in Erzählungen immer wieder als besonders außergewöhnliches Urlaubsereignis vermittelt, als Grenzerfahrungs-Geschichten von der „Erlebniswelt Autobahn", als man in einer 100 km langen Fahrzeugschlange bei 40 Grad Hitze sein Spiegelei auf der Kühlerhaube braten konnte oder als der ADAC bei 20 Grad Kälte die Wärmedecken und den heißen Tee vorbeibrachte.

[2] Einige statistische Zahlen geben Anlass zu dieser Schlussfolgerung: Die Erwerbsdauer der männlichen Bevölkerung in Deutschland hat sich seit 1960 von durchschnittlich netto 42 Jahre auf 25 Jahre im Jahr 2000 verkürzt, bei einer Lebenserwartung, die mit 77 Jahren um acht Jahre höher liegt als vor vier Jahrzehnten. Gehen wir von einem Acht-Stunden-Arbeitstag aus, dann sind wir heute weniger als ein Neuntel unserer Lebenszeit mit Erwerbsarbeit befasst (Ederer & Schullar 1999, S. 60f.).

[3] Dies zeigten die Eindrücke während einer Studienexkursion des Instituts für Volkskunde/ Europäische Ethnologie der Universität München (LMU), Sommer 2000.

[4] Vgl. auch Slavoj Zizek: Die Kamera liebt dich. Unser Leben als Seifenoper. Süddeutsche Zeitung, 28.3.2000.

Literatur

Köck, Christoph (2001). Jeder beobachtet jeden. Notizen zur Ethnografisierung des Alltags. (S. 41-58) In Edmund Ballhaus (Hg.), Kulturwissenschaft, Film und Öffentlichkeit. Münster: Waxmann.

Köck, Christoph (1990). Sehnsucht Abenteuer. Auf den Spuren der Erlebnisgesellschaft. Berlin: Transit-Verlag.

Hessler, Alexandra (2003): Wie man Unternehmer wird. Beratungskonzepte für Existenzgründer. Vortragsmanuskript. Münster, München: Waxmann.

Goffman, Erving (1969). Wir alle spielen Theater. Die Selbstdarstellung im Alltag. München: Piper (amerikan. Orig. 1959).

Gerndt, Helge (2001). Innovative Wahrnehmung im Tourismus. (S. 11-20) In Christoph Köck (Hg.), Reisebilder. Produktion und Reproduktion touristischer Wahrnehmung. Münster: Waxmann.

Ederer, Peer & Schullar, Philipp (1999). Geschäftsbericht Deutschland AG. Stuttgart: Schäffer-Poeschel.

Lindner, Rolf (2000). Die Stunde der Cultural Studies. Wien.

Löffler, Klara (2001). Wie das Reisen im Alltag kultiviert wird. Beobachtungen zu einer Form zeitgenössischer Schaulust.(S. 229-239) In Christoph Köck (Hg.), Reisebilder. Produktion und Transformation touristischer Wahrnehmung. München: Waxmann.

Schulze, Gerhard (1992). Die Erlebnisgesellschaft. Kultursoziologie der Gegenwart. Frankfurt/M.: Campus.

Schulze, Gerhard (1993). Entgrenzung und Innenorientierung. Eine Einführung in die Theorie der Erlebnisgesellschaft. Gegenwartskunde 42 (4), 1993, 405-419.

Schulze, Gerhard (1999). Kulissen des Glücks. Streifzüge durch die Eventkultur. Frankfurt/M.: Campus.

Interview mit Gerhard Schulze in Armin Pongs (Hg.), In welcher Gesellschaft leben wir eigentlich? Gesellschaftskonzepte im Vergleich. Bd. 1, 1999, 219-236.

Michael Fischer

Kunst: Die außeralltäglichen Erlebnisperspektiven des Alltäglichen

Die zivile Gesellschaft von heute zeichnet sich dadurch aus, dass sie in ihrem hedonistischen Alltag ohne Militanz, ohne pathetische Appelle und Demonstrationen für das aufkommt, was ihre „verfahrensethische" und institutionelle Grundlage ist. Die Implosion des Kommunismus, das allmähliche Versickern der Emanzipationsideale, die Auflösung herkömmlicher Schichten und Klassen im Zeichen von Individualisierung, Aktienstreuung und multikultureller Buntheit hat die Gesellschaftskritiker und professionellen Aufklärer alter Schule sprachlos gemacht. Sie mussten zur Kenntnis nehmen: Nicht Gesellschaftstheorien, sondern die *Konsumgewohnheiten* prägen Zugehörigkeit und Lebensstil der Menschen. „Erlebnisse" rücken in den Vordergrund.

Die aktuellen Kulte und Lebensphilosophien lavieren zwischen Souveränität und Verantwortungslosigkeit. Einerseits ist dies Ausdruck eines gewachsenen demokratischen Selbstbewusstseins der Gesellschaft, die praktisch keine Tabus mehr kennt und (im breiten Feld der Mitte) auch keine größeren ideologischen Feindschaften. Andererseits beschleunigt die Spaßkultur soziale und intellektuelle Auflösungsprozesse. „Interpretative Flexibilität" wird in zunehmend fragmentierten Sinn-Märkten zum Schlüssel des Erfolges.

Wenn es keine objektiven Maßstäbe gibt, gilt die Devise „anything goes" (Paul Feyerabend). Alles tendiert zur Gleich-Gültigkeit, jedes Urteil ist lediglich Geschmacksurteil. Man wählt zwischen Weltanschauungen und Religionen wie zwischen Hausmannskost und Chinarestaurant. Vielfältig und bunt ist die Gesellschaft, in der keine Tradition die andere mehr ausschließt: morgens Zen-Meditation, nachmittags Schamanen-Kurs und abends italienisch essen. In den sechziger Jahren verkündeten die Hippies als Vorläufer unserer Erlebnisgesellschaft: „If it feels good, do it." Der gestrenge Imperativ von heute lautet: *Have Fun! Erlebe! Sei glücklich! Und zwar sofort!*

All dies fördert Distanzlosigkeit und mangelnde Sensibilität für Unterschiede. Die flächendeckende Ironisierung, das ganze mediale Patchwork aus Infotainment, Comedy-Ulk und fernsehgerechter Katastrophendramaturgie funktioniert mehr und mehr als selbstreferentielles System auch objektiver Gleichgültigkeit. Die demokratische Agora wird zum Marktplatz der New Economy und zum Spielplatz unter der Regie großer Unterhaltungskonzerne, und wer sich vom Boom der Spaßkultur ausgeschlossen fühlt, wird von Nationalpopulisten aufgesammelt. Eine Pop-Ökonomie triumphiert, in der Arbeit und Hedonismus zur „Lebensstil-Metapher" gerinnen. Dies führt zu einer Totalisierung und Kulturalisierung, wenn der Einzelne sich nur noch als „Ich-Aktionär", „Ideenmanager" und „Ego-Tuner" des eigenen Lebens definiert.

Das alte aufklärerische Bild vom Mythos zum Logos hatte suggeriert, etwas Vorläufiges sei zurückgelassen und durch Endgültiges ersetzt worden. Doch es gehört zum Wesen jeder Aufklärung, dass sie ihre Einsichten nicht nach Belieben vergessen, sondern nur durch bessere Einsichten korrigieren kann. Der Aufklärung gelingt es nur durch radikalisierte Aufklärung, ihre Fehler wettzumachen. Den Spiegel der Zeit kann man nicht zertrümmern. Es gibt kein Entrinnen, außer in die Zukunft oder in die rätselhafte Welt der Kunst, die das Gegenmodell einer „anderen" Vernunft beglaubigen soll.

Erlebnisgesellschaft heißt nämlich vor allem Folgendes: Der soziale, diesseitige Mensch ist dazu verurteilt, nur von dieser Welt zu sein, ganz profan, banal, alltäglich. Daher flüchtet er immer tiefer in die Wissenschaften, in die luziden Abstraktionen von Theorie und Analyse, um sich in dieser stolzen und schonungslosen Reflexion einen Schutzwall gegen das Leben zu verschaffen. Die Wissenschaften aber sind dichte Beschreibung und keine bergende Sinnvermittlung, wie die faszinierenden Theorieangebote von Niklas Luhmann, Humberto Maturana und Heinz von Foerster belegen. Doch gerade in den Künsten und in den Versuchen der Ästhetik bricht sich das Leben immer wieder seine Bahnen.

Die Künste verwandeln unsere existentiellen Fragen in narrative Ästhetiken, Bilder, Metaphern, Symbole. Sie dienen der Gestaltung von Benutzeroberflächen, die uns die Angst vor dem Umgang mit der kalten Wirklichkeit einer bloß wissenschaftlich betrachteten Welt nehmen soll. Die Wissenschaften enttäuschen: Das weiß jeder, der sich einmal nach dem Sinn des Lebens gefragt hat. Denn wer nach dem Sinn sucht, bittet eigentlich um Erlösung von der „Kälte" der Wissenschaften (Wittgenstein). Dass die Wissenschaften die Geometrie der Gefühle (aeisthesis) förmlich provozieren, gründet in der ethischen Unausdeutbarkeit der bloß wissenschaftlich erfassten Welt. Dies zwingt die Menschen zur Suche nach einer „Ästhetik der Existenz" (Michel Foucault), nach Bedeutungen, die in erster Linie individuelle und lebensweltliche Konturen tragen.

Die Kunst ist eine Kompensationsstrategie für den Sinnverlust der wissenschaftlich erfassten Welt. Kunst eignet sich in einem vorzüglichen Maße für das, was Arnold Gehlen „zerebralen Konsum" genannt hat. Sie leistet *Sinnorientierung*: Sie entspricht persönlichen Überzeugungen und Präferenzen, Vorstellungen von Lebensstil und anderem mehr. Je mehr sich unter dem Vorzeichen „Postmoderne" durchgesetzt hat, dass die Wirklichkeit ein Konstrukt ist, desto mehr rückt die Ästhetik in eine Schlüsselposition der Theoriebildung.

Michael Fischer

Die Künste übernehmen dabei existentielle Deutungsfunktionen. Kunst fungiert, wie Umberto Eco in seiner Arbeit über „Das offene Kunstwerk" verdeutlicht, eben als ein „offenes Konzept", einem Rorschach-Testbild vergleichbar, in das sich verschiedene Deutungen („Sinnvermutungen") eintragen lassen. Die Künste befehlen ja nicht: „Du sollst", sondern sie inszenieren eine äußere Bühne für innere, individuell unterschiedlich erlebbare und zu reflektierende Prozesse. Kunst-Rituale kommen dem Bedürfnis nach, zu einer Gruppe zu gehören und sich geborgen zu fühlen, denn sie erzeugen einen „temporären Zauber", in dem Menschen einander begegnen. Sie befriedigen das Bedürfnis nach der großen „Zusammenkunft". Dies gilt nicht nur für Festspiele, sondern auch für Events wie Karneval oder Fußballweltmeisterschaft. Es sind „Rituale in einer Gesellschaft", meint Francis Fukujama, „die von allen Zeremonien befreit wurde".Und dennoch repräsentieren sie etwas, was moderne Menschen existentiell brauchen.

Die Künste im weitesten Sinn verwalten den „anderen Sinn" des Lebens gegen den schlichten Funktionssinn der Gesellschaft. Sie leisten „Kontingenzbewältigung", sie bewirken die rituelle Konstruktion von Sinn im Überraschungsfeld der Welt. Im Gegensatz zu den Wissenschaften stillen die Künste unseren Sinnhunger. Sie beschwören die Gegenwelt des Spontanen: Echtheit, Reinheit, Selbstverwirklichung, das Wesentliche. All das sind aber die präzisen, polemischen Gegenbegriffe zur *Kontingenz* der modernen Welt. Kontingenz heißt ja: Alles ist zufällig, alles ist auch anders möglich. Das Authentische dagegen ist „etwas, das nicht anders sein kann, als es ist" (meint Adorno in seiner „Minima moralis"). Und je komplexer und unüberschaubarer, kontingenter unsere Welt wird, desto stärker wird die Sinnsuche in der Erlebnisgesellschaft zur Obsession. Kunst fungiert als Versicherung von Bedeutung und dient damit eben der Inszenierung von Individualität.

Das Heil tritt im Inkognito der Kunst auf, als ritualisierte Sinnvermutung. Denn Kunst ist, so Adorno in den nachgelassenen Schriften „Ästhetische Theorie", „Schein dessen, woran der Tod nicht heranreicht": „Schein ist die Kunst am Ende dadurch, dass sie der Suggestion von Sinn inmitten des Sinnlosen nicht zu entrinnen vermag." Die Veränderbarkeit des Bestehenden wird durch Kunstwerke verbürgt. Jedes große Kunstwerk ist „ein Stern der Antizipation", sagt Ernst Bloch, hat utopischen Verweisungscharakter (Gerard Mortier). „In jedem Kunstwerk erscheint etwas, das es nicht gibt", sagt Adorno. Aber vielleicht doch zur Praxis drängt?

Schon Balzac rühmte die Menschen, deren ästhetisierende Existenz eine einzige Abfolge von gelebter Poesie ist, die „Romane machen, anstatt sie zu schreiben". Der Vulgarität der „Spaßkulturalisten", die ausschließlich ihren kleinen Freuden nachhängen, welche Nietzsche schon so plastisch beschrieb, hielt das gesamte 20. Jahrhundert von Colonel Lawrence über die Futuristen, die Freikorps bis hin zu den Roten Brigaden die Romantik jener vulkanischen Seelen entgegen, die ungeduldig darauf warten, sich in die „Stahlgewitter" (so ein Buchtitel von Ernst Jünger) zu stürzen, um „diesen Kulturplunder" (Ulrike

Meinhof in einem FAZ-Interview von 1974) mit Füßen zu treten. Vor allem ästhetisierter totalitärer Politik gelang es, die Kernfunktionen demokratischer Aufklärung im Namen einer Ästhetik der Bewegung und Mystik der Aggressivität zu zerstören. Der Erlebnisgesellschaft steht in diesen Konzepten die Endzeit gegenüber.

Die Dialektik der Aufklärung bekommt empirischen Gehalt, transformiert sich zu einer Real-Dialektik im Wechselspiel der Kunst. Diese operiert und oszilliert zwischen „schönem Schein" (Apollo, Eros) und radikalisierter Erfahrung der Wirklichkeit (Dionysos, Thanatos). Spannungsgeladene Kunstwelten sind so entstanden zwischen Entfremdung und Schock, zwischen Kompromittierung und Verstrickung. In der gegenwärtigen Medienkultur radikalisiert sich Schein zur Virtualität, zu Programmen der Spaßkultur. Pop, Kitsch und Banalität formieren sich zu einer weltweiten „Trans-Avantgarde".

Dem stehen künstlerische Ansätze gegenüber, die sich als ein geradezu gewaltsamer Einbruch des Wirklichen in die erlesene und symbolische Welt der Kunst darstellen. Negation als Unplugged-Sinn, als Total-Mythos der Wirklichkeit! Die „normale", zivilisierte Gesellschaft wird als repressiv, dekadent und zutiefst unnatürlich gezeichnet. Ihre permanenten Verfehlungen haben sie an den Rand des Untergangs geführt. Wir kennen diese nihilistische Heroik nicht bloß aus der Literatur, sondern vor allem aus den Mythologemen der Hollywood-Filme wie beispielsweise „Terminator", „Waterworld", „Natural Born Killers", „Das Schweigen der Lämmer", „Matrix" sowie „Matrix reloaded": Diese Action-Helden sind aus Nietzsches Büchern herausgeschnittene Poster. Ihr dynamischer Wille zur Macht steht der verdorbenen, zivilisierten Umwelt entgegen und zerstört sie am Ende.

Ästhetisierende Bilder enthemmen und intensivieren gleichzeitig, sind oft polemisch und kriegerisch. In der Endzeit ist vielleicht alles erlaubt und alles ungleich intensiver: am Ende der Inszenierung, bevor der Vorhang fällt, am Ende des Denkens, am Ende des Er-Lebens. Diese endlose Ferne des Endlichen und doch (weil vita brevis) peinigende Nähe. Das Andere lockt vielleicht nicht mehr als andere Seite, sondern als Grenze, die überschritten wird: Der absolute Konventionsbruch als Konstruktion der Phantasie und die Kunst als „Konventionalisierung der Überschreitung" (Gerhard Schulze).

Der empirische Befund lautet: Weil die wissenschaftliche Aufklärung den Triumphalismus jedes Vorsehungsplans vernichtet hat, erzwingt sie die Konzentration auf den Augenblick, auf das Hier und Jetzt. Das Dasein als Sosein wird zur ästhetisch-biographischen Daueraufgabe. „Le merveilleux quotidien", das wunderbar Alltägliche, von denen die Surrealisten so häufig sprachen, lockt. Festspiele, Museen, Straßenfeste, Laientheater: Die vielfältigsten Szenen auf unterschiedlichsten Bühnen differenzieren das Kulturelle in das Unendliche des Alltags. Einzig und allein die Aufmerksamkeitsökonomie strukturiert den Fokus.

Im Alltag aber bekämpft – wie Gerhard Schulze deutlich zeigt – die „Faszinierbarkeit durch das Außergewöhnliche" die „Aufnahmefähigkeit für das Normale". Freilich: Eine Stätte der alltäglichen Kreativität wird immer häufiger die Küche. Jener Ort, der die Synthese aus Kopf und Bauch, Experiment und Erfahrung, Individualität und Gemeinschaft idealtypisch repräsentiert. Eine letzte Utopie aus Gewürzen, Alessi-Stahl und biologischen Naturprodukten. Und in ihrer höchsten Form dem Kunstwerk ebenbürtig. Andere Beispiele ließen sich anfügen.

Denn der Mensch beantwortet in „postmodernen Gesellschaften" die Frage nach dem Sinn seines Lebens vor allem dadurch, dass er eben den Sinn für sich gestaltet, außeralltäglich, im Trott des Alltäglichen. Denn das Leben ist grundsätzlich dazu verdammt, alltäglich zu sein. Das Außeralltägliche des Alltags besteht in der schwierig zu erlangenden Fähigkeit, das eigene Leben und seine Alltäglichkeit schöpferisch zu sehen. Den Mechanismus dafür hat Gerhard Schulze freigelegt: Worauf es bei Erlebnissen ankommt (egal nun, ob Kunstkonsum oder Alltagskonsum), ist, dass sie zunächst menschliche Konstruktionen sind, deren Eigenart durch die Art der Beschreibung mitgeprägt wird. Doch aus dieser reflexiven Aneignung der Gefühle entstehen aus subjektiven Deutungen personenübergreifende, gemeinsame Bedeutungen.

Literatur

Adorno, Theodor W. (1970). Minima moralia. Reflexionen aus dem beschädigten Leben. Frankfurt/M.: Suhrkamp.
Adorno, Theodor W. (2002). Ästhetische Theorie. Hrsg. v. Gretel Adorno und Rolf Tiedemann. 16. Aufl. Frankfurt/M.: Suhrkamp.
Bolz, Norbert (1997). Die Sinngesellschaft. Düsseldorf: Econ.
Castells, Manuel (2002). Das Informationszeitalter: Wirtschaft, Gesellschaft, Kultur. Bd. 2: Die Macht der Identität. Opladen: Leske + Budrich.
Castells, Manuel (2003). Das Informationszeitalter: Wirtschaft, Gesellschaft, Kultur. Bd. 3: Jahrtausendwende. Opladen: Leske + Budrich.
Eco, Umberto (2002). Das offene Kunstwerk. 9. Aufl. Frankfurt/M.: Suhrkamp.
Feyerabend, Paul K. (1996). Wider den Methodenzwang. Frankfurt/M.: Suhrkamp.
Franck, Georg (1998). Ökonomie der Aufmerksamkeit. München, Wien: Hanser.
Geertz, Clifford (1983). Dichte Beschreibung. Beiträge zum Verstehen kultureller Systeme. Frankfurt/M.: Suhrkamp.
Goodman, Nelson (1990). Weisen der Welterzeugung. Frankfurt/M.: Suhrkamp.
Horkheimer, Max & Adorno, Theodor W. (1973). Dialektik der Aufklärung. Philosophische Fragmente. Frankfurt/M.: Fischer.
Horx, Matthias (2003). Future Fitness. Wie Sie Ihre Zukunftskompetenz erhöhen. Ein Handbuch für Entscheider. Frankfurt/M.: Eichborn.
Lehmann, Hans Thies (2002). Das politische Schreiben. Essays zu Theatertexten. Berlin: Theater der Zeit.
Schulze, Gerhard (1999). Kulissen des Glücks. Streifzüge durch die Eventkultur. Frankfurt/M.: Campus.

Schulze, Gerhard (2000). Die Erlebnisgesellschaft. Kultursoziologie der Gegenwart. 8. Aufl. Frankfurt/M.: Campus.
Schulze, Gerhard (2003). Die beste aller Welten. Wohin bewegt sich die Gesellschaft im 21. Jahrhundert. München, Wien: Hanser.

Max Rieder

Erlebniswelten:
Jenseits der Utopie – Inmitten der Realität

Zur EntertainTektur der ArchiTektur in neuen *Städten*

Das Phänomen der Kommerzialisierung anarchischer Spieltriebe wird in der Architektur der *Globalis*, also internationaler Konzerne, sichtbar. Die Konzerne versuchen ihre Identität mittels privater Weltspiele und Veranstaltungen zu finden – Identitätssuche im Zeitalter des Neoliberalismus. Um der Architektur dieser Konstruktionen sprachlich-analytisch gerecht zu werden, greifen wir auf keine wissenschaftliche Analyse zurück, sondern bleiben an der Oberfläche des Scheins, des Surrogats, des Marketing und des Images. Die Kombination von Oberfläche und Image wird heute meist als Consulting oder als CI, Corporate Identity, bezeichnet.

CEOs – das sollen in der Regel Weise, also möglicherweise integrale oder CThHR, ComprehensiveThinkingHumanRessources, sein – steuern diese Erlebniswelten, diese „MegaMegas". Niemand ist vor ihnen mehr sicher, nicht einmal der situationistische Städtebau der 68-Anarchisten (Ohrt 1998). Die Plünderung der Welt durch CEOs und gleichzeitig die „Infantilisierung der Welt" scheint eine durchgängige sinnstiftende Konzeption zu werden.

Welche Rolle nimmt dabei die *Architektur* ein? Die Architektur[1] vollzieht wieder einmal den sozialutopischen Versuch, den Menschen Raum für Entfaltung einzuräumen – in den ErlebnisWelten. Die Umkehrung bzw. Pervertierung dieser Aufgabe, die Zelebrierung des Konsumzwangs nun geschieht vor dem Hintergrund einer längst abgemeldeten Stadtplanung, die einem Investorenstädtebau[2] gewichen ist, die sich in subtilster *und* ausschließlichster Weise als Angebot neuer Freiheit, Lustgewinns und Lebensinhalts darstellt und den „selbstbestimmten Weltbürger" ergreift. Im Einklang des Flanierens und Shoppens (also der Freizeitgestaltung schlechthin) wird ein kausaler Markt geschaffen, der jedes scheinbar zufällige Neben-Produkt seinem dramaturgischen Impetus und Absatz sichert, ja zuweist. Es geht also um Nebenprodukte[3]. Sind die Architektur und der Städtebau in diesem Zusammenhang ein *Nebenprodukt*?

Die amerikanischen Einkaufzentren der 1940er Jahre etwa einer Victor-Gruen-Company stellen in ihrer architektonischen Schlichtheit bzw. *box-Kultur* den Beginn exterritorialer Zonen dar. Das Entpacken eines Geschenkes, somit das Eintreten in eine Box, wird synonym für *Erleben* schlechthin. Mittlerweile müssen diese Komplexe allerdings selbst für Amerikaner „etwas hergeben", d. h. eine Außenarchitektur kreieren – so die aktuelle Version der 1990er Jahre bei der Jon-Jerde-Company. Das Selbstverständnis der Moderne wurde dadurch torpediert, die Aufsplittung der Architektur in Außen und Innen begründet. Eine visuelle Anziehungskraft des scheinbar Außergewöhnlichen wird ausgebildet. Architektur wird als Marketingträger eingesetzt, als Image-Bild(n)er. Nun das ist aber nichts Neues, schließlich wurden schon in den vergangenen Jahrhunderten die Palastbezirke als Medium genutzt bzw. eingesetzt (Abb. 1)[4].

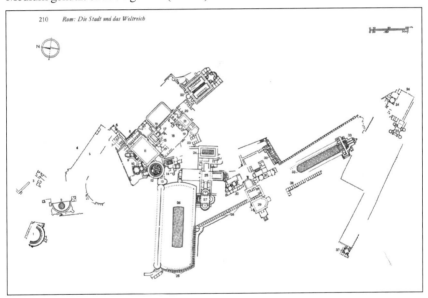

Abb. 1: Villa Hadriana, Tivoli

Die neue Stadt anstetten der bisherigen Stadt

Die neuen Städte sind von den *UECs* (Urban Entertainment Centers) geprägt; sie stellen austauschbare Hybride dar, deren wesentliches Merkmal ihre Kulissenartigkeit ist. Ein Amalgam aus Nutzungen und Formen erzeugt HYPE – eine nach Sauerstoff ringende Klimax, die aus einem Mix von Wellness-Kunst-Souvenir-Kleidung-Kosmetik-Elekronik-Möbel-Fastfood-Coffeeshops- Lunapark-M*achmit*-Tagesmedien u. Ä. besteht. Diese hochaktive, psychophysiologisch *anregende* Mischung wird zum gerne angenommenen Event-Ort. Wo sind nun diese Zonen, sind sie an Umbruchquartieren/Konversionsflächen, im Zentrum der Städte, an deren Peripherie, lagern sie sich an oder generieren sie sich aus sich selbst? Fragen nach Nutzerfrequenz, Kaufkraftpotential und Flächenausdehnung sind hier von Bedeutung und auch die nach dem immensen Veränderungsdruck, der von diesen neuen Flächen ausgeht. Veränderungen sind a priori positiv, wenn sie eine Veränderungsstrategie, ein Veränderungsmanagement aufweisen können. Betrachtet man allerdings die übliche Verortung bisheriger UECs, dann wird erkennbar, dass sich diese v. a. in Knotenpunkten von Hochleistungsinfrastrukturen des Individualverkehrs einschließlich des Flugverkehrs ansiedeln, unabhängig von irgendwelchen Siedlungskernen oder Strukturbildnern.

Es sind quasi FAFAS's – „far away from anywhere structures" – mit einer eigenen Entwicklungsgeschichte, die man fast mit den mittelalterlichen Handelsgründungen vergleichen könnte. Um einen attraktiven Diskonter (dem Anker oder Magnet) oder eine Raststätte bzw. ein Motel lagern sich kurzweilig nutzbare Entertainment-Anlagen wie Kino, Varietés, Freizeitparks, Theater und Fitnessangebote an: Unterhaltung, *Abwechslung*, die der anthropologischen Langeweile des Menschen entgegen zu kommen scheint und dazu führt, „shoppen zu *müssen*", war aber nur der Beginn dieser Entwicklung. Inzwischen hat sich alles zu einem „familyintegralen" Angebot verschoben, Sportmöglichkeiten (Schwimmen, Surfen, Golfen), Autoaccessoires und Fruchtsaftkneipen erhöhten die Aufenthaltsdauer, Kinderbetreuung, künstlerische Betätigungen und zu guter Letzt „welln-essen" runden die Berg-Meer-Stadt-Land-WeltraumShow zu einem täglich möglichen, kurzen Abenteuer-Erlebnisurlaub vollends ab.

Medienmultis haben die Realität der Virtualität fest im Griff

Die neuesten Entwicklungen zeigen den nicht mehr verheimlichten Einstieg multinationaler Industrie-Software-Food-Konzerne – insbesondere der *Autoindustrie*[5]. Die postmoderne Überlagerung aus dem ursprünglichen *Anthropos* Jagen + Sammeln ist dem Zeitgeist mit der Kombination *Auto + Shoppen* geglückt. Dass damit einhergehend auch die Sammlungen der Medienkunst und klassischen Kunst unterhaltende Werte einbringen, kann man positiv sehen. Alles dient einer gewissen Befreiung von normativen Zwängen und kulminiert darin, sich nicht mehr mit dem Kontext einer Stadt, eines Ortes, einer gewachsenen, permanenten (also langsam sich umbauenden) Umwälzung in Einklang zu bringen, sondern sich einer in einer großen „ConvienceCity" endlich quasi-paradiesischen Zuständen zu nähern – allerdings ohne (bisher) dort noch wohnen und arbeiten zu können. Die McJobs, die dort zur Verfügung stehen, sind austauschbar wie die Stellwände und die digitalen Screens, erlauben keinen sozialen Status. Diese privaten Öffentlichkeiten der UECs kommen ohne Tiere, Radfahrer, Obdachlose, Kurzproteste, ohne störende Individuen und Witterung aus, isoliert von sonstigen kommunikativen Alltagsleben – was sie zum lebenswerten, „erlebnisreichen" Alltag erklären. Dieser Alltag ist gleichzeitig Urlaub, denn in Sandalen, Sonnentops und -Brille waven die Nutzer bei +24 C in angenehm-mediterranem Klima unabhängig von jeder Saison – die permanente *vacation*. Man könnte darüber nachdenken, wo diese Menschen sonst leben, was sie bei der An-/Abreise zu diesen paradiesischen Tempeln bzw. an den anderen Orten ihrer sonstigen (geförderten) Teil-Existenz erleben (Abb. 2).

Abb. 2 : Himmel epa/ Montgomery in: Der Standard 7.6.2003

UECs, das ist die Dualität des Verlustigwerdens klassisch-öffentlicher, nichtkonsumatorischer Räume und deren Obsorgepflichten[6] und der perfekten Inszenierung der ConsumerCity (CoCi).

Diese größeren Zusammenhänge von Stadt und ConsumerCities leiten jetzt in die Betrachtung der Architektur und der dort gewählten Formensprache. Vorbei sind die klassischen blackbox-Konzepte der 1940er Jahre, d. h. no investments on outdoorimage – weg vom Auto abstellen und „eintreten". Heute muss eine gewisse Geilheit der Avantgarde bemüht werden, um im zunehmenden Konkurrenzdruck der CoCi's die *individualisierte Masse* aufzurütteln und dazu bewegen *reinzukommen*. Das Innere stülpt sich nach außen, das Äußere nach innen, wie es die trendigen Californienboys[7], die niederländischen Zyniker und italophile ArchTalkmaster vormachten. Die Anleihen kamen entweder aus der abgehalfterten, weltkulturerbegeschützten materiellen Stadt oder den Visionen der Architekturgeschichte.

Letzteres interessiert hier besonders, weil es doch von beträchtlicher Aufmerksamkeit ist, wenn von innovativer Architektur gesprochen wird, sofern es sich um konzeptuelle Retro-Produkte des Kunst- und Architekturmarktes handelt. Überraschenderweise werden keine neuen Strukturen, die auf die neuen hybriden Nutzungsstrukturen Bezug nehmen, eingesetzt, sondern Rückgriffe auf (beinahe) antiquierte Raumstrukturen wie Straße/Platz/Galerie vorgenommen. Strukturen, die im Laufe der Jahrtausende ausgedünnt und monofunktionalisiert wurden, werden nunmehr in Erlebnissequenzen optimiert, von jedem mehrdimensionalen Leben befreit und als ResopalCity relauncht.[8,9] In avanciertem Investment[10] wird das durch die Einführung von landscaping und/oder fließenden und anamorphen bzw. kristallinen Formen zum Ausdruck gebracht.

Eine dieser typischen Entitäten ist das *BMW Erlebnis- und Auslieferungszentrum*[11], München, welches als Spielzeugstadt oder Center of Excellence (CofEX, so die Selbstbezeichnungen für derlei Auftritte) wirbt. Interessant wäre es, die Projekte von Science-Center-Wolfsburg[12] und Autostadt Wolfsburg[13] dazu in Beziehung zu setzen. In der dazu entwickelten Kunstsprache ist in diesem Zusammenhang von Charismating-Bausteinen die Rede, von *Selfdiscovery-, Customer-Reading-, Branding-, Story-Telling-, Sensual-Performing-, Winning-Leadership-* und *Scouting-Company. Charismating* meint in diesem Zusammenhang das Aufgehen in „Einkauf als Erlebnis" (Schmitz 2001), egal ob dies nun in der Form eines Auslieferungszentrums oder eines Science-Centers geschieht.[14]

Die neuen Erlebniswelten: Auto-Shopping-Worlds – Brand lands[15]

Die BMW-AG veranstaltete 2001 ein internationales Bewerbungsverfahren, um ichren „Marktplatz BMW" als Event-Bauwerk in München gestalten zu lassen. Von 275 Architektenteilnahmeanträgen wurden 27 bekannte Starteams für mehrere Bearbeitungsphasen eingeladen. Die intensive Auseinandersetzung erfolgte durch eine Jury aus 39 (!) Personen. Letztendlich setzte sich aus 7 in die engere Wahl gezogenen Gruppen des Team COOP HIMMELB(L)AU durch. Dieses prägnante Projekt ist in mehrfacher Hinsicht von Interesse für die Kritik bzw. Würdigung von ErlebnisWelten und Architektur.

Die Verfasser des Projektes entwerfen eine „organische Moderne" – eine *Transorganik*. Die Veränderung des Projektes über mehrere Phasen ist bemerkenswert in Bezug auf die Grundaufgabe Marktplatz – Vermarktungsimage –

Erlebniswelten jenseits der Utopie...

New Spaces for Selling. Aus der konzeptuellen Überlegung, die Schnittstellen und Verflechtung von bisherigen „Funktionsbereichen und Ästhetiksphären" neu zu definieren, resultiert eine Hybridisierung, die Exploration klassisch-moderner Ausgangsparameter. Transpoetisch wurde von „Landscape, Wolke, Doppelkegel und Spiralrampe" als konstitutierenden Elementen der Komposition gesprochen. Über die Argumentation *Funktion und Komposition*, über das *Verschmelzen in ein einzigartiges Raumerlebnis* hin zur *clean energy cloud* als Bewegung zeichnen sich die drei Bearbeitungsphasen ab. Die Werbetexte und Imagekampagnen der global player werden somit als Architektur direkt umgesetzt.

Die Dreieinigkeit von Funktion – Erlebnis – Neuer Energie ist ein unschlagbarer Quotenbringer. Die Marktplatzfrage dürfte auf sehr basaler Wahrnehmung erfolgt sein, denn unter Berücksichtigung einer Skalierungstätigkeit stellt sich das Projekt phänomenologisch als *Marktstandl* mit einem besonderen (wind-klimastabilen) Schirmständer dar. Dies ist eigentlich die außerordentliche – wenn man will sophisticated – Qualität des Entwurfes, die artifiziell-künstlerische, aber unterschwellig wirksame Übertragung des Lokalen auf das Globale (Abb. 3).

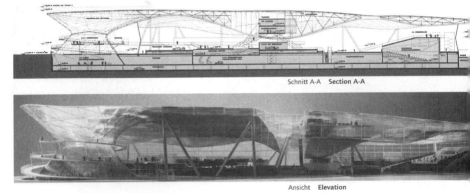

Abb. 3: Darstellungen COOP HIMMELB(L)AU aus Publikation BMW Erlebnis- und Ausstellungszentrum, Verlag Aedes, BMW AG

Man könnte daraus eine Strategie des Bayrisch-Anarchischen oder Morbid-Wienerischen, gar einen spezifischen philo-Kontext ableiten, der das *neue Spielen*/globalplayer versinnbildlicht. Bisher waren die Vorzeichen und Rahmenbedingungen „out of context", und sollte damit die lokale Ressource und Identität/Regionalität eine inverse Überlegung sein. Wenn man nochmals auf das *Marktstandl* des (Münchner) Viktualien- oder (Wiener) Naschmarktes referenziert, dann zeigt nebst den perspektivischen Darstellungen![16] der funktionale Erdgeschossgrundriss sehr klar die Zonierung in Luxuswaren, Massenwaren und Ladenhüter unter einem „freien Dach" auf. Waren in den ersten Bearbeitungsphasen noch andere Argumente für Raumdynamik und Raumdurchdringungen u. dgl. angeboten, greift das Anbieten räumlich aus. Absurd wird der Scheinprimat Städtebau und Liegenschaftseck bzw. Verkehrsknoten. Ein Global Player benötigt das lokale antiquierte Straßeneck als Ausgangspunkt seiner räumlichen Intervention und Präsenz und führt dort scheinbare atommeilerhafte Symmetrie mittels Tatlin'schen Doppelkegeln, Scherbart'schen Pulsationen und Ellissitzy'schen Volumen ein. Die Choreographie ist perfekt, der globale Alien ist klassisch gelandet bzw. verankert und spielt mit dem dynamischen Verwirbeln und der staatstragenden Rolle einer Berampung à la Berliner Reichstag gleichzeitig die angekündigten Verschmelzung von Politik und Wirtschaft an. In den ersten Bearbeitungsphasen lässt sich eine horizontal liegende räumliche Doppelplastik, d. h. Doppeltopographie von Himmel und Erde ausmachen, die sich dann hin zu Präsentationsniveaus (der Erde) mit Gewölbeuntersichten (des Himmels) dramatisch auf-klärten. Der „leiblich-irrationale" Sog wurde mechanisiert und interiormäßig abgehandelt; BMW verkauft nicht nur Geländewagen à la X5. Das geniale Ausspreizen instabiler Volumina[17] eröffnet oder entfaltet den Hebel des Marktes.

Dieses Strukturthema eines emotionalen Raumes stellt die Tiefenschicht des Entwurfes dar, gleichzeitig wird auch evident, welch lange Anlaufzeit und Aufwand es benötigt, dass diese Art von Architekturverständnis und Raumpsychologie wirksam werden kann (vgl. Rieder 1986) (Abb. 4).

Abb. 4 Emotionale Images aus Diplom 1986, maxR, Werkverzeichnis MXR 1998

Erlebniswelten jenseits der Utopie...

BMW und andere bauen also *Privat-Weltausstellungen*. Die private Welt und die öffentliche Welt sind umgedeutet bzw. uminstrumentiert worden. Politik hat versagt, Öffentlichkeit bedeutet ungeniertes Privatinteresse.
Architektur als sozialen Raum zu verstehen, ist ein ungeheurer Affront der Gesellschaft bzw. der gesellschaftssteuernden Kräfte. Nun, das scheint keine neue Tatsache zu sein, aber ist das Ausdruck einer parlamentarischen Demokratie? Diese neuen Modellstädte und die „(..) Überdrüssigkeit ihrer Bewohner an den verwalteten und vermarkteten städtischen Räumen und Orten, dem Verlust der letzten *Frei*-Räume durch Ersatz von gepflegten, verwalteten Grün-Räumen (..)" (Rieder 1998, S. 25) scheinen Lebensentwürfe in sich zu bergen bzw. zu verkörpern, die möglicherweise eine Renaissance modernistischer, wenn auch komplexer Einzeller als Stadtentwürfe wieder hervorbringen.

Diese Art von kontextueller De-Kontextualisierung ist auch in anderen big structures wie Hochhäusern (Hochhausstudie Innsbruck 2002) oder temporären Länderausstellungen (Beispiele: Milleniumsdom London 1996-2002, expo03-Schweiz) zu vermerken, aber auch in ständigen Infrastrukturen (Beispiele: Imperial War Museum/Manchester, Tate Gallery/London, Guggenheim-Museum/Bilbao) lesbar.

Die *new urban environments* siedeln uns jenseits jeder Utopie an – inmitten der Realität, obwohl sie uns anderes weismachen wollen.

Wenn auch das BMW Erlebnis- und Ausstellungszentrum, so die noch profane Bezeichnung, die Chancen, dass *Kunst Natur produziert*, nicht wahrnimmt,[18] so intendiert es eine singuläre, kruziale Möglichkeit, den Raum (der Architektur und Stadt) neu zu begreifen.

Literatur

Chung, Chiuhua Judy, Inaba, Jeffrey, Koolhaas, Rem & Leong, Sze Tsung (eds.) (2002). Guide to shopping, Project on the City 2, Harvard Design School. Köln: Taschen.
Ohrt, Roberto (1998). Das grosse Spiel. Hamburg: Edition Nautilus.
Rieder, Max M. (1986). Diplom maxR - Interdisziplinäre Projektagentur als emotional Changierendes von Geist & Materie. Wien: Hochschule für angewandte Kunst.
Rieder, Max (1998). Erlebniswelten: Jenseits der Realität – Inmitten der Utopie. (S. 20-34) In Max Rieder, Reinhard Bachleitner & H. Jürgen Kagelmann (Hg.), Erlebnis-Welten. München, Wien: Profil.
Schmitz, Claudius A. (2001). Charismating – Einkauf als Erlebnis. So kitzeln Sie die Sinne Ihrer Kunden. München: Financial Times Prentice Hall.
Stadt Innsbruck/Architekturforum Tirol (Hg.) (2002). Hochhausstudie Innsbruck. Salzburg: Pustet.
Wertheimer, Jürgen (2001). Strategien zur Verdummung der Gesellschaft. München: Beck.
Zaha Hadid Ltd. (2002). Entwurf Science-Center-Wolfsburg 1999. In Zaha Hadid & Patrik Schuhmacher (Hg.), Latente Utopien. Wien: Springer.

Anmerkungen

[1] Architektur soll sich vom bloßem Bauen und Errichten mehr als nur visuell unterscheiden.
[2] Vgl. dazu folgendes Zitat: „(..) zeigt sich, dass die Kommunalpolitik endlose Zugeständnisse an private Investoren zu machen bereit ist, ohne dafür mehr zu erhalten als die Chance, mittelfristig in der Konkurrenz der Städte mithalten zu können (...)", zit. n. M. Jauffen in Jochen Becker (Hg.) bigness? Size does matter. Image/Politik. Städtisches Handln. Kritik der unternehmerischen Stadt, Berlin: b_books Verlag. 2001.
[3] Vgl. dazu die Reflexion der Moderne, reflexive Moderne u. ä. m.
[4] Beispiele aus verschiedenen Zeitaltern: Villa Hadriana am Tivoli/Frascati, der große Platz in Isfahan, das World Trade Center New York.
[5] Dies natürlich zuerst und vor allem im Land der Autos: die Ford-Company spätestens seit 1927 mit Ausstellungen bis zu den Autosalons Genf, Turin, Cannes usf.
[6] Damit meint man die augenscheinliche Ausdünnung stadtplanerischer Tätigkeiten und Verwahrlosung bis hin zur Selbstfreisetzung (private Schutztrupps).
[7] Eine Anspielung an eine private Architekturschule in Los Angeles, die aus Überlebensgründen einen exklusiven Exportzirkel gründete.
[8] Die wohl bedeutendste Anmerkung dieses bescheidenen Artikels muss fragend lauten: Werden dadurch in der ReSTSTadt – also der ganze bauliche Rest der Unterbringung, Dienstleistung/Existenzverdingung/Weltkultur – eine substantielle Änderung erfahren oder Ressourcen freigemacht, die bisherig nicht denkbar waren?
[9] Klassische Architektur im Sinne von großem Haus/designter Box.
[10] Ob diese Projekte realisiert werden, steht in den Sternen, doch jedenfalls erfüllen sie, bereits bevor sie realisiert sind, ihre vordringlichste Aufgabe: Publizität.
[11] Entwurf COOPHIMMELB(L)AU, Realisierungswettbewerb BMW Erlebnis- und Auslieferungszentrum 2002, Aedes (Hg.), Berlin 2002.
[12] Entwurf Zaha Hadid Ltd., Science-Center-Wolfsburg 1999 in: Latente Utopien Hrg. Hadid/Schuhmacher. Wien: Springer 2002.
[13] Entwurf Henn Architekten Ingenieure, Autostadt Wolfsburg (Audi-VW-Seat-Skoda) 2000. Siehe dazu auch die entsprechenden Passagen im Beitrag über Brand Lands in diesem Buch
[14] Auf 764 Seiten führt „Giude to Shopping" (2002) – ein Welt-Almanach – die zentrale These aus, dass letztendlich Stadt „(..) the urban could no longer be understood without shopping".
[15] Vgl. dazu den Beitrag von Gross in diesem Band.
[16] (!) Rufzeichen deshalb, weil bei COOP H. eines ihrer wesentlichen Konzepte immer darin bestand, den Begriff und Darstellung der Perspektive als Eindimensionalität und damit Unräumlichkeit = Nichtarchitektur zu verdammen, und nunmehr scheinbar in der Welt des A-Marktes durch eben solches angekommen scheint.
[17] Vgl. dazu den exchange-Jargon.
[18] Damit wird auf einen Vortrag des Verfassers im Symposium „Land-nahme", Bad Ischl, 1995 verwiesen, der der Hoffnung Ausdruck gab, dass Technik Landschaft und Kunst Natur „produziert", also eine Transformationsumkehrung auftritt.

Margit Zuckriegl

Rituale der Verzauberung.
Die Kunst-Ausstellung als Erlebnis

Das Phänomen „Kunst-Ausstellung" hat verschiedene Typologien hervorgebracht und setzt sich durch das vorgesetzte Präfix „Kunst" von jeder anderen Art von Ausstellung ab, d. h. von Ansammlungen und Vorführungen von Ausstellungsobjekten jedweder Art, seien es nun Rassekatzen oder Konsumartikel. Im Prinzip hat sich damit seit dem Beginn der öffentlichen Kunst-Präsentation um die Mitte des 18. Jahrhunderts ein Begriff eingeführt, an dessen Demontage nun neuerdings gearbeitet wird.

„Die Ausstellung als Medium der Kunstpräsentation" (Bätschmann 1997, S. 12ff.) leitet sich historisch von jeweils einer neuen Genealogie ab, welche im 18. Jahrhundert das „Ausstellungsbild", im 19. Jahrhundert die „Ausstellung als Kunstwerk" und im 20. Jahrhundert die „Ausstellungskunst" (Bätschmann 1997, S. 10) erfunden hat. Die „Kunst der Ausstellung"[1] wurde zu einer neuen Sparte im Panorama der Bildenden Künste und ihrer relevanten Vermittlungsbereiche.[2]

Ausstellungen von künstlerischen Objekten wollen eben nicht nur Gegenstände vorführen; sie wollen einem Thema entsprechen, leiten im weitesten Sinn oft ihre Rechtfertigung von dem Faktum ab, dass sie ein bestimmtes Thema mit Kunst-Objekten illustrieren, mit ihnen geradezu die Festlegung eines Themas legitimieren oder andererseits gerade erst mit der vorgenommenen Präsentation eine thematische Fragestellung orten und bearbeiten. Ausstellungen sind daher (im besten und gelungensten Fall) *dialogische Systeme* und nicht bloße Auf-Stellungen, Ansammlungen, temporäre Sammlungsausschnitte, vorgeführte Kollektionen. Ausstellungsmacher[3] – eine Berufsbezeichnung, die seit dem Einfordern von spektakulären Ausstellungsereignissen und den damit verbundenen pekuniären Erfolgen durch die (jeweils lokale) Politik zum Markenzeichen wurde – und Kuratoren[4] lehnen daher meist den abgestandenen Begriff „Kunstausstellung" ab, dem der Hautgout des bourgeoisen 19. Jahrhunderts mit dem Postulat nach Bildung und der Demonstration von nationalem Stolz anhaftet und tendieren zu einer offeneren Begrifflichkeit, von einem der meistgebräuchlichen Anglizismen in diesem Bereich – „show"[5] – einmal abgesehen.

Der letzte „Documenta-Macher", Okwui Enwezor, wollte auch für sein Ausstellungsgroßereignis den Begriff zurechtrücken: Für ihn (und für viele andere) ist der althergebrachte Begriff der Ausstellung, und damit das bloße (Her-)Zeigen von Objekten, obsolet. Seine Documenta 11 ist eine „Konstellation von öffentlichen Sphären" und „artikuliert sich hier in einem neuen Verständnis als Bereich des Diskursiven und nicht des Museologischen" (Enwezor 2002, S. 54).

Dies gilt nicht nur für den Bereich der Musealisierung von Objekten, sondern auch für den Bereich des „Inszenatorischen", dem eine täuschende Einbindung nachgesagt wird – gerade so, als würde man der Authentizität der (Kunst-)Objekte allein nicht trauen. Die Mode der von Theaterregisseuren, Ausstattern, Architekten „gestalteten" Ausstellungen, die gleichsam einen inszenierten Erlebnispfad durch die vorgeführte Objekt-Fülle anbietet, möglichst alles in spannendes Dunkel getaucht und mit dramatischen Lichteffekten akzentuiert, scheint aber vorüber zu sein. Mussten wir uns doch alle durch schlauchartige Tut-ench-Amun-Ausstellungen quetschen und uns mit kulturhistorischen Surrogat-Objekten wie suggestiven Salzschüttungen, magisch ausgeleuchteten Kopien und effektvoll inszenierten Diaschauen[6] über allfällige Mängel an authentischen Exponaten hinweghelfen lassen!

Das Konsumieren einer Ausstellung, zumal unter den Auspizien einer neu gefassten Begrifflichkeit, kommt mit dem Sehen, dem bloßen *Schauen* allein nicht aus. Es soll sich darüber hinaus ein Weg in ein dialogisches System öffnen, an dem der Besucher teilhaben kann, ohne dass er zu einer fremdbestimmten Marionette in einem inszenatorischen Ablauf verkommt.[7]

Die Erlebnisfähigkeit des einzelnen Besuchers muss durch die Ausstellung nicht nur ermöglicht werden, sondern die Ausstellung muss diese permanent fordern, fördern und stimulieren. Dabei soll das Format der Ausstellung nicht als „Entertainment"-Plattform missbraucht werden, nicht als pathetischer Kunst-Tempel, als Jahrmarkt oder Geldmaschine;[8] das Format der Ausstellung funktioniert dort, wo es kraft der kunstimmanenten Möglichkeiten der „Verzauberung" den Besucher zu entführen vermag, ihn als Beteiligten zu eigenen Assoziationen anregen kann.

Sehen und Erleben

Erlebnis ist nicht gleich Ereignis – und im Bereich der Rezeption von Kunst ist Erlebnis allemal die von einer Tatsachen- und Ereigniswelt entferntest mögliche Empfindung. Das lässt sich an einem Medium zeigen, wo Erlebnis und Beteiligtheit an einem künstlerischen Produkt am anschaulichsten auf den Rezipienten trifft: Das *Kino* mit seinem imaginativen Medium des Films ist eine

Kombination von vielen Erlebnis-Welten: Architektonisch, räumlich, literarisch, medial wird der Besucher in eine Geschichte hineingezogen, die darauf angelegt ist, ein möglichst direktes Erlebnis, eine Beteiligtheit und Ergriffenheit beim Zuseher auszulösen: Dafür werden Strategien eingesetzt, Dramaturgien mit kalkulierten Effekten (aus Bild, Ton, Mimik, Schnitt, Perspektive etc.) entwickelt. Im Falle von Literaturverfilmungen lassen sich solche „erlebnisorientierten" Umdeutungen gegenüber der ursprünglichen Vorlage besonders gut ausmachen und sie artikulieren damit die Verschiedenartigkeit und jeweils eigene Spezifik des Mediums.

Modi der Kunstwahrnehmung

Kaum einer der Hollywood-Filme der letzten Zeit appelliert so sehr an die unmittelbare Wahrnehmung des Betrachters wie Stanley Kubricks Film „Eyes Wide Shut" – vermeintlich –, denn er appelliert auch an das kritische und reflexive Potenzial des Betrachters.

Schon der Titel verweist im Unterschied zur literarischen Vorlage von Arthur Schnitzlers „Traumnovelle" auf verschiedene Wahrnehmungsmodi einer Geschichte, die ständig zwischen „realer" und „fiktiver" Sphäre, zwischen narrativem Erzählstrang und Traumerleben schwankt. Hier greifen die Rituale der Verzauberung: Eine ursprünglich bei Schnitzler bloß erzählte Begebenheit von einem angedachten sexuellen Erlebnis wird im Film zu einer Traum-Sequenz mit vertauschten Protagonisten – nicht die Frau träumt von einer erotischen Eskapade, sondern der Ehemann steigert sich in die irreale Phantasie seiner Frau hinein und wird damit an der Traumsituation unmittelbar beteiligt. So wie der Betrachter des Films verstört und verunsichert dem Geschehen folgt, so meint auch der Titel diese Unmöglichkeit eines eindimensionalen, „richtigen" Sehens einzufangen: Mit „weit geschlossenen Augen" sieht jeder der Beteiligten etwas anderes und ist doch Teil eines suggestiven Netzes, das sich durch die Richtungen der Blicke, das simultane Schauen, Hören, Empfinden um ihn zusammenzieht.

Thomas Hirschhorn liefert mit seinen Kunst-Projekten, besonders mit dem Bataille-Monument der letzten Documenta, ein Beispiel für einen prozessualen Ausstellungstypus, der von einer *reziproken Erlebnisbereitschaft von Akteuren* (unter Einbeziehung des Künstlers) *und Rezipienten* lebt.

Hirschhorns „Ausstellung" besteht aus verschiedenen Teilen, welche man in einem bisher anerkannten Kanon nicht unter „ausstellungsimmanent" auffinden würde: Sein Projekt in einer Ausländer- und Arbeitersiedlung am Nordrand der Documentastadt Kassel besteht aus einem gemeinsamen Vorgehen von Künstler und Bewohnern, die das „Monument" als eine Art von erlebbarer Intervention entwickeln. Holz-Karton-Baracken, zusammengehalten von Hirschhorns spezifischem künstlerischen Medium, dem braunen Klebeband, mit den Funktionen von Bibliothek, Bataille-Ausstellung und einem funktionierenden Fernsehstudio, sind ebenso Teil des Projektes wie eine Imbissbude (von den Bewohnern betrieben), wie Workshops und eine Website sowie eine Webcam, die in Permanenz das Projekt dokumentiert, und als wesentliche Komponente gehört der Fahrdienst dazu, der mit 2 von den Bewohnern gestalteten und gefahrenen Schrott-Autos die Documentabesucher hin- und zurückbrachten. „Ich mach das nur, weil das gutes Geld bringt, von Kunst habe ich keine Ahnung", sagt die türkischstämmige junge Frau, die als Chauffeuse beim Fahrdienst arbeitet; eigentlich ausgebildete Optikerin, aber arbeitslos, nebenbei im Gastgewerbe tätig, holt sie auf dem Weg zurück zu den zentralen Documenta-Schauplätzen noch eben ihren Freund vom Einkaufen in einem türkischen Supermarkt ab – und der Diskurs, ein knapper Lebensbericht, ein Gespräch während der Fahrtstrecke gehören ebenfalls zur Kunst-Ausstellung.

Hirschhorns Projekt war das meistdiskutierte der Documenta 11. Sein Ansatz einer „*erlebnisorientierten*" Kunst entspricht nicht den üblichen Parametern, nach denen Erlebnis gleichbedeutend ist mit Belustigung und Unterhaltung. Ihm geht es um die Beteiligtheit der Akteure und die Reaktion des Publikums. Er versucht, ein potenzielles „Sich-Einlassen-Können" auszuloten, nach Bataille eine Art von „Verausgabung". „Ich versuche eine nicht-hierarchische Arbeit zu machen, ich versuche eine Arbeit zu machen, die niemanden einschüchtern will, niemanden ausschließen will. Wenn dann dadurch die Frage nach dem Sozialen gestellt wird – durch mein Kunstprojekt – dann finde ich das schön", sagt Hirschhorn[9] und definiert die Beteiligtheit der Bewohner als „Hilfe" bei der Verwirklichung seines Projektes und nicht als sozial motivierte „Mission".

Beide Beispiele – die Verzauberung/wunderbare Involvierung des Rezipienten mittels dramaturgischer Strategien und nach wahrnehmungsspezifischen Kriterien bei Kubrick[10] und die unmittelbare Erfahrung/Hinterfragung von Alltagstätigkeit in Hirschhorns Projekt – dienen der Möglichkeit, Besucher/ Betrachter von Kunst in den Rang von Beteiligten zu erheben und sie damit *teilhaben* zu lassen an einer *neuen* Art von Erlebnis, die nicht mehr nur mit dem Sehen abgetan ist, sondern ein Reflektieren erwartet.

„Moderne" Ausstellungsmacher können auf diese – an sich divergierenden – Faktoren von Medialität und Erfahrungsdifferenz nicht verzichten, ja sie setzen sie sogar als dramaturgisches Mittel bewusst ein: Eine Ausstellung zur Gender-Thematik wie „Feminin – Masculin"[11] gliedert sich nicht nur in inhaltliche Bereiche der künstlerischen Auseinandersetzung mit der weit gefassten Problematik, sondern vermittelte vielleicht als eine der überzeugendsten Ausstellungen in ihrer inneren Schlüssigkeit und in ihrer optischen und intellektuellen Erfahrbarkeit, dass „Medien-Mix" nicht einer effektvollen Inszenierung dient, sondern dass die unmittelbare Kombination von verschieden wahrgenommenen künstlerischen Medien wie Video, Film, Bild, Installation, Aktion (Steinkrüger 2003) der heutigen Erlebbarkeit von Ausstellungen und der heutigen Produktion von Kunst ganz allgemein immanent ist und damit wesentlich zu der Beteiligtheit, der Konzentration, der Aufmerksamkeit und der Gefordertheit des Besuchers beiträgt.[12]

Die Ausstellung als Erlebnis

Der Zweck der heutigen Ausstellungen von Kunst ist ein gänzlich gewandelter im Vergleich zu den historischen Beispielen. Waren es früher die „Salons" (Zola 1988), durchaus nicht nur der angepassten und bürgerlichen, sondern auch der „revolutionären" Sorte („Salon des Independents", „Salon des Refusés"), in denen sich die Künstler mit ihren Werken der Kritik und der Meinung des Publikums, ja sogar auch einem Wettstreit untereinander um Medaillen und Auszeichnungen stellten, so werden heute Ausstellungskonzepte prämiert und Präsentationen ausgezeichnet – die Ausstellung wandelte sich also von der Bühne der künstlerischen Auftritte zum „Stück" selbst, zur Darbietung.

Die geänderte Phänomenologie der Kunst-Ausstellung heute hat auch mit der geänderten Phänomenologie der Kunst heute zu tun und mit den veränderten Erwartungshaltungen des Publikums. Viel von der modernen Kunstproduktion war bis vor einigen Jahren noch unter ‚Ereignis-Kunst', ‚Prozess-Kunst', ‚Aktionskunst', ‚Intervention' und ‚Performance' zu apostrophieren, wohingegen sich seit der weitgehenden Verbreitung der medialen Konzepte von Kunst die Wahrnehmungsmodi, wie schon mit der Parallele zum Kino angedeutet, weitgehend geändert haben.

Das Erlebnis der Erfahrbarkeit einer Ausstellung unter den besten Voraussetzungen und mit dem breitest möglichen „Gewinn" an Erfahrung und Erkenntnis hat heute nichts mehr mit dem Abschreiten von Bilder-Galerien (wie etwa in den konservativen Kunst-Tempeln der guten alten „kunsthistorischen" Sammlungen) zu tun. Ebenso gehören kalkulierte „Schocker" und eine vorbestimmbare Effizienz von so genannten „Publikumhits" in die Mottenkiste moderner Ausstellungsstrategien.

Gelungene Konzepte von Ausstellungen, mit denen der Besucher gleichermaßen Erlebnis und Erfahrung verbinden kann, sind Präsentationen von der Art der Documenta 11, der Biennale in Venedig von 2001[13] und – möglicherweise als ein wenig beachteter Vorläufer der angesprochenen positiv aufgefassten *Erlebnis-Ausstellungen* – die Ausstellung „energieen"[14]:

Der Direktor des Museums und verantwortliche Organisator der Ausstellung thematisiert das Phänomen „Energie" nicht nur als Grundpotenzial des kreativen Prozesses und des künstlerischen Schaffens, sondern als die geistige oder praktische Kraft. Im Gegensatz zu einer etwa metaphorisch gemeinten Übertragung eines aus der Physik entlehnten Begriffes, geht es hier um das „Aufzeigen von Kunstwerken, denen eine Energie innewohnt, die es vermag, unsere geistigen Kräfte anzuwerfen, unsere Imagination zu erneuern, neue Verbindungen zwischen schon bekannten Informationen herzustellen"[15].

Die Erlebbarkeit solcher Ausstellungen hängt ganz wesentlich auch mit der Bewegung zusammen, die der Besucher absolvieren muss. Er-Leben ist damit auch Er-Gehen, denn Documenta und Biennalen erfordern auch ganz bewusst physische Leistungen vom Rezipienten.

Auf diese reagierte etwa die Künstlerin Craigie Horsfield, indem sie in den Durchgangsmarathon der Documenta 11 einen „Ruheraum" einschob, in dem sich das Publikum auf Liegen ausgestreckt einer Video-Erzählung über Gespräche, Leben, gesellschaftliche Probleme der Menschen auf der winzigen Kanareninsel „El Hierro" in langsam komponierten Bild- und Tonaufnahmen hingeben konnte – ein traumgleiches Dokument gegen das Verschwinden.

Mit seiner Bewegung, seiner persönlichen Selektion der angesteuerten Kunstwerke, seinem spezifischen Rhythmus im Gehen und Verharren, aber auch mit seinen Gesprächen und Reflexionen begibt sich der Besucher in die Sphäre einer Erlebniswelt. Die Objekte der Ausstellungen, oft Räume, Video-Projektionen, direkt für das Ambiente vorgenommene Installationen, Film-Theater und skulpturale Ensembles, verlangen vom Besucher nicht nur ein eindimensionales An-Schauen, sondern ein umkreisendes Abschreiten, Hineingehen, Sich-Einlassen und auch ein zeitlich abgestecktes Sich-Widmen.

Ob dies die Geruchsräume von Ernesto Neto in Venedig waren oder die vor einer Tribüne projizierte Film-Reise der Ulrike Ottinger – das schnelle Abhaken einer Reihe von Werken, das blitzartige Einordnen von Gesehenem in einen vorhandenen Bewertungsraster gehören der Vergangenheit an. Mit dem bloßen Besichtigen von Thomas Hirschhorns „Bataille-Monument", das ja ganz explizit den erstarrten Gestus des „Monumentalen" und „Monumenthaften" verweigert, ist es nicht getan. Wie die gesamte Documenta muss sich der Besucher auch dieses Projekt „ergehen".

Die Kunst-Ausstellung mutierte zu einem peripatetischen System, das Erkenntnis und Erleben, aber auch Verzauberung und intuitives Erfassen im Akt des Gehens verheißt – Vergleichen, Kombinieren, Assoziieren, Dazu-Sehen: Die Ausstellung wird dann zum Erlebnis, wenn sie dem eingeforderten Dialog zwischen den Exponaten, aber auch dem zwischen der Intention des Kurators und den künstlerischen Positionen und dem Dialog zwischen Kunstwerk und Rezipienten entspricht.

„Energieen" vermittelt mit einer aufregenden und unkonventionellen Künstlerauswahl eine Reihe von Erfahrungen, die sich im Rundgang der Ausstellung erst erschließen kann: Erst vor den gewölbten Treppenplatten von Luciano Fabro, im Eintauchen in die Travestien von Cindy Sherman, im laut brüllenden Clown-Raum von Bruce Nauman, im Abschreiten der „Apollinischen Ekstase" von Walter de Maria oder in „Salome's" Raumgefängnis aus Stühlen von Robert Wilson und Issey Miyakes Körperhüllen erkennt man, wie sehr diese Kunstwerke mit den Empfindungen des eigenen Körpers zu tun haben und wie sie Energien und Empfindungspotenziale von Aggression bis Angst, vom Erhabenen[16] bis zum Banalen freisetzen.

Das Moderne Sehen: Sehen + Ergänzen

„Das moderne Sehen wird gleichsam zur Blindheit der Wirklichkeit gegenüber verdammt, denn es ist aus einer lange gültigen symbolischen Perspektive und Ordnung herausgefallen", diagnostiziert Siegfried Gohr (2001) in einer kurzen Abhandlung zur Veränderung der Bild-Wahrnehmung und konstatiert damit, dass sich die Anliegen der Kunstpraxis seit der Zeit Goyas und der Französischen Revolution grundlegend geändert haben, „(..) um 1800 beginnt das Vertrauen in den Augenschein zu schwinden, was viel später zur Entstehung einer abstrakten und einer imaginierten Kunst im Kubismus und Surrealismus führen wird".

Die Aufgabe der Kunst hatte sich geändert und führte nach dem Illusionismus der Renaissance, die gesteigerten Wert auf den „mimetischen", wirklichkeitsabbildenden Charakter der Kunst legte, zu einer Kunstauffassung, die aus komplexeren, konnotativen Systemen besteht.

Das moderne Sehen setzt dort ein, wo die bloße Anschauung von Kunst nicht ausreicht und die Imitation von Wirklichkeit kein Ziel sein kann. Anders als die gleichzeitig auftauchende Fotografie, auf deren „literarische" Qualitäten wiederholt schon in der Frühzeit hingewiesen worden war,[17] unternahm es der Impressionismus erst gar nicht, dem Betrachter eine einzige real existierende Wirklichkeit vorzusetzen. Der Rezipient wurde ins Bildgeschehen miteinbezogen, als an seine Erlebnis- und Erinnerungsfähigkeit appelliert wurde: das Licht in der freien Natur, das auf einen Heuschober, auf eine Wasseroberfläche fällt – der Betrachter sieht die „Impression du soleil levant" und ergänzt dazu sein eigenes Erlebnis- und Stimmungsvokabular.

Die Ausstellung als „work in progress"

Keine Kunstperformance kann heute so unmittelbar und so „schnell" auf aktuelle Tendenzen in der künstlerischen Praxis reagieren wie die Ausstellung.

Wurde es vielfach als ein bedauernswertes Manko empfunden, dass im Katalog zur Documenta 11 vielfach gänzlich andere Werke der beteiligten Künstler reproduziert waren, als man in der Ausstellung selbst vorfand, so ist dies andererseits der schlagende Beweis für diese festgestellte Unmittelbarkeit und Direktheit der aktuellen Kunstproduktion. Nur so lässt sich gewährleisten, dass Künstler als Sensoren ihrer Umgebung und ihres Ambientes ein für sie drängendes Thema in einer adäquat „heutigen" Sprache umsetzen können. Die Ausstellung kann damit gewissermaßen „Laborcharakter" haben, sie ist heute mehr denn je das Medium, das Kunstwerke „hervorbringt" und damit den Betrachter zum unmittelbaren Augenzeugen seiner Gegenwart werden lässt. Nicht das Gut-Abgehangene, Geprüfte, der Anbetung und Verehrung durch den Betrachter als würdig Befundene garantiert die Virulenz von heutigen Ausstellungen, sondern das Innovative, Experimentelle, das Unmittelbare und Ungewöhnliche, das vom Betrachter mehr als nur bloßes Zu-Schauen verlangt. Was die Veranstalter von Ausstellungen oft unter enormen Druck setzt, ist andererseits das Potenzial, eine Ausstellung gleichsam als das „Werden" eines Kunstwerks zu begreifen.[18]

Die Erwartungen des Besuchers

Gleich vorangestellt sei die Behauptung, dass Ausstellungsmacher, die auf die Erwartungen des Besuchers schielen, meist andere Erwartungshaltungen (die von Politikern oder Sponsoren) befriedigen oder Gefahr laufen, den Besucher zu unterfordern oder zu bevormunden.

Die großen Ausstellungserfolge, die mit Besucherzahlen und Verkaufserfolgen operieren, hatten meist Inhalte anzubieten, von denen die Besucher meist ohnedies schon vor dem Ausstellungsbesuch eine „Ahnung" hatten. Die Ausstellung diente lediglich dazu, den ohnehin vorhandenen „Geschmack" des Besuchers zu bestätigen: Cézanne in Tübingen, Caspar David Friedrich in Hamburg, Gustav Klimt in Wien, Velázquez in Madrid, aber auch Picasso allerorten, Chagall in jedem Museum und neuerdings auch Society-Künstler wie Helmut Newton oder Populär-Umstrittenes wie Leni Riefenstahl[19] garantieren volle Häuser und kommerziellen Gewinn.

Es ist also die monographische Ausstellung, die publikumswirksam und marketinggerecht vermittelt werden kann, die praktisch zu Selbstläufern werden, weil Mundpropaganda und Must-See-Ranking ihr Übriges dazu tun.

Kein Ausstellungshaus kann darauf verzichten, und – hier setzt die Kritik an – jeder Veranstalter hat mit einer solchen Ausstellung auch die Chance und Verantwortung, dem Besucher etwas Neues, neue Erkenntnisse, neue Zusammenhänge innerhalb der „populären" Thematik zu präsentieren. Hochgeschraubte Erwartungen führen bisweilen zu seltsamen Lösungen, sodass multifunktionale Stadthallen zu Ausstellungshäusern umfunktioniert werden oder Parameter wie „größer, teurer, spektakulärer" zur Latte im Ausstellungsbetrieb werden. „In einer Situation, die rauschhaft ist und verheerend, großartig und schwierig wie nie, hat sich binnen weniger Jahre das Selbstverständnis vieler Ausstellungshäuser gewandelt", schreibt Hanno Rauterberg in der „Zeit"[20] und meint weiter unter dem Gesichtspunkt der kommunalen wie nationalen Finanz-Engpässe und Budgetkrisen: „Für die meisten (Ausstellungshäuser) erwies sich der Erfolg als Fluch, denn je mehr Besucher kamen, desto größer wurden die Erwartungen (..). Gegängelt von den Kassenwarten der Kommunen verschrieben sich zahlreiche Museen einer kulturindustriellen Logik – und leben nun für die Einschaltquoten. Was aber passiert, wenn der Andrang nachlässt, wenn die großen Künstlernamen und Geschichtsmythen nicht mehr ziehen (..)?"

Dort, wo eine Aufarbeitung stattfindet, wo (vom Ausstellungsmacher oder Kurator) feinsinnig ein Phänomen herausgearbeitet wird, ist der „große" Name nicht Zweck, sondern Ziel einer spannenden Präsentation: Goya als Porträtisten (und zwar ausschließlich) zu präsentieren, war dem Kunstmuseum Stockholm vorbehalten geblieben, und es zeigte eine Künstlerpersönlichkeit zwischen Tradition und Moderne, zwischen Wahn und Wirklichkeit, zwischen Akzeptanz und Subversion – einen Künstler, der am Vorabend der Erfindung der Fotografie noch einmal, vielleicht als Letzter, sich der Interpretation und Umdeutung der menschlichen Physiognomie zuwandte mit einer immensen visionären und psychologischen Begabung, welche für den letzten Hofmaler der europäischen Geschichte eigentlich unfassbar ist, welche ihn aber zum Wegbereiter einer ganz neuen Auffassung von der Darstellbarkeit des Menschen werden ließ.

Und die großen Themen-Ausstellungen, die kulturhistorischen Blockbuster-Schauen und die untergriffigen Schocker? – „Das Gold der Skythen", „Die Schatzkammer des Zaren" – wie sie auch heißen mögen, Ausstellungen mit wertvollen Exponaten aus normalerweise unzugänglichen Reservaten der Kulturgeschichte ziehen ein großes Publikum an. Der Besucher kann sich freuen, etwas Einzigartiges, Rares vorgesetzt zu bekommen. Er kann die Exponate konsumieren, die Erklärungen dazu lesen und das Thema abhaken. So wie der Ausstellungsmacher eine (möglichst ergiebige) Periode nach der anderen abhaken kann, welche er aufgrund von politischen Beziehungen, Staatsraison oder anderen Beweggründen zu visualisieren im Stande ist. Österreich zeigt in China die Kunst des Jugendstils, Polen in Wien die Prunkstücke seiner Schatzkammern – Ausstellungen als repräsentative Sendboten im diplomatischen Dienst. Der Besucher bekommt etwas vorgesetzt, vor dem er Ehrfurcht und Bewunderung artikulieren muss wie anlässlich eines unveränderlich durchkomponierten Gourmet-Menüs.

Das Erlebnis des Besuchers beschränkt sich hier auf das *Konsumieren von vorgedachten Konzepten*, die von ihm die stille Kontemplation erwarten und keine Art von eigener Beteiligtheit, von intellektueller weiterführender Reflexion (etwa nach neuen, anderen historischen oder gesellschaftlichen Gesichtspunkten)[21] zulassen.

Der Schock als „Erlebnis"

Dort wo Sensationsgier als „Erlebnis" verkauft wird, greifen andere Mechanismen. Wie ist der Erfolg der Ausstellung „Körperwelten" des deutschen Anatomie-Professors Gunther von Hagens zu erklären? Liegt das Interesse wirklich im Wissensdurst der schlangestehenden Besucher nach den anatomischen Gegebenheiten im menschlichen Körper? Tatsache ist, dass nach der spektakulären Ausstellung mit präparierten Leichen die nächste Stufe die einer öffentlichen Leichen-Sektion, live von Kameras übertragen, sein sollte. Als Legitimation diente Hagens[22] im Übrigen das legendäre Bild „Die Anatomie des Dr. Tulp" von Rembrandt.

Wie früher auf Jahrmärkten Krüppel, Zwerg- und Riesenwüchsige ausgestellt, anatomische Wachsmodelle und andere Absonderlichkeiten vorgeführt wurden, um die Besucher mit den degoutanten Scheußlichkeiten zu schockieren, so vermögen Horrorfilme heute den Menschen in einen Grenzraum zwischen Tod und Leben zu manövrieren. Das „Erlebnis" einer solchen Besichtigung wird als ein Akt der Aneignung durch Zeugenschaft empfunden: das Zuschauen bei einem Unfall, das Den-Blick-nicht-abwenden-Können bei einer Katastrophe.[23]

Hagens' Ausstellungskonzept ist wohl einzigartig im schier unerschöpflichen Kosmos der Ausstellungstypologien. Die Faszination der Todesnähe funktioniert hier höchstens als fatale Attraktion, wohingegen künstlerische Konzepte von brisanten, erschreckenden, dramatischen Inhalten eine andere Art von Betroffenheit auslösen: Otto Dix' Kriegsvisionen, Arnulf Rainers Hiroshima-Zyklus, Robert Longos Gasmaskensculptur sprechen vom fundamentalen Entsetzen und von der Bedrohtheit der menschlichen Existenz in einer virulenten und drastischen, jedoch spezifisch künstlerischen Bildsprache.

Die Kunst ist tot – es lebe die Ausstellung

Das Tafelbild als relevantes künstlerisches Medium wurde schon oft totgesagt – die Kunst im Allgemeinen jedoch ganz speziell von den Dadaisten.

Dadaistisch mutet es auch an, was der Ausstellungszirkus von heute so alles anbietet; in den Programmspalten der Kunstzeitschriften taucht ein schieres Quodlibet auf: „Die Frau in der Kunst", „Tafelgeschirr aus dem 18. Jahrhundert", „Bronzen und Medaillen", „Anonyme Porträts", „Teppiche aus der Mongolei", „Japanische Fotografie", „Kunst und Sprache" – alles ist ausstellbar.

Trotz des dadaistischen Szenarios gibt es heute mehr Interesse an Kunst als je zuvor – mag es vielfach auch das Interesse an „toter" Kunst sein, so nimmt doch durch Großereignisse wie Biennalen, Triennalen, Documenta das Interesse für zeitgenössische Kunst enorm zu.

Wesentliches Mittel zum breiten Konsum von Kunst ist das Medium der Ausstellung. Diese Form der Präsentation unterliegt ebenso wie die Kunst selbst bestimmten Veränderungen im zeitlichen und geographischen Kontext und befindet sich – da sie von Geldgebern, Sponsoren, öffentlichen Einrichtungen, von politischen Überlegungen und pragmatischen Anforderungen abhängig ist – im Kontext einer Erwartungs- und Ergebnisrelation. Es liegt in der Verantwortung der Ausstellungsmacher und Kuratoren, diesen heute geforderten Spagat zwischen inhaltlicher Erwartungshaltung und vorprogrammiertem Finanzierungskonzept auszuführen – und zudem ein zeitgemäßes Format der Präsentation von Inhalten umzusetzen.

Mit beispielhaften Ausstellungen gelingt es immer wieder, einen großen Kreis von Interessierten nicht nur mit viel versprechenden Titeln anzulocken, sondern auch die unterschiedlichsten Erwartungen einzulösen.

Das Mittel einer authentischen Kunst-Präsentation und einer damit einhergehenden individuellen Erlebbarkeit des Gesamten sowie des einzelnen Kunstwerkes ist demnach die Überlegung, den Betrachter in die Ausstellung mit einzubeziehen, d. h. nicht eine Ausstellung als fertiges Produkt vor den Besucher hinzustellen, sondern seine Aufmerksamkeit zu erreichen. Diese kann verschiedene Grade und Facetten aufweisen, wesentlich ist jedoch, dass der Besucher Erkenntnisgewinn mit sinnlichem Erlebnis unbemerkt verbinden kann. So wie ein Kino-Besucher Teil des Films wird und gleichsam mitspielt, so wie der Hirschhorn-Partizipient sich selbst in das Projekt einbringt (und sei es durch die bloße Anwesenheit), so greifen diese Rituale der Verzauberung in großen, exemplarischen Ausstellungen – die Ausstellung wird dann zum Erlebnis, wenn offene, interessierte, neugierige Besucher bereit sind, intelligente Konzepte aufzuspüren und Kunstwerke sowie deren Dialog in jede Richtung anzunehmen und in den eigenen Erfahrungshorizont zu integrieren.

Literatur

Bätschmann, Oskar (1997). Ausstellungskünstler. Kult und Karriere im modernen Kunstsystem. Köln: DuMont.
Beeren, Wim (Hg.) (1990). Energieen: Luciano Fabro, Gary Hill, Jenny Holzer, Anselm Kiefer, Rem Koolhaas, Jeff Koons, Walter de Maria, Bruce Nauman, Issey Miyake, Sigmar Polke, Rob Scholte, Cindy Sherman, Ettore Sottsass, Frank Stella, Peter Struycken, Robert Wilson. Stedelijk Museum Amsterdam, 8.4.-29.7.1990. Amsterdam: Stedelijk Museum.
Documenta 11 (2002). Katalog zur Ausstellung vom 8.6.-15.9.2002 in Kassel Ostfildern-Ruit: Hatje Cantz.
Enwezor, Okwui (2002). Plattform5, Passagen durch die Konstruktion einer Ausstellung. (S. 54) In Katalog zur Documenta 11. Kassel, Ostfildern-Ruit.
Greenberg, Clement (1997). Das Glasauge der Kamera. (S. 107ff.) In Clement Greenberg, Die Essenz der Moderne. Ausgewählte Essays und Kritiken. Dresden.
La Biennale di Venezia. 49. Esposizione Internazionale d'Arte. Plateau of humankind. 2 vols. Catalogue. (Harald Szeemann, ed.). Venice 2001.
La Biennale di Venezia. 50th International Exhibition. Dreams and conflicts. The dictatorship of the viewer. Catalogue. Ed. by Francesco Bonami & Maria Luisa Frisa. Venice 2003.
Gohr, Siegfried (2001). Der Schwamm des Apelles. Laudatio auf Sigmar Polke. Festschrift Rhenus Kunstpreis 2001. Mönchengladbach.
Greenberg, Clement (1997). Die Essenz der Moderne – Ausgewählte Essays und Kritiken. Hg. von Karlheinz Lüdeking, übers. v. Christoph Hollender. Dresden: Verlag der Kunst.
Klüser, Bernd & Hegewisch, Katharina (Hg.) (1991) Die Kunst der Ausstellung. Frankfurt/M., Leipzig: Insel Verlag.
Steinkrüger, Antonia (2003). Ausstellungen als ‚Weltbildapparate' – Interne und externe Präsentationsstrategien im Spannungsfeld von Information, Kunst und Erlebnis. Dissertation: Universität Salzburg.
Wilson, Fred (1992). Mining the Museum. Baltimore: Historical Society.
Zola, Emile (1988). Die Salons 1866-1896. Frankfurt/M.: Athenäum.

Anmerkungen

1 Klüser und Hegewisch (1991) untersuchen anhand der „30 exemplarischen Kunstausstellungen dieses Jahrhunderts" die Aktualität von Themen, das Prototypische von Ausstellungsformen sowie Rezeption und Wirkung der gewählten Beispiele.
2 S. dazu auch: Steinkrüger, Antonia (2003).
3 Der „freie, unabhängige Ausstellungsmacher" sei ein „Retortenberuf", den das „wettbewerbsorientierte Kunstklima" hervorgebracht habe, konstatiert Bernd Klüser in seinem Vorwort zu *Die Kunst der Ausstellung* (1991).
4 Im Gegensatz zu den meist als free lancer tätigen, international agierenden und hochdotierten Ausstellungsmachern sind Kuratoren meist als fixe Mitarbeiter an Ausstellungshäusern und Museen tätig.
5 Die „One-Man-Show" für die monographische Ausstellung hat sich in den Biographien der zeitgenössischen Künstler allenthalben durchgesetzt.
6 Hier ist v. a. an das österreichische Spezifikum der so genannten „Landesausstellungen" zu denken, die hauptsächlich von Landespolitikern gewünscht und angeregt wurden, sich jedoch meist durch eine diffuse Thematik, eine spektakuläre „Ausstellungsarchitektur" und akuten Mangel an authentischen Schaustücken auszeichneten, abgesehen von wenigen Beispielen wie der uneinholbar schlüssigen und wissenschaftlich integren Ausstellung *Die Kelten in Mitteleuropa*, Hallein, 1.5.-30.9.1980.
7 In der Pinakothek der Moderne in München, eröffnet im September 2002, wird der Besucher vom Aufsichtspersonal zu einem ganz bestimmten Rundgang animiert, in der Design-Abteilung sogar am Abgang ins Untergeschoss an der nicht programmatisch vorgesehenen Treppe gehindert.
8 Katharina Hegewisch, in „Die Kunst der Ausstellung" (1991), S. 9.
9 Thomas Hirschhorn in einem TV-Interview, produziert von kunstbar-tv, gesendet am 17.7.2002 im OK Kassel, zit. n. Michaela Pöschl, Hirschhorns Wurst, in, *kulturrisse* 04/02, S. 27.
10 Hierher gehören etwa auch die film-artig aufgebauten Videos und Filmprojekte, wie etwa das kino-simulierende „Paradise Institute" von Janet Cardiff und George Bures Miller oder die magischen Filmwelten von Salla Tykkä und Elija-Lisa Ahtila.
11 „Feminin–Masculin–Le sexe de l'art", Centre Georges Pompidou, Paris, 1995/1996.
12 In einer Zeit, in der plötzlich grassierender Illiteratismus und Analphabetismus wahrgenommen werden, in der Bibliotheken ausgehungert und Bildungsetats gekürzt werden und in der gleichzeitig eine nie gekannte Bilderfülle auf die Menschen einwirkt, ist es den Bildmedien überantwortet, virulente Themen zu transportieren und unmittelbare Erlebbarkeit zu garantieren. Aus diesem Grund ist eine Hyperkontextualität von Kunst gegebenenfalls adäquat für Wissenstransfer – die Ausstellung als Medium der Gelehrsamkeit –, aber nicht das probate Mittel für eine erlebnisorientierte Erfahrbarkeit von Kunst, welche Mittel der Verzauberung, des „Enchantment", des Erstaunens und auch der Verstörung einsetzt, um den Besucher in einem hohen Grad von Beteiligtheit zu versetzen.
13 Was die Biennale von Venedig betrifft, die wie keine andere der berühmten Kunst-Biennalen oder Triennalen von der Südpazifischen in Brisbane bis zu derjenigen in São Paulo das Prinzip der Nationen-Präsentationen aufgrund der architektonischen Gegebenheiten beibehalten hat, so ist hier natürlich von „Aperto" die Rede und von einer Art einer ganzheitlichen Erfahrbarkeit der „Giardini".
14 „energieen" (niederländisch), Ausstellung im Stedelijk Museum Amsterdam, 1990.
15 „With energies I wanted to indicate artworks which show themselves capable of setting our spiritual forces to work – of renewing our imaginations – of establishing new links between familiar data." (Beeren 1990)

[16] „What Is Sublime in Art?" – Die Frage nach dem „Erhabenen" wird aufgegriffen bei Oskar Bätschmann (1997), S. 199.

[17] Greenberg (1997) stellt fest: „Die Photographie ist die einzige Kunst, die es sich noch leisten kann, naturalistisch zu sein" und meint weiter, dass es den „Anschein (hat), als könne die Photographie heute jenes Feld übernehmen, das früher die Genre- und Historienmalerei einnahm (..)".

[18] Ein Beispiel dafür ist etwa die chaotisch verlaufende Vorbereitung von Sigmar Polkes legendärer Ausstellung zum Thema Kunstmarkt, Kunstraub, Kunst-Wert, Kopie und Persiflage, „Original + Fälschung", im Westfälischen Kunstverein im Jahr 1973. Vgl. dazu den Text von Klaus Honnef, in *Sigmar Polke, Original + Fälschung*, Edition Rupertinum, Salzburg 2003.

[19] Hier wird auf das absonderliche Phänomen verwiesen, das der damaligen Nazi-Propaganda-Filmerin Leni Riefenstahl im hohen Alter enormes Publikums- und Galeristeninteresse für ihre fotografischen Arbeiten bringt, wie etwa die Wiederauflage ihres Buches von der Olympiade 1936 in Berlin „Schönheit im olympischen Kampf" (Taschen-Verlag, Köln 2002), oder etwa die Ausstellung ihrer Fotografien bei Fahey/Klein in Los Angeles 8.2.-30.4.2001, zuletzt im Bericht des Magazins „Frontal" im ZDF vom 15.7.2003 anlässlich der Riefenstahl-Austellung in Berlin.

[20] *Die Zeit* Nr. 37 vom 5.9.2002; anlässlich der geplanten Eröffnung der Pinakothek der Moderne wird konstatiert, dass im Jahr 2002 allein 200 neue Museen in Deutschland eröffnet wurden, also jeden zweiten Tag eines. Rauterberg: „Niemand weiß so recht, wofür wir all diese Häuser brauchen."

[21] Anders verhält sich da das Ausstellungskonzept von Fred Wilson (1992), der unter der kunsthistorischen Gattungsbezeichnung „Metal Works" inmitten einer Vitrine von Tafelsilber aus der Zeit des amerikanischen Sezessionskrieges Sklavenketten postierte als Zeichen für die eindimensionale Geschichtslehre durch museale Präsentation. Wilson repräsentiert mit seinen provokanten Konzepten zu Rassendiskriminierung und Geschichtsbewusstsein die USA auf der diesjährigen Biennale in Venedig.

[22] Gunther von Hagens promovierte an der Abteilung für Anästhesie in Heidelberg am dortigen Pathologischen Institut. Er ist Gastprofessor der Medizinischen Universität in Dalian in China und Direktor des Plastinationszentrums am Anatomischen Institut der Staatlichen Medizinischen Akademie von Kirgisien.

[23] Weegee, der unumstritten größte Sensationsfotograf aller Zeiten, hat mit seinen grandiosen Fotos aus der Kriminellenszene im New York der 1930er Jahre und seinen Reportagen über Brände, Unfälle, aber auch über die sozial Benachteiligten in den Armenvierteln der Großstadt unvergängliche Zeugnisse dieser „Attraktion des Fatalen" geliefert – fotografische Kunstwerke durch ihre brisante Bildsprache, Dokumente einer gnadenlosen und gewalttätigen Zeit durch ihre fotohistorische Konnotation.

Martin Weichbold und Michael Gutternig

Erlebnis Natur?
Nationalparkmarketing zwischen Ästhetik und Erleben

1. Einleitung

Die Natur ist wohl die älteste Erlebniswelt, war sie doch schon lange vor dem ‚Erlebnisboom' Ort, Gegenstand und Ziel der Projektion und (Nicht-)Erfüllung menschlicher Wünsche und Phantasien. Der gesellschaftliche Stellenwert der Natur hat dabei in den letzten Jahrzehnten eine ambivalente Entwicklung erfahren. Während auf der einen Seite die Zerstörung oder zumindest Beeinträchtigung der Natur weiter voranschreitet (Landschaftsverbrauch, Umweltverschmutzung, Rückgang der Biodiversität), hat Natur zugleich eine steigende Wertschätzung erfahren, die sich in den verschiedensten Lebensbereichen ausdrückt: Grüne Fraktionen haben sich in den Parlamenten mittlerweile etabliert und auch den anderen Parteien ökologische Themen aufgedrängt. In der Konsumwelt ist das Präfix „Bio-" oder „Öko-" in den unterschiedlichsten Produktgruppen immer häufiger zu finden, zumal es mit höheren Verkaufserlösen verbunden ist. Auch im Freizeit- und Tourismusbereich hat sich der Stellenwert von Natur etwa als Reisemotiv noch verstärkt, wie Befragungsergebnisse belegen (vgl. Opaschowski 2002, S. 93).

Trotz dieser offenbar idealen Voraussetzungen scheinen Regionen, die ihr Angebot – nolens volens – auf Natur hin ausrichten, nicht davon profitieren zu können. Dies lässt sich am Beispiel von *Nationalparks* zeigen: Nationalparks sind per definitionem *Natur*stätten, Regionen mit hervorragenden naturräumlichen Gegebenheiten. Diese Ausnahmestellung – nur rund 1 % der österreichischen Kommunen können mit dem Prädikat „Nationalparkgemeinde" auftreten – lässt sich jedoch nicht in touristischen Erfolg ummünzen: Vergleicht man die Entwicklung der Nächtigungszahlen als Indikator für die touristische Attraktivität einer Region, so lassen beispielsweise die Salzburger Gemeinden im Nationalpark Hohe Tauern im Vergleich mit dem restlichen Bundesland oder auch Gesamtösterreich keinerlei Vorteil erkennen.[1] Das Bild ändert sich auch nicht, wenn man berücksichtigt, dass sich in den letzten Jahrzehnten Sommer- und Wintersaison unterschiedlich und stark zulasten der ersteren entwickelt haben (vgl. Bachleitner & Weichbold 2002, S. 214): Die Nationalparkregion scheint sich touristisch in exakt derselben Weise zu entwickeln wie das restliche Land. Gewiss sind Nächtigungszahlen eine oberflächliche und vielleicht sogar falsche Interpretationsbasis, sagen sie doch wenig über ökonomische Auswirkungen („Qualitäts-" oder „Rucksacktouristen"), ökologische oder soziale Nachhaltigkeit aus, doch auch vor Ort regt sich Unmut, so dass die Salzburger Nachrichten zum Schluss kommen: „Nationalpark: Ein Ladenhüter".[2]

Wenn der Tourismus im Nationalpark nicht läuft, so ist das auf lange Sicht ebenso schlecht wie zu viel Tourismus: Wenige Touristen beanspruchen zwar die Natur in geringerem Maße, gefährden aber die wirtschaftliche und damit die soziale Tragfähigkeit der Region und in weiterer Folge Akzeptanz und Legitimation des gesamten Nationalparks: Eine nachhaltige Entwicklung kann auf Dauer nicht zulasten einer Dimension gehen, auch Nationalparke sind keine reservatähnlichen „Menschausschlussgebiete". Da nun aber in den allgemeinen gesellschaftlichen Wertvorstellungen wie in den Reisemotiven – glaubt man den Umfragen – Natur einen durchaus hohen Stellenwert einnimmt, stellt sich die Frage, warum der Nationalpark diese guten Voraussetzungen nicht nutzen kann. Mit anderen Worten: Wenn die Natur ein Renner ist, warum ist der Nationalpark dann der Ladenhüter? Ist am Ende die Natur gar kein Renner? Oder wird der Nationalpark nur nicht richtig „verkauft"? Sind Nationalparke keine „Erlebniswelten", die Menschen anziehen könnten?

2. Nationalpark und Natur

1. Das Gebiet des Nationalparks Hohe Tauern ist in seiner Schönheit und Ursprünglichkeit zu erhalten.
2. Die für das Gebiet des Nationalparks Hohe Tauern charakteristischen Tiere und Pflanzen einschließlich ihrer Lebensräume sind zu bewahren.

(Salzburger Landesgesetz über die Errichtung des Nationalpark Hohe Tauern, 106/1983, § 2: Zielsetzung)

Das Konzept von Nationalparks ist grundsätzlich ambivalent. Nationalparks entstanden in den USA ab der Mitte des 19. Jahrhunderts, wobei zunächst nicht (nur) naturschützerische Überlegungen im Vordergrund standen, sondern der amerikanischen Nation angesichts mangelnder kulturhistorischer Traditionen monumentale Identifikationssymbole geschaffen werden sollten. Vor dem Hintergrund dieser Aufgabe ist die *Offenheit* gegenüber Besuchern zu sehen – Nationalsymbole können ihre Wirkung nur entfalten, wenn sie entsprechend zugänglich sind, inszeniert und zelebriert werden. Die Konzeption von Nationalparks steht damit von Beginn an in einem gewissen Spannungsfeld zwischen Abschottung (Schutz der Natur vor menschlichen Eingriffen) und Öffnung (Zugänglichkeit für eine breite Besucherschaft).

> *3. Der Nationalpark Hohe Tauern soll einem möglichst großen Kreis von Menschen ein eindrucksvolles Naturerlebnis ermöglichen.*
> (Salzburger Landesgesetz über die Errichtung des Nationalpark Hohe Tauern, 106/1983, § 2: Zielsetzung)

Im 20. Jahrhundert griff die Nationalparkidee auch auf Europa über, wenngleich unter verschiedenen ideologischen und materiellen Voraussetzungen. Im kleinräumigen, dicht besiedelten und bis in extremste Lagen bewirtschafteten Europa war es nicht möglich, große Flächen außerhalb menschlicher Bewirtschaftung zu stellen. Zudem lenkten die Auswirkungen der beiden Weltkriege die Aufmerksamkeit auf die Sicherstellung der unmittelbaren Lebensgrundlagen, sodass es – mit Ausnahmen – erst ab den 50er bzw. 60er Jahren zu Nationalparkgründungen in Europa kam. Die von den amerikanischen Voraussetzungen geprägten Kriterien für Nationalparks setzten sich schließlich auch in Europa durch, die internationale Anerkennung durch die IUCN[3] gilt als ‚Krönung' eines Nationalparks. Die schwierige Umsetzbarkeit dieser Kriterien wurde und wird auch an den entsprechenden Bemühungen in den österreichischen Nationalparken deutlich.[4] Diese Regeln sehen einerseits ein relativ weit gehendes Verbot wirtschaftlicher Nutzung oder Jagd vor, gleichzeitig aber auch „recreational and visitor opportunities" (IUCN 1994) und machen das angesprochene Spannungsfeld deutlich. Die relative Offenheit gegenüber touristischer Nutzung ist dabei aber wohl auch ein Faktor für den „Erfolg" des Typus „Nationalpark", was seine weltweite Verbreitung (lt. IUCN über 2.200) betrifft: Das Geschäft mit Gästen und Besuchern lockt als – erlaubte und erwünschte – wirtschaftliche Betätigungs- und Einnahmequelle für die Bewohner von Nationalparkregionen, die sich in der Regel ohnehin in einer ökonomischen Ungunstlage befinden und deren Einkommensquellen durch die Schutzbestimmungen in der Regel weiter beschränkt werden.

Zur Beantwortung der eingangs gestellten Frage, warum sich Nationalparke offenbar nicht als touristisch erfolgreiche „Erlebniswelten" eignen, ist es notwendig, in aller Kürze auf den Begriff „Natur" einzugehen. Im Zusammenhang mit Nationalparken bezeichnet „Natur" meist konkretes Inventar (etwa Fauna und Flora) oder Landschaft als Gesamtkomposition und wird in der Regel in einem ästhetischem Zusammenhang („Schönheit der Natur") genannt. „Natur" wird dabei zu einer Gegenwelt der „Kultur" stilisiert als etwas, das vor und außerhalb der menschlichen Einflusssphäre existiert, das durch den Menschen bedroht ist und deshalb vor ihm geschützt werden muss. Der Eingriff des Menschen bedeutet Zerstörung. Diese Gegenüberstellung ist freilich problematisch und ein adäquates Naturverständnis wäre, auch ohne eine extrem konstruktivistische Position einzunehmen, viel breiter zu fassen: Hier sind verschiedene Dimensionen verwoben (vgl. z. B. Eder 1988; Weichbold 1998). Je nach Ausgangspunkt ergeben sich so unterschiedliche (Be-)Deutungen von „Natur". Hinsichtlich tourismusrelevanter Fragestellungen unterscheidet Opaschowski (1999, S. 13) fünf solcher Dimensionen für den Menschen:

(1) Die *vitale* Naturbedeutung. Natur ist die Grundlage unseres Lebens. Um leben zu können, sind wir auf die Natur und die Naturstoffe angewiesen.
(2) Die *ästhetische* Naturbedeutung. Natur ist einfach „schön anzusehen" – von der freien Landschaft bis zum Blumenstock auf der Fensterbank.
(3) Die *utilitarische* Naturbedeutung. Natur als nutzbare Grünfläche – vom Schrebergarten bis hin zur Sportanlage im Grünen – wird für Menschen in Großstädten und Ballungszentren immer wichtiger.
(4) Die *ökologische* Naturbedeutung. Reine Luft, sauberes Wasser und unbelastete Böden sind wesentliche Merkmale für Umweltqualität.
(5) Die *ethische* Naturbedeutung. Die Natur soll als erhaltenswertes Gut begriffen werden, der Mensch soll sich im eigenen Verhalten und seinen Folgen dafür verantwortlich fühlen.

Die Vermutung liegt nahe, *dass die Natur des Nationalparks nicht jene Natur ist, die die Touristen erleben möchten*: Vielleicht will der Tourist die Natur in erster Linie für seine Zwecke benutzen – als Skipiste, als Raftingstrecke, als Kulisse für sein Freizeitvergnügen –, aber genau diese „Nutzung" der Natur ist im Nationalpark Beschränkungen unterworfen. Ein empirisch geführter Nachweis dieser These der divergierenden Naturbedeutungen lässt sich kaum direkt führen: Untersuchungen zu konkreten Anforderungen der Besucher an den Nationalpark oder darüber, was sie eigentlich unter „Natur" verstehen, gibt es kaum. Ein reizvoller, wenngleich indirekter Weg, sich dieser Frage zu nähern, ist hingegen eine Analyse von Marketingprodukten des regionalen Tourismusmanagements: Wie versuchen die örtlichen Tourismusverantwortlichen in Imageprospekten den Nationalpark zu verkaufen? Man sollte davon ausgehen können, dass sie die Wünsche ihrer (potentiellen) Kunden kennen und sich danach richten.

„*Natürlich hält die Ferienregion Nationalpark Hohe Tauern für unerschrockene Urlaubsgäste auch Erlebnisse der aufregenden Art bereit.*"
Aus einem Prospekt der Nationalparkgemeinde Neukirchen am Großvenediger (2001)

3. Natur-Marketing

Grundsätzlich gelten für den Tourismus, was die Selbstdarstellung betrifft, dieselben Regeln wie für andere Branchen auch. Die (Tourismus-)Werbung hat in erster Linie ein Ziel: das Produkt an die Frau oder den Mann zu bringen. Reines Verkaufen ist jedoch längst passé. An die Stelle des Anbietens eines Produktes treten in der Tourismuswerbung zunehmend Ereignisse, Handlungen und Prozesse, die ästhetisch inszeniert werden. Ausstaffiert mit den verschiedensten Zeichen, Ikonen und Fragmenten wird eine Wirklichkeit konstruiert, die dem Betrachter entweder aus eigenem Erfahren oder fiktional bereits bekannt ist. So entsteht eine gelernte Ästhetik, der man sich nicht mehr entziehen kann. Die Werbung in Text, Bild und Ton muss die Ware „Tourismus" derart verkaufen, dass beim Empfänger Aufmerksamkeit erregt wird. Dabei ist nicht nur „Consumer benefit" und „Reason why" von Bedeutung, auch wie die Ware präsentiert wird, ist ausschlaggebend, denn Tourismusprospekte leben von der in ihr inszenierten Dramatik, die letztlich über die Wertschöpfung eines Prospektes entscheidet. Dem Prospekt kommt daher die Aufgabe zu, den Urlaub so zu verpacken, dass der Reisende zum Kauf animiert wird. Dazu müssen die sprachlichen und bildlichen Einheiten klar in der Position und einfach in der Kommunikation dargestellt werden. Die intendierten und in dieser Weise an den Empfänger übermittelten Botschaften müssen leicht zugänglich sein: „Keep it short and simple", lautet die Devise, da Erlebnisproduzent und Erlebniskonsument in Interaktion stehen.

Dies ist das zentrale Ergebnis einer Untersuchung von Imageprospekten ausgewählter Gemeinden innerhalb des Nationalparks Hohe Tauern (Gutternig 2001): Die Marketingverantwortlichen arbeiten unter dem zentralen Ziel der Publikumswirksamkeit immer mit denselben ästhetischen Leitmotiven, die sich aus der kulturellen Tradition und der Selbstverständlichkeit des Alltags ergeben (vgl. Schulze 1993, S. 417). Konkret fungiert der Nationalpark Hohe Tauern als Raum, in dem sich Natur manifestiert, per Gesetz definiert und offiziell dekretiert. Innerhalb dieses geografisch abgegrenzten Raumes zeigt sich die Natur vor allem als Landschaft, als ländlicher Raum und als aktiver Kompensationsraum. In diesen Räumen wird die Natur in den Prospekten für die Touristen als *Gegenwelt* zum urbanen Raum inszeniert. Die „Urlaubsnatur" wird als ursprüngliche, unberührte Natur, gleichsam als „Originalnatur" in Szene gesetzt. Wo eine solche nicht mehr existiert, wird sie künstlich reproduziert, ohne dass es der Betrachter merkt. Natur wird sakralisiert.

Zudem wird diese idealisierte Natur in einzelne Teile zergliedert: Es werden nur Botschaften vermittelt, die dem Betrachter aufgrund seines gesellschaftlichen Hintergrundes bereits bekannt sind und seinen eigenen Erfahrungen, Träumen und Wunschvorstellungen entsprechen (vgl. Spieß 1995, S. 79). Diese Vereinfachung unterstützt die *Verklärung* der Natur: Suggestiv wird man aufgefordert, die Natur zu berühren, zu riechen, zu benützen. Der Naturgenuss in Form von Ruhe und Stille deutet auf eine *Flucht* aus der industriellen Gesellschaft hin. Das Erfahren der Natur erfolgt kontrolliert. Die Konnotation in Text und Bild geht von einer Habitualität aus, die auf einem ästhetischen Universalismus begründet ist: Bild und Text in den Prospekten kommunizieren das

„Wahre" und das „Schöne" der Natur. Die Natur als ästhetische Kategorie setzt sich mit der Befriedigung der Bedürfnisse der Menschen auseinander. In den Imageprospekten behält die subjektive Vermittlung von Natur die Oberhand gegenüber einer objektiven Vermittlung. Der Wechsel zwischen den einzelnen Räumen verläuft fließend, die Szenenabfolgen in den Prospekten sowie die Codes der Bilder bestimmen, ob die Natur nun kontemplativ, als korrespondierender Ort oder imaginativ als Kunstwerk dem Betrachter vermittelt wird.

Natur als Landschaft

Die Gleichsetzung von Natur mit Landschaft ist für den Nationalpark nahe liegend. Landschaft wird als ästhetisch privilegierter Raum gekennzeichnet und figurativ in Form von Bergen, Seen, Fauna und Flora positioniert. Auf diese Weise wird Natur ästhetisch erobert und Gegenstand der Reflexion. Die Natur wird in ihre Bestandteile zerlegt, ästhetisch geordnet und modellhaft als sinnstiftender Raum *inszeniert*. Idylle, Mythos, Geborgenheit: Die derart konstruierte Natur enthält alle ersehnten Codes. Die Ästhetisierung der Natur steht für eine Versöhnung der Natur mit dem Menschen. Auf diese Weise ‚schön' gestaltet, gibt sie die Antwort auf die Suche des Menschen nach einer intakten Umwelt vor. Deskriptiv wird die Natur gleich einer Oase beschrieben. Die Wahrnehmung gibt dem Betrachter die Zeit für eine innere Revision. Metaphysisch, mit den tradierten Idealen aus vergangenen Jahrhunderten behaftet, findet sie Eingang in die Gedankenwelt der Touristen: Die Natur wird zur Utopie und zum Zweck. Auf diese Weise werden neben der ästhetischen auch andere Naturbedeutungen bedient, etwa eine ethische: Diese Natur ist eine ideale, Natur, wie sie eben sein soll.

Natur als ländlicher Raum

Die Natur als ländlicher Raum folgt dem bürgerlichen Mythos einer in vorgegebenen Bahnen verlaufenden Welt. Die Einheimischen werden von den Werbern als die „besseren" Menschen in Szene gesetzt. Der ländliche Raum wird zu einem Projektionsraum der moralischen Integrität. Die Vorstellung des imitierten Echten verschließt den Blick auf das „tatsächlich" Echte. Authentizität wird vorgegeben, indem Erzählungen und Symbolik auf eine vermeintliche Heimat zurückgreifen, eine, die es so wohl nie gegeben hat. Die Mode, die Religion, die (vorindustrielle) Landwirtschaft und die Architektur früherer Zeiten sind Ausdruck eines konfliktfreien menschenfreundlichen Raumes. Die Illusion einer intakten Gemeinschaft evoziert eine Identifikation mit dem Ort. Dadurch erhält die Natur als ländlicher Raum in den Prospekten eine – ästhetisch in Szene gesetzt – ethisch-soziale Funktion auf Zeit. Es ist bemerkenswert, dass diese Dimension nicht durch die Natur selbst, sondern durch den Menschen symbolisiert wird, der eigentlich die Gegenthese zur Natur bildet. (Potentielle)

Konflikte haben hier keinen Platz, die Gemeinschaft nicht nur zwischen den glücklichen Alpenbewohnern, sondern auch zwischen ihnen und der Natur ist allgegenwärtig. Selbst den Wiesen, Feldern und Gehöften, also der nicht mehr unberührten Landschaft, haftet etwas eigentümlich Ursprüngliches an.

Natur als aktiver Kompensationsraum

Die Natur als Raum, in dem man sein Leiden an der Zivilisation aktiv kompensieren kann, wird in den Prospekten in erster Linie ästhetisch erobert. Der idealistische Zustand der Natur als Landschaft wird durch sportliche Aktivitäten kontrolliert erfahren. Die Natur wird *zur Bühne* der Betätigung. Deren notwendige Voraussetzung und unintendierte Folgen bleiben ausgespart: Die „technischen Aufstiegshilfen" und die ausgetretenen Wege machen sich in der idealisierten Nationalparklandschaft nicht gut. Alleine die Begegnung mit der Landschaft reicht aus, um den aktiven Kompensationsraum als Gegenwelt zur Zivilisation erscheinen zu lassen. Die Natur im aktiven Kompensationsraum gibt das subjektive Gefühl des objektiven Erlebnisses, d. h., auch wenn man nur über eine grüne Wiese wandert, erfährt man im Prospekt das Glück des Gipfelsieges. Die Ästhetik weist also darauf hin, dass die Natur sowohl für den Laien als auch den „Profi" erfahrbar ist. Die Natur als aktiver Kompensationsraum ist *ein Erlebnispark für jedermann* und dient zum zeitlichen Ausstieg aus dem Alltag. Der Kampf und die Auseinandersetzung mit der Natur finden in den Prospekten nicht oder allenfalls verklärt statt: Die Dynamik im aktiven Kompensationsraum beschränkt sich vorwiegend auf die Projektion einer Glücksidylle. Die Prospekte müssen hier dem Spagat folgen, den der Nationalpark vorgibt: *unberührte Natur erlebbar zu machen.* Tatsächlich scheint das jener Punkt zu sein, mit dem sich die Werber beim Publikum Erfolg versprechen: Was nützt der schönste Nationalpark, wenn man ihn nicht „erleben", das heißt aktiv aneignen kann?

Auf diese Weise wird in der Tourismuskommunikation der untersuchten Imageprospekte aus einer denotativen Naturverständigung: „Wir haben Natur" eine konnotative Imagekommunikation: „Wir sind Natur", die schließlich dem Urlauber imperativ vermittelt wird: „Du musst Natur haben!". In ihrer Erzählungs- und Erscheinungsweise bleiben die Prospekte an der Oberfläche. Durch die Verwendung von Superlativen, Entkonkretisierungen, aufwertenden Appellativen, dramatisierten Adjektiven sowie durch die hohe Frequenz weniger Wörter kommt es häufig zu einer Überschreitung der ästhetischen Norm. Das Image einer ästhetisch-privilegierten Landschaft scheint wichtiger zu sein als der Inhalt. Situativ, je nach Gebrauch werden die ästhetischen Räume aneinandergekettet, es kommt es zu einer Transzendenz der Ästhetik. Trotzdem funktioniert eine Ästhetisierung der Natur, da die Bilder und die Texte genügend Codes besitzen sowie Ausprägungen einer Habitualität, Potentialität, Intentionalität und Symbolik aufweisen, um eine ästhetische Natur darzustellen.

Insgesamt zeigt sich also eine klare Dominanz der ästhetischen Dimension. Auch wenn andere Naturbedeutungen bedient werden, geschieht dies oftmals über eine ästhetische Verklärung. Es scheint aber auch den Werbern klar zu sein, dass es nicht genügt, nur Schönheit zu verkaufen: In allen Prospekten findet sich der Hinweis auf die *Nutzbarkeit* der Natur zur eigenen Erholung und zur sportlichen Betätigung. Für den Fall, dass jene Aktivitäten, die in der geschützten Natur des Nationalparks erlaubt sind und jene, die die Urlaubsgäste offensichtlich gerne ausüben, nicht kompatibel sind, hat man ein recht pragmatisches Rezept gefunden: hier der Nationalpark mit der unberührten Natur, da die Nationalparkregion[5] mit dem vollen Angebot an touristischer Infrastruktur: „Alpinsport *im Antlitz* der Hohen Tauern".[6]

„Alles was ein Traumwinter braucht! Dem Nationalpark vorgelagert liegen 8 fantastische Skigebiete, die auf 800 Pistenkilometern erschlossen sind."
Aus der Startseite der „Ferienregion Nationalpark Hohe Tauern" www.nationalpark.at, (Jan. 2003)

Natur als Erlebnis(welt)

Die Erlebniswelt Natur lässt sich auf verschiedenste Art und Weise erfahren. Galt die Natur ursprünglich als Arbeitsraum ohne Idylle, setzte der Wandel in Richtung einer Erlebniswelt im 18. Jahrhundert ein: In der Romantik wurde das beabsichtigte Erleben von Natur erstmals einer breiteren Gesellschaftsschicht zugänglich und an die Seite der ökologischen und ökonomischen Dimension trat die sinnliche Wahrnehmung der Natur, ihr „Erleben". Der Stellenwert des Naturerlebnisses änderte sich und nahm zu: Ausmaß und Art der Freizeit, wie sie in der industriellen und schließlich postindustriellen Gesellschaft geschaffen wurden, gesellschaftlicher Wertewandel sowie die Suche nach „echten" Emotionen und authentischen Erfahrungen bilden die Grundlagen für dieses neue Erleben der Natur (vgl. Bachleitner 1998, S. 48f.).

Keine Nachfrage ohne Angebot: Der Suchende begibt sich „in eine professionell für Erlebniszwecke hergerichtete Situation" (Schulze 1993, S. 99). Die Tourismusindustrie designt eine emotionale *Erlebniswelt Natur*, in deren Mittelpunkt die Verwirklichung der eigenen „Ich AG" steht. Die geistige Implantation der Erlebniswelt Natur, verbunden mit den ihr zugeschriebenen Attributen wie „*schön*", *unberührt*", „*erhaben*", *reizvoll*", „*unendlich*", „*idyllisch*" oder „*ursprünglich*", macht das tatsächliche Urlaubserlebnis aus. Der Begriff *Welt* impliziert dabei auch ein konsistentes Welt*bild*, die Vorstellung eines abgeschlossenen und in sich stimmigen (Mikro)Kosmos. Der Nationalpark (oder zumindest das Bild, das von ihm gezeichnet wird) erfüllt diese Funktion: Aus Emotion und Design inszeniert und mit ausgesuchten Bildern illustriert präsentiert er sich als abgeschlossene, heile und funktionierende Welt. Die andere Welt (der Alltag) bleibt draußen. Auch Erleben will schließlich gelernt sein!

4. Resümee

Für die Werbung erscheint die Natur als unerschöpflicher Selbstbedienungsladen, in dem die Touristen mit ihren Sehnsüchten einkaufen gehen. Nun ist es nicht die Aufgabe der Werbung, die Realität wiederzugeben, sondern Sehnsüchte und Träume zu erzeugen und die touristischen Räume mit Inhalt zu versehen. Trotzdem entsteht bei der Gesamtbetrachtung der Prospekte der Eindruck, dass ein idyllisches Bild der Natur inszeniert wird. Die Natur nur als Gegenwelt zur industriellen Gesellschaft zu inszenieren, genügt heute nicht mehr. Eine Zurschaustellung der Natur nach Art des Musikantenstadls, gegenweltlicher „Trashtalk" und eine veraltete Bildinszenierung sind wenig überzeugend, um die Idee, die hinter dieser Region steht, zu inszenieren.

Zudem ist außer hinsichtlich des *Begriffs* Nationalpark keine Exklusivität gegeben: Eine Unterscheidung zu anderen alpinen Destinationen ist nicht wirklich erkennbar. Betrachtet man die Destinationen als POS (Point of Sale), wird das Erlebnis „Nationalpark Hohe Tauern" nicht pfiffig genug vermittelt, vielmehr werden nur die bekannten Klischees von Natur weiter bedient.

Der Tourismus benötigt die Natur, um sich zu inszenieren, auch und gerade in einem Nationalpark. Die Natur ist zentral in den Leitbildern der Gemeinden verankert, und mit der Errichtung des Nationalparks Hohe Tauern wurde im Tourismus eine gemeinsame Leitidee für die Gemeinden geschaffen, die die Nachhaltigkeit als Identitätsmerkmal in den Mittelpunkt stellt. Dieser „nationalparkverträgliche" Tourismus setzt auf eine eigenständige Regionalentwicklung, wenig (konventionelle) Technologie und auf eine hohe Sozial- und Kulturverträglichkeit, ein Prozess, der unter Einbindung aller Stakeholder in und im Umfeld des Nationalparks erfolgen muss. Erst dieses gemeinsame „Produkt" kann erfolgreich touristisch vermarktet werden. Die Schönheit des Nationalparks ist eine notwendige, aber keine hinreichende Grundlage für ein *Erlebnis Nationalpark*, dasselbe gilt für das touristische Produkt Nationalpark.

Literatur

Bachleitner, Reinhard (1998). Erlebniswelten: Faszinationskraft, gesellschaftliche Bedingungen und mögliche Effekte. (S. 43-58) In Max Rieder, Reinhard Bachleitner & H. Jürgen Kagelmann (Hg.), Erlebniswelten. Zur Kommerzialisierung der Emotionen in touristischen Räumen und Landschaften. München: Profil.

Bachleitner, Reinhard & Weichbold, Martin (2002). Immer wieder Alpen? Anfragen zur Nachfrage im Alpentourismus. (S. 213-225) In Kurt Luger & Franz Rest, Der Alpentourismus. Entwicklungspotenziale im Spannungsfeld von Kultur, Ökonomie und Ökologie. Innsbruck u. a.: Studienverlag.

Baumgartner, Christian & Röhrer, Christine (1998). Nachhaltigkeit im Tourismus: Umsetzungsperspektiven auf regionaler Ebene. Wien: Manz.

Böhme, Gernot (1989). Für eine ökologische Naturästhetik. Frankfurt/M.: Suhrkamp.

Böhme, Gernot (1992). Natürlich Natur. Über Natur im Zeitalter ihrer technischen Reproduzierbarkeit. Frankfurt/M.: Suhrkamp.

Böhme, Gernot (1995). Atmosphäre: Essays zur neuen Ästhetik. Frankfurt/M.: Suhrkamp.

Bundesministerium für Wirtschaft und Arbeit (2001). Nationalparks und Tourismus in Österreich. Unveröff. Studie.

Eder, Klaus (1988). Die Vergesellschaftung der Natur. Studien zur sozialen Evolution der praktischen Vernunft. Frankfurt/M.: Suhrkamp.

Eder, Klaus (2002). Die Natur: Ein neues Identitätssymbol der Moderne? Zur Bedeutung kultureller Traditionen für den gesellschaftlichen Umgang mit der Natur. (S. 31-68) In Andre Gingrich & Elke Mader (Hg.), Metamorphosen der Natur. Sozialanthropologische Untersuchungen zum Verhältnis von Weltbild und natürlicher Umwelt. Wien u. a.: Böhlau.

Gutternig, Michael (2001). Ästhetisierung von Natur. Eine Untersuchung anhand der Imageprospekte ausgewählter Nationalparkgemeinden sowie des Nationalparks Hohe Tauern. Universität Salzburg: Unveröff. Diplomarbeit.

IUCN (1994). Guidelines for protected area management Categories. Gland.

Küblböck, Stefan (2001). Zwischen Erlebnisgesellschaft und Umweltbildung. Informationszentren in Nationalparken, Naturparken und Biosphärenreservaten. München, Wien: Profil.

Luger, Kurt & Rest, Franz (2002). Der Alpentourismus. Entwicklungspotenziale im Spannungsfeld von Kultur, Ökonomie und Ökologie. Innsbruck u. a.: Studienverlag.

Mose, Ingo (2002). Nationalpark Hohe Tauern – Modellfall der alpinen Schutzgebietspolitik? (S. 19-37) In CIPRA Österreich (Hg.), Wer hat Angst vor Schutzgebieten? Schutzgebiete als Chance für die Region. Tagungsdokumentation. Alpine Naturparke. Broschüre des Fachausschusses. Wien.

Opaschowski, Horst (1999). Umwelt Freizeit Mobilität. Konflikte und Konzepte. Opladen: Leske + Budrich.

Opaschowski, Horst (2002). Tourismus. Eine systematische Einführung. Analysen und Prognosen. Opladen: Leske + Budrich.

Schulze, Gerhard (1993). Die Erlebnisgesellschaft. Kultursoziologie der Gegenwart. Frankfurt/M.: Campus-Verlag.

Spieß, Brigitte (1995). Ohne Fremdes nichts Eigenes. Das Fremde in der Werbung: Bilder aus der dritten Welt als Projektionsflächen für Sehnsüchte und Träume industrieller Gesellschaften. (S. 79-84) In Siegfried Schmidt & Brigitte Spieß (Hg.), Werbung, Medien und Kultur. Opladen: Westdeutscher Verlag.

Weichbold, Martin (1998). Bereiste Natur? Zur Rolle der „Natur" im Tourismus. (S. 62-73) In Reinhard Bachleitner, H. Jürgen Kagelmann & Alexander G. Keul (Hg.), Der durchschaute Tourist. Arbeiten zur Tourismusforschung. München: Profil.

Anmerkungen

[1] Nimmt man etwa als Vergleichsbasis die Nächtigungen im Jahr 1980 mit 100 an, erreichen die 18 Salzburger Nationalparkgemeinden 2001 einen Wert von 97,6, das restliche Bundesland 98,2. Der Indexwert für Gesamtösterreich ist 97,0 (Quelle: Statistik Austria, eigene Berechnungen).

[2] Salzburger Nachrichten vom 21.10.2000, Lokalteil. Zur selben Problematik eine ähnliche, aktuellere Schlagzeile: „Öko verkauft doch keine Betten mehr" (6.2. 2002).

[3] International Union for Conservation of Nature and Natural Resources; 1948 als Teilorganisation der UNESCO gegründet.

[4] „Nationalpark" bezeichnet dabei die zweite von insgesamt sechs Schutzkategorien. Für den Nationalpark Hohe Tauern ist diese Anerkennung bisher nur für den Kärntner Anteil (2001) erfolgt. Für den Salzburger und Tiroler Teil laufen entsprechende Bemühungen, in den nächsten Jahren ist aber noch mit keinem Erfolg zu rechnen (vgl. Mose 2002, S. 23). Die übrigen Nationalparke in Österreich – alle deutlich kleiner – sind nur zum Teil durch IUCN anerkannt.

[5] „Nationalparkregion Hohe Tauern" ist die Kooperation von 19 Salzburger Gemeinden und umfasst die Gebiete außerhalb des eigentlichen Nationalparks.

[6] Slogan aus einem Prospekt der Ski-Arena Wildkogel (Gemeinden Neukirchen/ Großvenediger, Bramberg/Wildkogel). Hervorhebung durch die Autoren.

Alfred Smudits

Musikalische Erlebniswelten

Musik ist ein zeitgebundenes Phänomen, als Kunstgattung eine Zeitkunst. Die – aktive wie passive – musikalische Erfahrung, das Musik-Erleben erschöpft sich im Vollzug. Was bleibt ist die Erinnerung an eine Melodie, an Harmonien und Stimmen, an ein Ereignis. Kein bleibendes physisches Artefakt kann als Äquivalent für Musik ange*sehen* werden: Bei der Musik gibt es nichts zu *sehen*.

Und dennoch: Es gibt Räume, es gibt technische Medien, es gibt Kulturschaffende, deren Verbindung mit Musik so stark ist, dass sie beinahe als Synonyme für Musik verwendet werden: sakrale Orte, Opern- und Konzerthäuser, Tanzböden und Diskotheken, Instrumente, Partituren, Schallplatten und Radioprogramme, Interpreten, Sänger, Stars – all dies hilft, Musik auch zu räumlichen, physisch fassbaren Phänomenen und – nebenbei bemerkt – etwa ab dem 19. Jahrhundert auch zu Waren zu machen.[1]

1. Von der Umgangs- zur Darbietungs- und zur Übertragungsmusik

Das Gesagte gilt grundsätzlich für jedwede Musik, dennoch lassen sich unterschiedliche Ausprägungen in Abhängigkeit von gesellschaftlichen und medialen Rahmenbedingungen konstatieren. Immer kann Musik als alltägliches oder außeralltägliches Phänomen auftreten. Unter vorindustriellen Bedingungen etwa wurde zur Arbeit gesungen, in erster Linie um diese durch den Rhythmus besser strukturieren und koordinieren zu können; diese Form der musikalischen Praxis war also insofern alltäglich, als sie mit keinem besonderen Erlebnis verbunden war. Dies im Gegenteil zur Tanzmusik. Denn getanzt wurde bei Festen, die eben selten und daher nicht alltäglich waren, hier hatte die Musik durchaus Ereignischarakter, hier gab es etwas zu erleben – und das gilt gleichermaßen für die Volkskultur wie für die aristokratische Kultur (und gilt natürlich bis heute). Ähnliche Überlegungen können, wenngleich etwas differenzierter, zu sakraler

Musik, zu Repräsentationsmusik oder zu Tafelmusik angestellt werden. Grundsätzlich eint aber alle diese musikalischen Praktiken die Tatsache, dass sie immer eng mit anderen sozialen Aktivitäten verbunden sind, dass sie außermusikalische Funktionen erfüllen, weshalb sie auch als Formen von *Umgangsmusik* (Besseler 1978) bezeichnet werden.

Eine weitere Differenzierung gewinnt im abendländischen Kulturraum mit der Herausbildung der *Kunstmusik* an Bedeutung. Die bisher genannten „feudalen" Beispiele betreffen ja in jedem Falle Formen „funktioneller" Musik, also von Musiken, die immer einen Zweck erfüllen, der über ihr bloßes Erklingen hinausgeht. Mit dem Aufkommen der bürgerlichen Kultur entstand aber ein neues Phänomen: die Kunstmusik, die sich durch extreme Defunktionalisierung auszeichnen sollte.

Diese Musik wird um ihrer selbst willen aufgeführt und ihr hat man sich mit Ausschließlichkeit und ausschließlich hörend zu widmen, sie wird dargeboten, weshalb sie auch als *Darbietungsmusik* (Besseler 1978) bezeichnet wird, sie ist außeralltäglich, und zwar nicht nur insofern, als sie zu außeralltäglichen Anlässen erklingt, sondern vor allem insofern, als sie selbst ein außeralltägliches Phänomen darstellt. Die Aufführung von Kunstmusik ist also fraglos ein *Ereignis*, an dem teilzuhaben für die Hörenden ein *Erlebnis* darstellen soll, ja muss. Und die bürgerliche Musikkultur schuf ja tatsächlich musikalische Erlebniswelten der besonderen Art: vom musikalischen Salon über das Konzertwesen hin zu den großen Opernhäusern und Festspielen. Allerdings handelte es sich bei dem Anspruch auf Funktionslosigkeit um Ideologie, denn diese Institutionen der Kunstmusik hatten ebenso wie diese selbst Funktionen für das Bürgertum zu erfüllen: zunächst jene, die den feudalen Repräsentations- und sakralen Funktionen ähnlich sind, nämlich *Identitätsstiftung* und *Selbstdarstellung*. Dazu kamen noch – damit eng verbunden – die *Bildungsfunktion* und die *ästhetische* Funktion.

Um die Wende zum 20. Jahrhundert ist ein erneuter Wandel der Musikkultur zu konstatieren. Mit den neuen technischen Aufzeichnungs- und Übertragungsmöglichkeiten, die von da an zunehmend das Musikleben zu prägen beginnen, verschwindet die Exklusivität der Darbietung als einzige Möglichkeit Musik zu erleben. Das Konzert ist gleichzeitig raum- und zeitgebunden, die Schallplatte aber kann prinzipiell überall und immer wieder abgespielt werden. Wer Mitte des 19. Jahrhunderts ein Werk Beethovens hören wollte, musste warten, bis eine lebendige Darbietung in einer zumutbaren räumlichen Entfernung geboten wurde. Solche Ereignisse waren naturgemäß „knapp", selten, umso höher daher der tatsächliche oder zugeschriebene Erlebniswert einer solchen Veranstaltung.

Wer Mitte des 20. Jahrhunderts dasselbe Werk Beethovens hören wollte, konnte dies prinzipiell immer und überall tun, wenn nur die entsprechenden technischen Voraussetzungen gegeben waren – und das waren sie zunehmend in allen Bevölkerungsschichten. Und wenngleich der lebendigen Darbietung weiterhin ein höherer Wert beigemessen wurde, so ist doch die absolute Exklusivität derselben nicht mehr behauptbar.

2. Banalisierung und Intensivierung

Mit der „*Übertragungsmusik*"[2] – wie dieses Phänomen in Abgrenzung zur Umgangs- und Darbietungsmusik bezeichnet wurde – fand also eine Banalisierung des musikalischen Ereignisses und damit auch des Erlebens von Musik statt. Wobei Banalisierung keine qualitative Bewertung meint, sondern die bloße Tatsache der leichten *Verfügbarkeit*: Was nicht knapp ist, ist nichts Besonderes mehr, wird banal. Wenn Musik erklingt, so bedarf dies nicht unbedingt und immer der Zuwendung, ja es wird zur besseren Fokussierung der Aufmerksamkeit auf nichtmusikalische Phänomene sogar nötig, den Wahrnehmungsapparat so zu schulen, dass Musik gelegentlich auch „überhört" werden kann.

In Bezug auf die Rezeptionsmodi bewirkt die Übertragungsmusik das Brüchigwerden der Differenz zwischen Umgangs- und Darbietungsmusik. Nunmehr kann für die Hörenden Darbietungsmusik zur Umgangs- und Umgangs- zur Darbietungsmusik werden, kann Kunstmusik als Klangtapete und Tanzmusik zur Kontemplation benutzt werden.

Es ist schon merkwürdig, dass in einer Gesellschaft, für die vielfach ein Ansteigen des Erfahrungs- und Erlebnishungers[3] konstatiert wird, gerade das Musik-Erleben um der Musik willen, das gemäß mancher Kunst-Ideologien des 19. Jahrhunderts ja beinahe als Königsweg zur ästhetischen Erfahrung angesehen wurde,[4] an Relevanz verliert.

Da aber die Akteure der „Erlebnisgesellschaft", also im Wesentlichen die Unterhaltungsindustrie und die an ihren Identitäten arbeitenden Individuen, ein Interesse an vielfältigen Angebots- und Aktivitätspaletten haben, gibt es natürlich zahlreiche Varianten musikalischer Praktiken, denen anzumerken ist, dass es hier um die Produktion von Erlebnisangeboten bzw. um Versuche geht, starke musikalische Erlebnisse zu erfahren, ja zu erzwingen.

Ich will im Folgenden erkunden, unter welchen Bedingungen und in welchen Erscheinungsformen der ganz besondere Erlebnischarakter von Musik bewahrt wird bzw. *Musik wieder zum Erlebnis (gemacht) wird*. Im Wesentlichen geht es dabei um *Intensivierungen des Musikerlebnisses*[5]. Solche Intensivierungen können auf unterschiedlichen Ebenen beobachtet werden, wobei zumindest drei Ebenen deutlich unterschieden werden können (wenngleich es Gleichzeitigkeiten oder Überschneidungen dieser Ebenen gibt): (1) die der Musik selbst, (2) die der Performanz und (3) die des Kontextes.

Intensivierungen der Musik selbst

Die innermusikalischen Intensivierungen können die Lautstärke und die Dynamik, eine extreme Beschleunigung oder Verlangsamung, Monotonisierung oder Komplexitätssteigerung des Rhythmus, den Einsatz subsonischer Frequenzen oder – neben vielen anderen Möglichkeiten – das Schaffen neuer bislang ungehörter Sounds betreffen: So wird von einer prominenten Musikerin aus der neuen elektronischen Sampling- und DJ-Kultur in Bezug auf die Produktion eines Musikstücks Folgendes berichtet: Sie „fuhr (..) mit ihrem Auto durch eine Waschanlage, filterte aus den Aufnahmen die tiefsten Sounds dieses Ratterns und Dröhnens heraus und konstruierte damit eine Bassline" (Poschardt 1997, S. 438).

Aber auch die Verwendung exotischer Instrumente, die radikale Vermischung unterschiedlichster Musiktraditionen in einzelnen Stücken (Crossover) u. a. fallen in diesen Bereich der Intensivierung.

Mit der Etablierung immer neuer Zumutbarkeitsschwellen, was Dynamik, Sounds, Rhythmik, Genremix und sonstige sinnlichen Sensationen betrifft, werden die Hörerwartungen ständig weiter verschoben. Um ein „richtiges" Erlebnis bieten zu können, muss die Musik mit immer sensationelleren Ingredienzien versehen werden. Die innermusikalischen Möglichkeiten sind hier ab einem gewissen Punkt – schon aus rein physiologischen wie technischen Gründen – kaum mehr weiter zu steigern. Intensivierungen der Musik selbst bedürfen daher zumeist der Ergänzung durch zusätzliche – außermusikalische – Intensivierungen.

Intensivierung der Performanz I:
Schaffen realer Räume und auratischer live-Erlebnisse

Wie schon eingangs erwähnt, wird das Musikerleben aufgrund seiner materiellen „Nicht-Fassbarkeit" gerne mit jeweils spezifischen Räumen, Medien oder Menschen symbolisch gekoppelt; und diese materiell fassbaren oder sichtbaren Phänomene werden dann beinahe als Synonyme für die Musik selbst angesehen.

Der beinahe klassische Fall in diesem Zusammenhang ist wohl mit dem Schaffen realer Räume für Darbietungsmusik und der Herausbildung einer spezifisch bürgerlichen – kontemplativen – Rezeptionshaltung gegeben: „Klassische" Kunstmusik braucht Orte, an denen sie stattfinden kann: Salons, Konzert- und Opernhäuser, hier geht es um die Ermöglichung von *auratischen live-Erlebnissen*, wobei die ganz besondere Aura der einmaligen, unwiederholbaren lebendigen Darbietung sich auf die jeweiligen Räume überträgt, die dann gleichsam zu sakralen Räumen werden: der Musikvereinssaal in Wien, die Mailänder Scala, die Festspielhäuser in Salzburg oder in Bayreuth.

So finden sich im Zusammenhang einer Untersuchung zum Publikum der Bayreuther Festspiele folgende Ausführungen: „Sie [die Bayreuther Festspiele, A. S.] finden an einem Ort statt, der voll ist von Bedeutungen und Ritualen. Sie haben eine Geschichte, die aufgeladen ist mit Erzählungen und Anekdoten. In einer Zeit, die nach Authentizität lechzt, weil alles beliebig wird, vermitteln sie (..) den Glauben, im sicheren Hort der Tradition einen festen Halt zu finden. Und sie sind schließlich ein Ereignis, auf das man warten muss, wenn man nicht zur kleinen Gruppe der privilegierten gehört. Damit aber gewinnt ein Besuch der Bayreuther Festspiele in einer Zeit, in der alles abrufbar und käuflich zu erwerben ist, den prestigesteigernden Status einer seltenen Rarität. So kann (..) festgehalten werden, dass sich die Bayreuther Festspiele im Bewusstsein ihrer Besucher durch eine einzigartige ‚Aura' auszeichnen (..)" (Gebhardt 2003, S. 197)

Bei den Bayreuthern Festspielen – wie bei einigen anderen „Tempeln" der Kunstmusik – reicht dieser auratische Rahmen offensichtlich aus, um die Einzigartigkeit des Musikerlebnisses zu garantieren, „ein Rahmen, über den andere Festspiele nicht verfügen und den diese deshalb, um Besucher anzulocken, durch ein musik- und kunstfreies, erlebnisförderndes Bei- und Unterhaltungsprogramm zu ersetzen gezwungen sind" (Poschardt 1997, S. 438)

Obgleich die Live-Darbietung von traditioneller Kunstmusik also eine gewissermaßen archaische, weil beinahe geheiligte Erlebniswelt darstellt, erfährt diese Form vielfach im Zuge der Ausbreitung der „Event-Kultur" durch Mediatisierung und Kommerzialisierung eine qualitative Transformation, gleichsam eine „Säkularisierung", die vor allem von traditionsorientierten Teilen des Publikums nicht erst neuerdings beklagt wird.[6]

Aber auch der Bereich der Popularmusik, einstmals pure Umgangsmusik, erfährt eine Intensivierung der Performanz durch die Schaffung auratischer live-Erlebnisse. Diese setzt wohl schon in den 1950er Jahren im Jazz mit der Herausbildung des künstlerisch ambitionierten BeBop ein, der vorwiegend nicht zum Tanzen – damit im Gegensatz zu allen anderen Formen des Jazz bis dahin – dargeboten wurde. Spätestens in den 1960er Jahren mit den spektakulären Rock-Festivals zunächst in Newport, dann in Monterey, Woodstock oder Altamont, aber auch mit der Etablierung viel beachteter fixer Auftrittsorte wie dem Marquee-Club in London oder dem Fillmore East/Fillmore West in den USA wird das Rock-/Pop-Konzert, bei dem in erster Linie zugehört wird, eine fixe Größe im Ensemble der musikalischen Erlebniswelten.[7] Es folgten die „Stadion-Rock"-Events der 1980er Jahre – „Live-Aid" 1985 als das vielleicht gigantischste Unterfangen in diesem Bereich bislang[8] – und Mega-Tourneen von Superstars des Rock- und Popbusiness.

Aber auch die volkstümliche Musik blieb von der Intensivierung der Performanz nicht verschont: Ursprünglich in Bierzelten und bei Festveranstaltungen im eher ländlichen Raum angesiedelt und von daher kaum als Darbietungsmusik angelegt, fand vor allem durch die Mediatisierung eine Transformation in Richtung Konzert statt. Der „Musikantenstadel", fraglos ein auratisiertes Live-Event und gleichzeitig eine der erfolgreichsten Sendungen im deutschsprachigen Fernsehen, konnte und kann nur funktionieren, wenn verschiedene Musikschaffende konzertant auftreten. Damit wurden aber Stars geschaffen, die in weiterer Folge imstande waren, mit Soloauftritten auch große Hallen zu füllen.[9]

Auratische live-Erlebnisse sind also keineswegs bloß bei den spektakulären Pop- und Rock-Events anzutreffen, sondern auch in den Bereichen des Jazz, der

Kunstmusik und der volkstümlichen Musik. Die Auratisierung der Kunstmusik war bereits im 19. Jahrhundert – möglicherweise sogar in intensiverer Weise als gegenwärtig – gegeben. Aber auch im Bereich der (gehobenen) Unterhaltungsmusik sind bereits im 19. Jahrhundert analoge Phänomene wie bei der Pop- und Rockmusik zu finden: allen voran die Konzerte von Johann-Strauß, bei denen es sich weitgehend um Tanzveranstaltungen handelte, die aber durch die Anwesenheit des „Meisters" auratisiert wurden.[10]

Für diese „Vorform" eines „Mega-Events" im Bereich der Popularmusik ist ein Tatbestand anzunehmen, der auch die großen Pop- und Rockkonzerte charakterisiert: Zum einen wird das eigentliche Musikerlebnis bei immer größeren Darbietungsformen immer brüchiger: Die Bühne bzw. die Akteure sind für die überwiegende Zahl der Besucher winzig klein, die Musik wird – vor allem bei Freiluftkonzerten – gerne vom Wind verweht oder in oftmals ungeeigneten Hallen zu einem konturlosen Geräusch. Wichtiger als das Musikerlebnis wird das „Wir-Erlebnis" derer, die gemeinsam „Musik hören und schauen". Zum anderen findet – z. T. als Ausgleich zu den eben genannten Defiziten – eine zunehmende Mediatisierung statt: Auf den immer imposanter dekorierten Bühnen werden Großleinwände installiert, auf denen das Geschehen in extremer Vergrößerung sichtbar wird. Das Konzert wird zum Material für Musik-Videos, für TV-Übertragungen.

Intensivierung der Performanz II:
Schaffen von Bildern und virtuellen Räumen

Die Produktion von Bildern stellt eine weitere Strategie dar, die Nicht-Fassbarkeit von live-Events zu kompensieren. Die modernen Kommunikationstechnologien ermöglichen es, Musikerlebnisse festzuhalten und auch reproduzierbar zu machen: Das beginnt schon bei grafischen Darstellungen von musikalischen Ereignissen und beim Herstellen von Partituren, die entscheidende Wirkung wird aber erst mit den Medien des 20. Jahrhunderts voll entfaltet: Film, Radio, Fernsehen, Video usw.

Wenn ein Musikerlebnis immer und überall abrufbar ist, verliert es seinen auratischen Charakter, wird es banal. Paradoxerweise werden die Medien, die den Banalisierungseffekt qua massenhafter Verbreitung hervorgebracht haben, gleichzeitig und ebenso wirksam, wenn es um die Produktion von neuen Qualitäten der Intensivierung von Musik-Erleben geht. Die Entkoppelung von live-Darbietungen geht einher mit der Kopplung an andere sinnliche Wahrnehmungsdimensionen: Musik und Film (– das Musikvideo als eigenständiges Genre), Musik und Fernsehen (– regelmäßige Musiksendungen, von der „Grand Ol' Opry" über „Top of the Pops", dem Neujahrskonzert der Wiener Philharmoniker zum Musikantenstadl; eigenständige Musiksendern wie gegenwärtig MTV und VIVA). Vordergründig handelt es sich dabei um „simple" Musikprogramme, -sendungen oder Elemente davon. Gleichzeitig stehen diese „Musikmedien" aber für ganz spezifische Formen des Musik-Erlebens. Mit ihnen werden „imaginäre Gemeinschaften" geschaffen, die sich gleichsam in virtuellen Räumen[11] aufhalten, die mit den jeweiligen musikalischen Erfahrungen, die sie anbieten, eng assoziiert sind. Noch vielmehr als bei den realen Räumen kann hier von Mythenbildung gesprochen werden: Eine Sendung, eine Sendestation steht für eine musikalische Weltanschauung, eine bestimmte Sendung zu sehen, wird zu einem Ereignis, an dem man unbedingt teilhaben und das man auch mit Gleichgesinnten sehen und hören will.

Auch hier sind zwei weiterführende Entwicklungen zu konstatieren: einmal die Zuziehung weiterer materieller Phänomene, die das Musikerleben bereichern und eine musikalische Erlebniswelt entstehen lassen: von Tonträgern und Musikzeitschriften, von Fanzines, T-Shirts und Stickers zu Schmuck, Kleidung und umfassenden Lebensstilen.

Intensivierung der Performanz III:
Schaffen von inneren Räumen

Die Performanz besteht hier in der (jeweils individuellen) Inszenierung einer bestimmten Rezeptionshaltung, die eine intensive Zuwendung zur Musik ermöglicht oder begünstigt, und vor allem äußere Störreize ausschaltet.

Eine prominente Vorform stellt sicher das kontemplative Hören dar, in extremo von Adorno beschrieben als Form des adäquaten, strukturellen Hörens: Hier wird gelegentlich schon als bestmögliches Musikerleben die Lektüre der Partitur angesehen. „Ohne Übertreibung darf gesagt werden, dass das Verstehen neuer Musik überhaupt weitgehend eins ist mit der gelungenen Imagination: Was man sich beim Lesen ganz genau, wie es erklingen würde, vorstellen kann, auch während es nicht erklingt, das hat man meist musikalisch kapiert (..)" (Adorno 1976, S. 205)

Eine völlig andere Form der „Verinnerlichung" ist jene, bei der Musik unter dem Einfluss von – vornehmlich bewusstseinserweiternden – Drogen gehört wird. Prominent war etwa der Gebrauch von LSD in der Subkultur der Hippies beim Hören psychedelischer Musik, aber auch vielfältige andere Formen der Koppelung von Musik- und Drogenkonsum sind bekannt und erfreu/t/en sich in bestimmten Subkulturen der letzten Jahrzehnte – nicht zuletzt in Kreisen der Musikschaffenden selbst, die damit ihre Kreativität zu intensivieren versuch/t/en: Marihuana und Reggae, Opium und Jazz, Speed/Ecstasy und Techno[12] u. v. a. m.

Drittens ist das Hören über Kopfhörer zu erwähnen, wobei das kontemplative Hören eines Tonträgers, das eher zu Hause stattfindet, vom eher „zerstreuten" Musikhören mittels Walkman, Discman oder MP3-Player zu unterscheiden ist. Während erstere Form gelegentlich bereits als Königsweg des adäquaten Hörens (weil ohne außermusikalische Störungen) betrachtet wird, stellt die zweite Form auch einen tendenziellen und vor allem demonstrativen Rückzug aus der jeweiligen sozialen Umwelt dar und gleichzeitig eine Strategie der Ästhetisierung des Alltags. „Die Musik aus den Kopfhörern (haucht) der um den Originalton gebrachten Außenwelt ersatzweise Leben ein. Daraus resultiert ein Erleben ‚wie im (musikbegleiteten) Stummfilm', wie ‚im Videoclip', oder ‚wie im Kino'." Und: „Wie ausführliche Befragungen im unmittelbaren Zusammenhang von Versuchsdurchläufen zeigen, kann die Musik beim filmartigen Erleben der Umwelt tatsächlich – ähnlich wie beim Tonfilm – in den Hintergrund treten, gewissermaßen im emotionalen Gehalt der Bilder aufgehen."[13] (Schönhammer 1993, S. 184f.)

Intensivierungen des Kontextes: Schaffung von dichten Zugehörigkeitserlebnissen

Kontextuelle Intensivierungen kennzeichnen sich v.a. dadurch, dass eine über die bloße Rezeption hinausgehende Aktivierung der Beteiligten beobachtet werden kann. Performative Intensivierungen werden weitestgehend[14] von der „Angebotsseite", also den Musikschaffenden und der Musikindustrie[15], betrieben, kontextuelle Intensivierungen von den „Nachfragern", den rezipierenden Akteuren, wobei allerdings deren Eigenaktivitäten die musikalischen Erlebniswelten zum Teil selbst schaffen oder aber zumindest wesentlich mitgestalten.

Anders gesagt: Hier geht es um die identitätsstiftende Funktion von Musik. Weil es sich dabei um ein dynamisches Phänomen handelt, wird auch von *Zugehörigkeiten* anstelle von *Identität* gesprochen. Diese zugehörigkeitsstiftende Funktion von Musik wird umso intensiver, je mehr über die bloße Rezeption hinaus an Eigenaktivität eingebracht wird.

Dichte Zugehörigkeitserlebnisse setzen die Rezeption oder Konsumption von Angeboten voraus, gehen aber darüber hinaus; sie sind notwendigerweise mit Aktionen und Praktiken, mit Kommunikation und Interaktion verbunden.

3. Subkulturen und Szenen[16]: Produzenten symbolischer Welten und also auch musikalischer Erlebniswelten

Am besten beschrieben finden sich solche kontextuelle Zugehörigkeitspraktiken bei jugendlichen Subkulturen. Zunächst weil Musik lange Zeit als eines der wichtigsten, wenn nicht sogar als *wichtigstes* Beschreibungsmerkmal für jugendliche Subkulturen herangezogen wurde: Die Punks, Rocker, Teeny-Popper, Hippies, HipHopper, Raver, um nur einige zu nennen, definierten sich wesentlich über bevorzugte Musikstile und wurden auch bevorzugt über diese wahrgenommen. Im Ensemble der Elemente, die einen jugendkulturellen Stil ausmachten, *war* Musik ein primärer Kode. Seit den 1990er Jahren ist das nicht mehr so selbstverständlich, denn Computerspiele und Internetsurfen scheinen die Musik aus ihrer privilegierten Position etwas verdrängt zu haben.[17] Trotzdem spielt Musik sicher weiterhin eine wesentliche Rolle in jugendlichen Subkulturen. Musik wird von deren Mitgliedern nicht bloß – allein oder gemeinsam – rezipiert: Zu ihr wird getanzt, über sie wird geredet, vielleicht gestritten, einschlägige Zeitschriften werden gelesen, einschlägige Internetadressen werden regelmäßig besucht, Tonträger werden gesammelt, getauscht, Musicfiles werden „downgeloaded" und per E-Mail verschickt, Musikschaffende werden zu verehrten Idolen mit Vorbildcharakter, die musikalischen Vorlieben prägen mehr oder weniger stark und offensichtlich den Alltag von Jugendlichen.[18]

Allerdings finden die meisten beschriebenen jugendlichen Subkulturen deshalb so großes Interesse (der Öffentlichkeit und auch der Forschung), weil sie aufgrund ihrer offensiven, oft provokanten Art der Selbstinszenierung sozial auffällig werden. Die symbolische Arbeit[19], die vom harten, auffälligen Kern eines jugendkulturellen Stils geleistet wird, stellt sich für die weiter draußen stehenden, unauffälligeren, aber nicht uninteressierten Jugendlichen als Angebot einer Erlebniswelt dar, an der sie partiell oder auch intensiver teilhaben können. Und Musikerlebnisse sind allemal ein bevorzugter Einstieg in diese Erlebniswelten: Der Besuch von Partys, Clubbings, einschlägigen Lokalitäten, von denen man weiß, dass sie in engem Zusammenhang mit einer bestimmten musikalischen Ausrichtung stehen, lässt gelegentliche Besucher – die „Szene-Surfer" (Heinzlmair 1998, S. 158) – für kurze Zeit ein umfassendes Lebensgefühl, eine vorwiegend über Musik definierte Lebenswelt *erleben*. Dieses Lebensgefühl kann durchaus in den Alltag verlängert werden, wenn einschlägige Musik über den Walk- und Discman gehört wird, usw. usf.

Auf zwei Dinge ist zu verweisen: Zum einen kann Musik als wesentliches Mittel zur Produktion von dichten Zugehörigkeitserlebnissen natürlich nicht nur eine kulturelle Praktik von jugendlichen Subkulturen, sondern von jeglichen gesellschaftlichen Gruppierungen sein – man denke nur an „Klassik-Liebhaber", „Musikantenstadl-Begeisterte" oder „Jazz-Fans". Zum anderen ist auf den fließenden Übergang von der intensiven zur beiläufigen Nutzung der Musik zur Produktion von Zugehörigkeitserlebnissen hinzuweisen. Was für den einen ein dichtes Zugehörigkeitserlebnis ist, ist für andere eine relativ unbedeutende Erfahrung.

Dichte Zugehörigkeitserlebnisse I: die körperliche Dimension

Dass zwischen Musik und Tanz eine enge, manchmal sogar unauflösliche Beziehung besteht, muss nicht weiter betont werden. Jedwede Musik steht schließlich immer in einem jeweils spezifischen kulturell determinierten Verhältnis zu „Körperlichkeit"[20].

Tanz – hier drängt sich sofort das Bild von gefüllten Tanzflächen voll mit jungen Menschen auf, die ihre Körper zum Rhythmus sehr lauter Musik bewegen. Dazu kommen noch die entsprechenden Lichteffekte in dunklen Räumen, die die tanzenden Körper gleichsam fragmentieren, sodass ein eventuell gut organisierter Bewegungsablauf als solcher manchmal gar nicht erkennbar werden kann. Für die Tanzenden selbst ist diese Situation in den Diskotheken/ Tanzveranstaltungen (die neuerdings auch Raves oder Clubbings heißen)[21] eine *außeralltägliche*, und die geschilderten gestaltenden Elemente dieser Situation: Lautstärke, Rhythmus, Lichteffekte etc. sind angetan, diese Außeralltäglichkeit in jedem Moment im Bewusstsein zu halten.

Die Diskothek ist eine der aktuellen musikalischen Erlebniswelten. In ihr werden beinahe alle Sinne angesprochen und zwar mit einer Intensität, die kein Entrinnen (außer der physischen Flucht) zulässt. Das im Unterschied zu Tanzveranstaltungen der traditionelleren Art, bei denen v. a. die Freude an formaler tänzerischer Kompetenz und die eventuelle Anbahnung von Liebesbeziehungen eine größere Rolle spielen.

Diese Funktionen erfüllt die Diskothek natürlich auch, aber sie bietet mehr, nämlich dichte und intensive *Selbst- und Wir-Erlebnisse*[22]. Die ekstatisch Tanzenden können „außer sich" geraten und sich dabei „als Körper" umso intensiver spüren. Und gleichzeitig erleben sie sich als Teil einer Gruppe von Menschen, die eben jetzt dieselben ekstatischen Erfahrungen machen wie sie selbst, was durchaus zu einer Form der Grenzüberschreitung des Selbst mit einem Aufgehen im Kollektiv führen kann. Ein intensives Zugehörigkeitserlebnis zu den eben anwesenden Anderen wird konstituiert, auch wenn diese außerhalb der Tanzfläche dann wieder völlig fremd sein mögen. Wenn es darüber hinaus noch subkulturelle Gemeinsamkeiten gibt, z. B. in einer Hardrock- oder Hip-Hop-Disko, bestätigt oder verstärkt das Tanzerlebnis die Zugehörigkeit zu dieser Subkultur auch über die akute Tanzsituation hinaus.

Diskos und später Raves/Clubbings sind als spezifische musikalischen Erlebniswelten charakteristisch für die Entwicklung seit den 1970er Jahren, aber es gibt auch hier historische Vorläufer: Die *pleasure gardens* im England des späten 18. Jahrhundert, die *music halls*, *variétés*, *vaudevilles* im 19. Jahrhundert haben ähnliche Funktionen erfüllt wie die verschiedenen Varianten von Diskotheken im 20. Jahrhundert. Besonders ein spezifisches Phänomen des 19. Jahrhunderts kann dem Phänomen Disco gleichgestellt werden, wenn es um intensive und dichte Selbst- und Wir-Erfahrungen geht, nämlich die Walzermanie, die untrennbar mit der Musikdynastie Strauß verbunden ist. In warnenden oder erstaunten, meist aber kulturpessimistischen Äußerungen zum Walzertanzen war seinerzeit die Rede von „an Raserei grenzender Begeisterung", von einem „berauschten Auditorium", von „süßem Taumel" wie von „umwälzendem Unglück" (Linke 1991).

Vieles des für den Diskothekentanz Gesagten gilt auch für Rockkonzerte; vom Erscheinungsbild moderatere Formen der Selbst- und Wir-Erfahrung sind mit dem Schunkeln oder Mitsingen bei Veranstaltungen volkstümlicher Musik, aber auch mit dem Mitwippen (der Füße, der Schultern, des ganzen Körpers) bei Jazzveranstaltungen gegeben. Ebenso zu erwähnen wäre das Head-Bangen bei Heavy-Metal-Konzerten[23] oder das Stage-Diving[24] bei Punkkonzerten. Und schließlich ist das disziplinierte Ruhigsitzen beim traditionellen bürgerlichen Konzert ebenfalls ein hervorragendes Beispiel für die Inszenierung einer intensiven Selbst- und Wir-Erfahrung bzw. eines dichten Zugehörigkeitserlebnisses.

Die Love-Parade: Ein Bündel von Intensivierungen. Ein gutes Beispiel für eine musikalische Erlebniswelt und gleichzeitig ein tatsächlich neues Phänomen stellt die „Love-Parade" dar. Zum ersten Mal fand sie 1989 in Berlin/Kurfürstendamm als angemeldete Demonstration statt, an der rund 150 tanzende Menschen und drei Lieferwägen, von denen aus laute Musik erklang, teilnahmen. Spätestens ab 1996 ist die Love-Parade ein Mega-Unternehmen: Mehrere 100.000 Menschen bewegen sich einmal im Jahr auf der Straße des 17. Juni zwischen dem Brandenburger Tor und dem Ernst-Reuter-Platz. Die Veranstaltung ist eine Touristenattraktion, ein Event, das nicht nur die ganze Stadt (Berlin wird „ein ganzes Wochenende lang in eine einzige große Party" Schäfer u. a. 1998, S. 213f., verwandelt), sondern beinahe ganz Deutschland bewegt.

Im Falle der Love-Parade sind fast alle besprochenen Formen der maximalen Intensivierung vorzufinden: Erstens wird die Musik, verstärkt durch die Tatsache, dass das Geschehen unter freiem Himmel stattfindet, in extremer Lautstärke geboten, dazu kommt der repetitive Techno-Stil, die wummernden Bässe u. a. m. Zweitens ist der Ort des Geschehens – die Straße des 17. Juni, die „Kulisse" des Brandenburger Tors – symbolisch besetzt und erhält durch die sich auch „irgendwie" als politische Aktion verstehende Love-Parade eine zusätzliche symbolische Aufladung. Drittens wird die *Auratisierung* des Ortes allerdings gebrochen durch die Tatsache, dass es keine eigentliche „Aufführung" und daher auch kein Publikum gibt, sondern dass Hunderttausende Teilnehmer sich selbst in Szene setzen, zu „Stars" werden. Verstärkt wird diese Eigentümlichkeit durch die Fernseh- und sonstige Medienberichterstattung. Damit werden reale aber auch virtuelle Bilder in den Köpfen der Teilnehmenden wie der von außen Wahrnehmenden geschaffen – der Mythos der Love-Parade, die Katastrophe Love-Parade, das wirtschaftliche Ereignis „Love-Parade" mit all den Formen von Merchandising usw. Viertens leistet die Love-Parade der Schaffung innerer Räume Vorschub, denn zweifellos konsumiert ein Gutteil der Teilnehmer Drogen zur Intensivierung des Erlebnisses „Love-Parade". Und nicht zuletzt ist eine gewaltige Intensivierung des Kontextes gegeben: Das Wissen um die ungeheure Zahl von Gleichgesinnten, die dabei sind, sei es als Zuschauer, sei es als mehr oder weniger ekstatisch Tanzende, schafft ein Zugehörigkeitsgefühl, quasi einen kollektiven Rausch der besonderen Art.

Vor allem wohl die Tatsache, dass die Teilnehmenden allesamt *Akteure* sind, dass sie für diesen Zeitraum das wichtigste Kulturprogramm des Landes bestreiten, vermischt mit der unmittelbaren Involviertheit in ein Geschehen, das gleichzeitig als Angebot, etwas zu erleben, verstanden werden kann und daher auch etwas Unverbindliches hat, macht die spezielle Qualität des Events „Love-Parade" aus: Sie ist eine Erlebniswelt der besonderen Art, bei der das mehr oder weniger ekstatische Tanzen zwar im Mittelpunkt steht, die aber erst durch die spezifische Performanz und Kontextualisierung zu einem beinahe prototypischen Event der Erlebnisgesellschaft wird: intensiv und unverbindlich.

Dichte Zugehörigkeitserlebnisse II: die mentale Dimension

Neben der körperlichen ekstatischen Aneignung von Musik sind zweifellos auch rein mentale Formen zu konstatieren, die keiner bloßen Disziplinierung des Körpers entsprechen. Hier sind vor allem jene Formen des Umgangs mit Musik zu identifizieren, die mit der Aneignung von Kompetenz, Wissen oder mit Artefakten zu tun haben und die dann schließlich – in ihrer Intensivierung – zu dichten Zugehörigkeitserlebnissen führen können.

Erstens ist hier ist an den „adäquaten Hörer" – sensu der Hörertypologie Theodor W. Adornos (Adorno 1975, S. 17ff.) – zu denken, der hohe Kompetenz beim Rezipieren von Musik aufweist, Musik strukturell hören kann, sie beim Vorgang des Hörens gleichsam mitzukomponieren imstande ist. Diese *Kompetenz* vermittelt zweifellos ein starkes Zugehörigkeitsgefühl zur virtuellen Gruppierung all jener „Auserwählten", die ebenfalls dazu imstande sind.

Zweitens gibt es den Typus des „Bildungskonsumenten", der durch die systematische Aneignung von Daten und Fakten ein umfassendes Wissen über Musikschaffende, Kompositionen, ja das gesamte Musikleben in seiner jeweils aktuellen wie historischen Beschaffenheit zu erlangen trachtet. Die Fokussierung des Interesses auf mehr oder weniger viele Musikschaffende, Genres, Epochen etc. ist dabei häufig. Entsprechend der Intensität dieser Zuneigung wird auch das Zugehörigkeitsgefühl zu Menschen mit ähnlicher Interessensorientierung mehr oder weniger intensiv sein.

Drittens gibt es die Artefaktensammler. Das Zugehörigkeitsgefühl zu einer Gruppierung von eingeschworenen Kennern, Liebhabern oder Fans geschieht auch durch das Anliegen einschlägiger Bibliotheken von Fachliteratur oder Noten, Tonträgersammlung und, nicht zuletzt, durch die Beschaffung von „Devotionalien" (von Autographen von Musikschaffenden bis zu Kitschfiguren und T-Shirts – Merchandisingware). Gerade bei den *Artefakten*-Aneignern, haben sich zusätzliche Erlebniswelten etabliert, die über das herkömmliche Musikleben hinausweisen: früher Antiquariate traditionellen Zuschnitts, in denen Partituren, einschlägige Bücher, Zeitschriften, Fotos u. a. verkauft wurden, die sich durch ein wie immer geartetes Nahverhältnis zu einem bestimmten musikalischen Phänomen auszeichnen; heute „Second hand"-Läden, in denen selten erhältliche Tonträger, zumeist aus zweiter Hand angeboten werden oder die sich auf einen sehr engen Ausschnitt des breiten Spektrums von musikalischen Genres spezialisiert haben und die ein beliebtes Ziel von Schallplattensammlern darstellen. Hier kann auf sehr intensive Weise einer Leidenschaft gefrönt werden kann, die für manche einen symbolischen Lebensmittelpunkt darstellt.[25] Die genannten Orte vermitteln die Aura des Authentischen, der Möglichkeiten, hier Einmaliges zu finden, nicht zuletzt dadurch, dass sie meist mit extrem raren Posters, Plattencovers, gerahmten Vinylplatten, Titelseiten von Zeitschriften etc. ausstaffiert sind. Eine spezielle Erlebniswelt in diesem Sinne sind die thematisch auf Musikerlebnisse ausgerichteten Themengastronomieangebote – wie die Hard

Rock Café-Kette, deren Restaurants mit historischen Artefakten verschwenderisch ausgestattet sind.[26]

Viertens stellen die immer imposanteren Tonträgerabteilungen der Elektromärkte/Tonträger-Megastores Formen von Erlebniswelten dar. Hier wird durch innenarchitektonische Gestaltung, gelegentliche Veranstaltungen wie kleinere Konzerte oder Autogrammstunden, durch frei zugängliche CD-Abhöranlagen und moderierter Hintergrundmusik sowie durch demonstrativ gestapelte und geordnete Massen von CDs eine Erlebniswelt konstruiert, die mehr als bloßes Konsumangebot signalisiert: Hier wird die Verfügbarkeit über jegliche Musik der Welt suggeriert, wird Quantität zu Qualität. So sind diese Megastores nicht zufällig beliebte Treffpunkte und Streifräume von Jugendlichen, denn sie vermitteln auch die diffuse, unverbindliche Zugehörigkeit zu verschiedensten musikalischen Teilkulturen.

Je intensiver Kompetenz, Wissen und Artefakte angeeignet werden, je mehr diese Phänomene in den Mittelpunkt der alltäglichen Lebensgestaltung gelangen, umso mehr wird Musik als biographiebestimmende Komponente gelebt und erlebt. Das kann einerseits in einer „ganz normalen" beruflichen Tätigkeit im Bereich des Musiklebens – vom Interpreten über Musikwissenschaftler zum Plattenhändler – münden, es kann andererseits zu einer leidenschaftlichen Passion führen, die neben dem beruflichen Leben eine zentrale Größe darstellt – vom Sammler über den Amateurmusiker zum Fan.

4. Resümee

Hat die „Erlebnisgesellschaft" das Musikleben und das Musik-Erleben beeinflusst oder etwa gar verändert? Es scheint, dass diese Veränderungen gar nicht so dramatisch sind, wie sie vielleicht auf den ersten Blick scheinen mögen: Natürlich gibt es musikalische Erlebniswelten für alle gesellschaftlichen Gruppierungen gleichermaßen, und weiter umspannt die Palette musikalischer Erlebnisangebote Phänomene unterschiedlicher Intensität und Involviertheit. Allerdings hat es musikalische Lebenswelten und intensive Musikerlebnisse immer gegeben. So mag vielleicht das Neue der letzten Jahrzehnte sein, dass einmal die Angebote der Musikwirtschaft auf alle Zielgruppen je spezifisch abgestimmt sind und also niemand ausgeschlossen wird. Zum anderen steht heute der ökonomische Aspekt unverschleiert im Vordergrund. Und wenn es um Vermarktung geht, kommt die Warenästhetik ins Spiel, also die Produktion von Gebrauchswertversprechen, was in unserem Fall die Koppelung von Musik mit anderen Dimensionen des Erlebens und Begehrens bedeutet. Diese sollen die Grenzen der medialen Intensivierung kompensieren.

Literatur

Adorno, Theodor W. (1975). Einleitung in die Musiksoziologie. Frankfurt/M.: Suhrkamp (Erstveröff. 1962).
Adorno, Theodor W. (1976). Der getreue Korrepetitor. Gesammelte Schriften. Band 15. Frankfurt/M.: Suhrkamp (Erstveröff. 1963).
Barber-Kersovan, Alenka (1991). Turn on, tune in drop out: Rockmusik zwischen Drogen und Kreativität. (S. 89-103) In Helmut Rösing (Hg.), Musik als Droge? Mainz: Villa Musica.
Besseler, Heinrich (1978). Das Musikalische Hören der Neuzeit. (S. 104-173) In Ders., Aufsätze zur Musikästhetik und Musikgeschichte. Leipzig: Reclam (Erstveröff. 1959).
Blake, Andrew (1995). Britische Jugendkultur – gibt es sie noch? (S. 206-238) In Noraldine Bailer & Roman Horak (Hg), Jugend-Kultur. Wien: Wiener Universitätsverlag.
Brunner, Phillip (2002). Profane Leidenschaft. Explorative Studie zur Soziologie des Sammelns am Beispiel von Plattensammlern in Wien (extempore 3). Wien: Institut für Musiksoziologie.
Clarke, John u.a. (1979). Jugendkultur als Widerstand. Frankfurt/M.: Syndikat.
Gebhardt, Winfried (2003). Bayreuth – vom Konvent zum Event. (S. 185-198) In Klaus Neumann-Braun u. a. (Hg.), Popvisionen. Frankfurt/M.: Suhrkamp.
Großegger, Beate u.a. (1998). Trendpaket 2. Der Megastore der Szenen. Graz, Wien: Verlag Zeitpunkt.
Heinzelmaier, Bernhard (1998). Die „Pop-Maschine". Die szenebildende Bedeutung von Musik. (S. 154-160) In Beate Großegger u. a., Trendpaket 2. Der Megastore der Szenen. Graz, Wien: Verlag Zeitpunkt.
Horak, Roman (2000). ‚Dahoam is Dahoam' Über die Effektivität der ‚volkstümlichen Musik'. (S. 233-250) In: Udo Göttlich & Rainer Winter (Hg.), Politik des Vergnügens. Zur Diskussion der Populärkultur in den Cultural Studies. Köln: Herbert van Halem.
Klein, Gabriele (1999). electronic vibration. Pop Kultur Theorie. Hamburg: Rogner & Bernhard bei 2001.
Klein, Gabriele & Friedrich, Malte (2003). Globalisierung und die Performanz des Pop. (S. 77-102) In Klaus Neumann-Braun u. a. (Hg.), Popvisionen. Frankfurt/M.: Suhrkamp.
Linke, Norbert (1991). Musik von Johann Strauß/Vater und Josef Strauß. Walzertanzen als Droge? (S. 31-37) In Helmut Rösing (Hg.), Musik als Droge? Mainz: Villa Musica.
Linke, Norbert (1996). Johann Strauß (Sohn). Reinbek bei Hamburg: Rowohlt.
Niemann, Konrad (1974). Mass Media: New Ways of Approach to Music and Patterns of Musical Behaviour. (S. 44-53) In Irmgard Bontinck (ed.), New Patterns of Musical Behaviour. Wien: Universal Edition.
Nowak, Adolf (1998). Philosophische und ästhetische Annäherung an die Musik. (S. 50-70) In Herbert Bruhn & Helmut Rösing (Hg.), Musikwissenschaft. Ein Grundkurs. Reinbek bei Hamburg: Rowohlt.
Pape, Winfried (1998, 2001). Jugend, Jugendkulturen, Jugendszenen und Musik. In: Arbeitskreis Studium Populärer Musik – Beiträge zur Popularmusikforschung, Band 23 und Band 27/28 (Fortsetzung). Karben: Coda.
Poschardt, Ulf (1997). DJ-Culture. Reinbek bei Hamburg: Rowohlt.
Schäfer, Sven u.a. (1998). Techno-Lexikon. Berlin: Schwarzkopf & Schwarzkopf.
Schulze, Gerhard (1993). Die Erlebnisgesellschaft. Kultursoziologie der Gegenwart. Frankfurt/M., New York: Campus.

Schönhammer, Rainer (1993). Walkman. (S. 181-187) In Herbert Bruhn u. a., Musikpsychologie. Reinbek: Rowohlt.
Seel, Martin (2001). Das Auto als Konzertsaal. Vom Hören auf vier Rädern. (S. 147-155) In Peter Kemper (Hg.), Der Trend zum Event. Frankfurt/M.: Suhrkamp.
Silbermann, Alphons (1973). Empirische Kunstsoziologie. Stuttgart: Enke.
Weber, Michael u. a. (1998). „Sternenhimmelgefühl". Betrachtungen zu einem Konzert des Nockalm Quintetts. Musicologica Austriaca 17/1998, 117-134. Wien: Musikwissenschaftlicher Verlag.
Willis, Paul (1991). Jugend-Stile. Zur Ästhetik der gemeinsamen Kultur. Hamburg, Berlin: Argument.

Anmerkungen

[1] Auf die nicht unbedeutende Problematik „Musik als Ware" will ich hier nicht näher eingehen, es würde den Rahmen sprengen.
[2] Der Begriff wurde von Niemann (1974) als Ergänzung zu Besseler (1978) vorgeschlagen.
[3] Vgl. dazu die Beiträge von Reinhard Bachleitner und Heinz-Günter Vester in der vorliegenden Publikation bzw. grundlegend Schulze (1993).
[4] Vgl. Nowak 1998, S. 54.
[5] Ich orientiere mich beim Begriff „Musikerlebnis" an der von Silbermann (1973, S. 16ff.) vorgeschlagenen Kategorie des Kunsterlebnisses.
[6] Schon Adorno (1975, S. 24) hatte diese Haltung bei den von ihm so bezeichneten Ressentiment-Hörern vorgefunden.
[7] Manche Orte werden retrospektiv zu geweihtem Boden erklärt, wie etwa der Cavern Club oder der Starclub, in denen die Beatles ihre ersten Auftritte – allerdings als Tanzkapelle – hatten.
[8] Dabei wurden zwei gleichzeitig stattfindende Open-Air-Konzerte, eines in London, eines in Philadelphia, bei denen zahlreiche Stars und Superstars auftraten, weltweit live im Radio und Fernsehen übertragen. Der Ertrag wurde zugunsten von Hungernden in Afrika verwendet.
[9] Vgl. dazu Horaz 2000.
[10] 1982 gab Strauß in Boston ein Konzert vor rund 50.000 Besuchern, wobei er ein Tausend-Mann-Orchester (zusammen mit 100 Subdirigenten) leitete (Linke 1996, S. 99f.).
[11] Vgl. Klein & Friedrich 2003, S. 89f.
[12] Vgl. z. B. Barber-Kersowan 1991.
[13] Weiter könnte man noch das Hören von Musik beim Autofahren anführen, eine der vermutlich verbreitetsten Formen der Musikrezeption „Sie fahren, achten Ihres Weges, lassen sich dabei von den wechselnden Songs unterhalten, die Ihnen mehr oder weniger zusagen werden. Dann auf einmal, plötzlich, es trifft Sie unvorbereitet, wird ein Stück gespielt, das Sie wollen. Sie wollen es laut, Sie greifen zu Knopf oder Taste und drehen auf, Sie wollen nicht, dass es endet (...) Mit einem Mal ist die Musik jetzt kein Nebenbei, keine Unterhaltung, kein Zeitvertreib mehr, sie ist die Wirklichkeit, die Ihnen für diesen dreiminütigen Augenblick alle Wirklichkeit ist." (Seel 2001, S. 147f.)
[14] Eine Ausnahme stellt die Schaffung innerer Räume dar, bei der Performanz und Rezeptionshaltung zusammenfallen.
[15] Darunter fallen heute natürlich auch die traditionellen Institutionen der Aufführungskünste, also Konzerthäuser, Opern, Festivals.
[16] Der Szene-Begriff hat im Gefolge der Debatte um die Erlebnisgesellschaft Karriere gemacht und den „älteren" Subkultur-Begriff weitgehend abgelöst. Für die vorliegenden Überlegungen ist m. E. eine differenzierte Unterscheidung nicht nötig.
[17] Vgl. z. B. Blake 1995.

[18] Neben vielen anderen: Clarke u. a. 1979, Willis 1991, Großegger u. a. 1998, Pape 1998, 2001.
[19] Vgl. dazu Willis 1991.
[20] Die Bandbreite geht dabei von dionysischen Tanzekstasen zum hochformalisierten Gesellschafts- oder künstlerischen Tanz, bei dem ein hohes Maß an Körperkontrolle und –disziplin verlangt wird. Und auch das vermeintliche körperliche Unbeteiligtsein in der traditionell bürgerlichen Konzertsituation ist natürlich ein Ausdruck körperlicher Beteiligtheit, insofern als das disziplinierte Stillsitzen als sinnlich wahrnehmbare Metapher für die Ekstase der Kontemplation zu verstehen ist, die sich dann mit dem befreienden Klatschen einen Weg in die Alltäglichkeit bahnt.
[21] Vgl. dazu u. a. Poschardt 1997, Klein 1999.
[22] Die Diskothek bietet mehr als moderatere Formen von Tanzveranstaltungen, aber dieses Angebot wird natürlich unterschiedlich angenommen, in der Erlebniswelt Diskothek stellt sich nicht zwingend ein intensives Zugehörigkeitserlebnis ein, im Gegenteil, das Angebot wird von verschiedenen Besuchern und an verschiedenen Tagen unterschiedlich genutzt. Natürlich gibt es neben ekstatisch Tanzenden jene, die sich eher steif und gelangweilt ihrer Partnerin zuliebe auf die Tanzfläche stellen. Natürlich gibt es erfahrungshungrige Vieltänzer und gelegentliche, „bloß" partnersuchende Discobesucher.
[23] Head-Banging ist das monotone kräftige Schütteln des Kopfes von oben nach unten, z. T. bedingt durch die fehlende Bewegungsmöglichkeit im dichten Gedränge, z. T. bedingt durch die „Lähmung" durch die extrem laute Musik.
[24] Beim Stage-Diving klettert ein Konzertbesucher auf die Bühne, um dann ins Publikum zurückzuspringen, damit rechnend, dass das dieses ihn auffängt – ein recht riskantes Unternehmen also sowohl für den Akteur wie für die ihn auffangende Menge.
[25] Vgl. Brunner 2002.
[26] S. dazu den Beitrag in diesem Band.

Reinhard Bachleitner und Otto Penz[1]

Körper als Erlebnisort des Ichs

Die Beschäftigung mit dem Körper und Körpererlebnissen haben seit längerem Hochkonjunktur. Diesem aktuellen Körperkult, dem sich in westlichen, postmodernen Gesellschaften kaum jemand entziehen kann, ist über Jahrhunderte hinweg eine Körperabwertung und Körperdistanzierung vorausgegangen. Nur dadurch ist die heutige Aufmerksamkeitszentrierung möglich geworden.

Die deutliche Hinwendung zum Körper ereignet sich im Spannungsfeld zweier Geschichten – der Geschichte der *Körperfeindlichkeit*, die häufig christliche Züge trägt und u. a. zum Verschwinden der Körper im Alltag beitrug, und der Geschichte des *Körperfetischismus*, der immer wieder in Körperverachtung umschlägt.[2]

Die angeführten Gründe für die Körperaufwertung sind vielfältig, sie reichen von Argumenten, es handle sich hier um eine Reaktion auf die Entwicklung der Moderne mit ihren Individualisierungsschüben, wobei der individualisierte Akteur dem Körper nun endlich sein Recht einräume, bis hin zu kulturhistorischen Begründungen. Hierbei werden vor allem die quantitativen und qualitativen sozialen Veränderungen mitsamt ihren teilweise radikalen Umbrüchen und gesellschaftlichen Ausdifferenzierungen als Ursachen für die aktuelle Körpereuphorie angeführt (vgl. Bette 1992, S. 136; Bachleitner 1998, S. 283).

Insgesamt wird erkennbar, dass die Pendelbewegung zwischen Entkörperlichung und Körperenthusiasmus, die seit der cartesianischen Trennung *(res cogitans – res extensa)* besteht, sich nun in Richtung Körperzentrierung bewegt. Die über lange Perioden verdrängten Körper haben sich in individualisierten Gesellschaften Gehör verschaffen können, und die von Nietzsche eingeleitete Rehabilitierung des „Leibes" zeitigt zeitverzögert Erfolge, wie so oft bei Veränderungsprozessen, die sich im engen Kontext von Kultur ereignen.

Die aktuelle Körperfokussierung weist nun eine interne und externe Perspektive auf, bietet sowohl Innen- als auch Außenerlebnisse, die als doppeltes Wahrnehmungsmuster für den Einzelnen Bedeutung erlangen.

Körper als Erlebnis von Sinn und Sinnlichkeit

In einer immer mehr „entsinnlichten" Gesellschaft wird der Körper durch die ihm zugeschriebenen Natürlichkeitsqualitäten zu einer zentralen sinngebenden Instanz, nämlich insofern, als der Körper als Garant für Kausalitätserfahrungen gilt, da er unmittelbare Rückmeldungen garantiere (vgl. Bette 1992, S. 32). Dies reicht von körperbezogenen Wohlbefindlichkeitserfahrungen bis hin zu Körperempfindungsprogrammen, die als fundamentale Sinnentitäten erfahr- und erlebbar werden. Die Gesundheitsrhetorik setzt hier an und bietet Selbstvergewisserungsmöglichkeiten, die an verschüttete Natürlichkeitsvorstellungen anknüpfen. Die Hinwendung zum eigenen Körper verspricht sowohl „ganzheitliche" Sinnerfahrung als auch Sinnlichkeitserlebnisse.

Der Körper als Fixpunkt des Ichs

Mit den schwindenden Gewissheiten in der Postmoderne, sei es dem Verlust „der großen Erzählungen" (Ideologien) oder dem Schwinden traditioneller gesellschaftlicher Institutionen bei gleichzeitig einsetzenden Komplexitätssteigerungen in Gesellschaft und Alltag (Abstraktheit, Routinisierung und Bürokratisierung), ist die Orientierung für den Einzelnen schwieriger geworden. Als ein Fixpunkt bei der Orientierungssuche erweist sich u. a. der *Körper*. Dieser stellt in zunehmendem Maße ein sozial sinnvoll definiertes Rückzugsgebiet dar und wird so zur zentralen Identifikationsmöglichkeit für den Einzelnen. Das Körper-Ich wird in einer gleichsam immer immaterieller werdenden Lebenswelt zum identitätsstiftenden Moment für das Selbst.

Insgesamt nimmt die Ich-Findung und Ich-Entwicklung über den Körper zu – über einen Körper, den ich selbst besitze und der in der Dauerfluktuation postmoderner Gesellschaften Stabilität und Ruhe vermitteln kann.

Der Körper als Ort der Selbsterfahrung und Selbstergänzung

Die Befindlichkeiten und Selbstthematisierungen des Einzelnen in der postmodernen Gesellschaft sind höchst ambivalent und stark kommunikationsabhängig. Die Sprache des Körpers fällt in diesem Kontext, zumindest für das eigene Selbstverständnis, eindeutiger und klarer aus.

Gerade in *ich-zentrierten*, kommunikationsintensiven Gesellschaften – und in einer solchen befinden wir uns angeblich (vgl. Groos 1999) – werden weniger „sprachbedürftige" Elemente verstärkt nachgefragt, Elemente, die jedoch Selbsterfahrungsphasen einleiten und Ich-Steigerungen ermöglichen. Der Körper mit seinen deutlichen Außen- und Innen-Signalen erlaubt nicht nur Selbstinszenierungen, sondern ist auch Mittel und Medium für die Selbstverwirklichung und Selbsterfahrungen. So werden die beanspruchten Eigenzeiten heute vermehrt auf das Ich gelenkt, und der Körper erfährt dabei eine erhöhte Aufmerksamkeit.

So meint etwa Groos (2000, S. 32f.) in diesem Zusammenhang: „Die letzte Religion der Diesseitigkeit ist die Ich-Religion. Die Kampfzonen der diesseitigen Bewährung werden verengt: Die Schlachten werden auf dem und im Körper ausgetragen (..). Der Körper selbst soll zum Ausdruck gebracht und als Eigenleistung dargestellt werden (..). Der Körper wird zum Zeugnis der für ihn aufgebrachten Energie, belohnt wird durch gesellschaftliche Anerkennung und auch finanzielle Honorierung."

Identitätsentwürfe, die auf diese Art den Körper als Mittel einsetzen, sind meist erlebnisorientierte Selbstthematisierungen mit ungetrübter Ich-Nähe. Sie wirken insgesamt direkter und unmittelbarer, der Körper erweist sich hierbei als Fundus für eine leistungsorientierte Selbstergänzung.

All die hier skizzierten Aspekte sind entscheidend für die Möglichkeit, dass der Körper für viele zum Ort und für manche auch zum Kontinent[3] der Sinnerlebnisse wird. Das so genannte „biotische Erleben"[4] wirkt ich-konstitutiv. Ergänzt wird dieser an internen Aspekten gebundene „Erlebnisflow" durch äußere Demonstrationseffekte, die ihrerseits auf die internen Prozesse des Körper-Selbst wirken bzw. diese verstärken.[5]

Zur empirischen Evidenz

Inwieweit nun die beschriebenen Karrieren des Körpers und die damit verbundenen Hoffnungen den Einzelnen von seinen Orientierungsnöten entlasten bzw. unter welchen Bedingungen all diese Erwartungshaltungen rund um den Körper eintreten können, ist letztlich noch ungenügend abgesichert.

Wenngleich das Erleben des eigenen Körpers Sinnstiftung, Selbstreflexion, Selbstinszenierungseffekte in Aussicht stellt, so ist dies keineswegs zwingend der Fall. So resümiert auch Kolb (2002, S. 284): „Die Frage ist allerdings, ob die körperbezogene Sinnsuche, sei es im Erlebnissport oder in fernöstlichen Bewegungsformen, nicht unrealistisch ist. Die Zuwendung zum Körper läuft ins Leere, wenn körperzentrierte Verfahren unreflektiert als Heilslehren genutzt werde, (..) indem man eine implizite ‚Weisheit der Körper' vermutet, die bei der sinnvollen Gestaltung des eigenen Lebens eine Orientierung zu geben vermöge." Auch Keupp (2000, S. 118) äußert sich skeptisch, ob der Körper ein Stabilitätsgarant bzw. ein unveränderliches Fundament für die Schaffung einer personalen Identität sein kann, denn der Körper steht für ihn keineswegs außerhalb gesellschaftlicher Zusammenhänge, sondern er sei auch ein Mittel der sozialen Selbstdarstellung, in welchem sich aktuelle gesellschaftliche Normen und Werthaltungen widerspiegeln. Dies ist auch der Grund, warum Erwartungen an den Körper als ein Feld für authentische Erfahrungen jenseits von gesellschaftlicher Entsinnlichung schwer einlösbar seien bzw. kaum erfüllbar sein können. So ist es grundsätzlich kaum vorstell- und denkbar, dass über und durch den Körper die vormodernen Sinngebungsinstanzen ersetzbar sind, wenn nicht gleichzeitig und gleichwertig persönliche Veränderungen damit verbunden sind, die zur Identitätsgewinnung eingesetzt werden. Etwas anders gelagert ist diese Effektproblematik angesichts der Karriere der Körper im Kontext von Selbstinszenierungen, da hier die Symbolisierungsmechanismen auf einer zwischenzeitlich schon etablierten Wahrnehmungsebene vollzogen werden bzw. im gesamtgesellschaftlichen Ausmaß stattfinden wie etwa auf dem Gebiet der Sportmode oder einer „Körperarchitektur", wie wir sie etwa in Hollywood-Filmen oder in der Werbung antreffen.

Ziehen wir schließlich Befunde aus dem heute allgegenwärtigen Freizeitbereich heran, um eine Evidenzprüfung der Körperaktualität durchzuführen, so zeigt sich, dass wir hier in viele Konfigurationen von Körper und Freizeit stoßen. Die Fitnessstudios erweisen sich als Körpererlebnis-/Körperinszenierungswelten der besonderen Art: Die Studios mutieren zu Kathedralen für den Körper; Sporttourismus als Segment im Erholungstourismus beschreitet mit Wellness-/Gesundheitstourismus neue Erfolgswege; bei Club-Urlauben ist im Animationsbereich das Körpertrainingsangebot ein fester Bestandteil geworden. Kurz: Freizeit ist für viele zur Körperzeit geworden.

Der Körper als ästhetischer Erlebnisort

Allerorten, sei es in Hochglanzmagazinen, auf Plakatflächen, im Fernsehen oder auf Websites, sind heutzutage hochästhetische Körperbilder zu bewundern – schöne Menschen, die sich nahezu oder auch gänzlich unverhüllt dem Blick darbieten. An dieser omnipräsenten Repräsentanz nackter Schönheit wird einerseits erkennbar, welch dominante Rolle visuelle Sinneseindrücke in der westlichen postmodernen Kultur spielen. Seit der Erfindung der Fotografie in den dreißiger Jahren des 19. Jahrhunderts und mit der Ausbreitung moderner Massenmedien wie Film und Fernsehen verschiebt sich sukzessive die Gewichtung sinnlicher Wahrnehmungen zugunsten des Auges. Andererseits lassen sich an der schönen Nacktheit die Spätfolgen der „sexuellen Revolution" der sechziger Jahre des 20. Jahrhunderts ablesen. Die kommerzielle Indienstnahme der (politisch-emanzipatorisch ausgerichteten) sexuellen Befreiung und körperlichen Entblößung führt bis in die Gegenwart zu einem enormen Anschwellen an Nacktansichten, deren glatte Ästhetik den Konsum, und zwar den Waren-, Dienstleistungs- wie Medienkonsum, fördern soll.

Mit dem Aufbegehren der Jugend gegen die Prüderie der Elterngeneration in der biederen, familienzentrierten kulturellen Atmosphäre der Nachkriegszeit setzt der Enthüllungsprozess des Körpers im öffentlichen Leben ein, und mit der Ausbreitung der Jugend- und Popularkultur – einer anfänglich gegenkulturellen Formation – werden die Schamgrenzen merklich nach unten gesetzt. Im kulturellen Spannungsfeld der 60er Jahren (von Hoch- und Popkultur, jugendlicher Subkultur und Kommerz) werden der Minirock, die Transparentbluse und das „Oben ohne"-Baden erfunden, die Männer beginnen Bodybuilding zu betreiben, erste Erotikmagazine für ein breites Publikum kommen auf den Markt – jene Entwicklung wird in Gang gesetzt, die zur zeitgenössischen Erkenntnis führt, dass nicht mehr Kleider, sondern „Körper Leute machen" (vgl. Posch 1999). Das jugendliche Erscheinungsbild wird im Zuge dieser Ereignisse zum allgemein verbindlichen Schönheitsmaßstab, und stärker denn je gelten heute die jugendlich-schlanke Figur und die straffe Haut als wesentliche Ingredienzien einer wie auch immer gearteten Attraktivität[6] (vgl. Penz 2001, S. 157ff.).

Methoden der Ästhetisierung

Alle zeitgenössischen Schönheitsanstrengungen zielen auf die Konservierung bzw. Wiederherstellung jugendlicher Schönheit ab, wobei sich die Verschönerungsmethoden im Zuge der steigenden Nachfrage ausdifferenziert haben, Menschen aller sozialen Klassen vermehrt in die Ästhetisierung des Körpers investieren und sich das männliche Geschlecht in jüngster Zeit anschickt, verlorenes Terrain in puncto Körperpflege aufzuholen. Das Nachrichtenmagazin „Der Spiegel" fasst die aktuelle Lage pointiert in einem Satz zusammen: „Alle Menschen müssen sterben – aber niemand will mehr alt werden." (Schulz 2002, S. 213; vgl. Klein 2000, S. 41) Neben der anhaltenden Hochkonjunktur herkömmlicher Arten der Schönheitspflege wie Diät und Fitnesstraining sorgt neuerdings vor allem der starke Zustrom zur kostspieligen wie schmerzhaften „kosmetischen Chirurgie" für Aufmerksamkeit.[7] In den Vereinigten Staaten ist die Zahl ästhetisch-chirurgischer Eingriffe von ca. 2 Mio. 1997 auf knapp 8,5 Mio. im Jahr 2001 angestiegen; in Europa zeigt sich die gleiche Tendenz, wobei die Patientinnen immer jünger werden und männliche Kunden längst keine Ausnahmeerscheinungen mehr darstellen (vgl. Klein 2000, S. 212ff.).

Schönheit und Glück

Zum Teil kann in diesen Zusammenhängen von Nachahmungsprozessen gesprochen werden, dort, wo sich die überwältigende Flut an medialer „Artgenossenschönheit" (Guggenberger 1995, S. 104) als persönliches Begehren konkretisiert, dem einen oder anderen Star zu gleichen – zum Zweck der mimetischen Teilhabe an Popularität und Erfolg. Die Londonerin Cindy Jackson etwa hat 39 kosmetische Eingriffe auf sich genommen, um ihrem Idol, Barbie, zu ähneln. Größtenteils zielt die Verschönerungspraxis allerdings auf die Beseitigung individueller Makel ab, das heißt auf die Aufhebung imaginierter oder wirklicher Abweichungen von generellen Schönheitsstandards, die das Selbstwertgefühl beeinträchtigen (vgl. Penz 1995, S. 42ff.). Der trapezförmige, muskulöse Männeroberkörper, der straffe, halbkugelförmige Busen, der flache Bauch ebenso wie volle Frauenlippen und faltenfreie Gesichtszüge wirken dabei vorbildhaft, und die Arbeit am richtigen Aussehen, sei es im Fitnesscenter oder durch chirurgische Kunstgriffe, scheint ein besseres Leben zu versprechen. Allemal steht im Verschönerungsprozess das persönliche Glück zur Disposition, und zwar in Umkehrung des herkömmlichen Argumentationsschemas, dass wahre Schönheit von innen komme. Vielmehr bewirken die Ausbesserungsarbeiten an der Körperoberfläche eine Heilung der Seele, darin sind sich beispielsweise die Kundschaft der kosmetischen Chirurgie und die so genannten „Komfort-Mediziner" einig. Deren Glaube, „Wenn der Makel weg ist, entsteht ein ganz neues Lebensgefühl", erscheint symptomatisch heutzutage, während sich die aktuelle Macht des Schönheitsdiskurses höchst prägnant in jener Auffassung eines Tübinger Chirurgen zeigt, dass „ein unvorteilhaftes Äußeres an sich einen Krankheitswert besitzt" (ibid., S. 228).

Tatsächlich erhöht sich mit der massenweisen Verbreitung von Schönheitsbildern und im Zuge ausufernder Schönheitspraktiken der soziale Druck, den eigenen Körper in Form zu halten, wobei die jugendlich-schlanke Gestalt nicht nur als attraktiv beurteilt, sondern mit einer ganzen Reihe zusätzlicher positiver Eigenschaften in Verbindung gebracht wird. Galt noch im ausklingenden 19. Jahrhundert eine gewisse Leibesfülle als Zeichen des persönlichen Elans und wirtschaftlichen Erfolgs (vgl. Schwartz 1986, S. 68), so repräsentiert nunmehr, rund ein Jahrhundert später, der durchtrainierte, stromlinienförmige Körper die Leitwerte der schnelllebigen Informationsgesellschaft, etwa Dynamik, Flexibilität, Selbstdisziplin und Durchsetzungsvermögen. Abgesehen von diesem Mentalitätswandel, tragen einige sozioökonomische Entwicklungen zur Verschärfung des Schönheitsgebots in der Postmoderne bei, von denen zwei besondere Beachtung verdienen: die zunehmende Kapitalisierung von Attraktivität im Berufsleben sowie Auflösungserscheinungen der Kleinfamilie, die neue Partnerschaftsstrategien bedingen.

Der Körper im Berufs- und Privatleben

Im Zuge der Etablierung einer nachindustriellen Ökonomie, wo Dienstleistungs-, Informations- und Präsentationsberufe enorm an Bedeutung gewinnen, kommt dem attraktiven Aussehen größeres Gewicht zu. Je unbedeutender aufgrund der Automatisierung der industriellen Produktion die instrumentellen Funktionen des Körpers werden, desto gewichtiger erscheint der symbolische Wert des Erscheinungsbildes (vgl. Hitzler 2002, S. 75). Der Aufschwung der Mode-, Fitness- oder Werbebranche bewirkt eine ungeheure Zunahme an Schönheitsberufen, ebenso wie eine Vielzahl persönlicher Dienstleistungen, etwa im Service- und Beratungsbereich, ein attraktives Äußeres erfordern und

Präsentationsleistungen, sei es auf kulturellem, politischem oder wirtschaftlichem Gebiet, allemal von körperlichen Attributen abhängen. Mit einem Wort, die Attraktivität wird in der Postmoderne zu einem wichtigen beruflichen Kriterium, und aus Investitionen in den Körper lässt sich auf ungewohnt vielfältige Weise sowohl symbolischer als auch materieller Profit lukrieren (vgl. die sozialpsychologischen Erkenntnisse in Koppetsch 2000, S. 99). Pierre Bourdieu (1984, S. 328) veranschaulicht in diesem Zusammenhang sehr eindringlich, dass genau jene Teile der Bevölkerung die größten Schönheitsanstrengungen unternehmen, die sich davon berechtigterweise verbesserte Chancen im Berufsleben versprechen, etwa Frauen aus „dem neuen Kleinbürgertum im Umfeld der Repräsentations- und Präsentationsberufe". Die nachindustrielle Arbeitswelt motiviert mithin zur Körperpflege und sie bevorzugt die Schönen.

Im privaten Bereich zeichnen sich seit den siebziger Jahren des 20. Jahrhunderts starke Individualisierungstendenzen ab (vgl. Beck 1986, insb. S. 181ff.). Immer weniger Paare heiraten, zudem steigt das durchschnittliche Heiratsalter beider Geschlechter sukzessive an, während umgekehrt die Lebensdauer von Ehegemeinschaften sinkt und sich die Scheidungsrate erhöht. In der Familienforschung ist man längst dazu übergegangen, von „Lebensabschnittspartnern" und „serieller Monogamie" zu sprechen, also mehrere stabile Verbindungen, die der Einzelne im Verlauf des Lebens durchläuft, als Regel zu betrachten. Über den Grundtenor dieser Entwicklung lässt sich mit Antoine Prost (1993, S. 87) resümieren, dass die Familie allmählich aufhört, „eine soziale Institution zu sein, und (sie) zum Schauplatz interagierender Privatsphären wird". Diese Brüchigkeit bzw. Fragmentierung des Familienlebens sorgt für eine ungeheure Belebung des Partnerschaftsmarktes, der von einer fortwährend wachsenden Zahl autonomer Individuen bevölkert wird, die Zuneigung, Liebe und sexuelle Erfüllung suchen. Die traditionelle Macht der Schönheit wächst unter solch verschärften Konkurrenzbedingungen, indem sie wie kaum ein anderes Mittel, nämlich unmittelbar, imstande ist, Aufmerksamkeit zu binden und Beziehungsmöglichkeiten herzustellen (vgl. Guggenberger 1995, S. 73) – wobei kein Lebensalter mehr von der Sorge um die eigene Anziehungskraft befreit ist. Im Prinzip trägt der postmoderne Individualismus damit – im Rahmen einer hochgradig visuell ausgerichteten Kultur – zum Boom körperlicher Strategien in der Inszenierung von Einzigartigkeit bei, die zum Teil spektakuläre Ergebnisse, etwa in Form kiloschwerer Silikonbrüste, zeitigen.

Schlussbemerkungen

Die anhaltende Hochkonjunktur der Körper ist unbestreitbar. Sie manifestiert sich in der Ich-Zentrierung wie in der Selbstfindung mit und über den Körper. Das Körper-Ich gilt als entscheidender Faktor der Identitätsbildung, und der Körper wird zum vorrangigen Sinn- und Bedeutungsträger in der Postmoderne.

Nach einer Phase der Körperdistanzierung erfährt der Körper eine kaum mehr zu übertreffende Zuwendung und Wertschätzung, wobei die Körperthematisierung nicht nur in Freizeitfeldern erfolgt, sondern ebenso in der Berufswelt: Attraktivität und sozialer Status korrelieren hoch.

Die strukturellen Gegebenheiten im Berufs- wie im Privatbereich führen dazu, dass attraktiven Menschen größere Lebenschancen offen stehen bzw. dass jene Menschen, wie die Nachfrage bestätigt, ihre Körper auf beiden Gebieten wahrhaftig als sinnstiftende Ereignisse" erfahren. Die Attraktiven akkumulieren symbolisches (wenn nicht ökonomisches) Kapital durch die Aufmerksamkeit, die ihnen zuteil wird, wovon nicht zuletzt Selbstbewusstsein und Selbstwertgefühl profitieren. Und wenn man bedenkt, dass die persönliche Identität in hohem Maße von Gratifikationen des sozialen Umfeldes abhängig ist, so resultiert aus der Arbeit am Körper, das heißt aus der Schönheitspflege, die den Reiz des Körpers und seine Anziehungskraft erhöht, eine Reihe von Vorteilen für ein befriedigendes Ich-Bild.

Literatur

Alkemeyer, Thomas, Boschert, Bernhard, Schmidt, Robert & Gebauer, Gunter (Hg.) (2003). Aufs Spiel gesetzte Körper. Aufführungen des Sozialen in Sport und populärer Kultur. Konstanz: UVK.

Bachleitner, Reinhard (1998). Freizeit-Tourismus-Sport. Zur Entdifferenzierung und Pluralisierung in der Postmoderne. (S. 267-288) In Max Preglau & Rudolf Richter (Hg.), Postmodernes Österreich? Konturen des Wandels in Wirtschaft, Gesellschaft, Politik und Kultur. Wien: Signum.

Beck, Ulrich (1986). Risikogesellschaft. Auf dem Weg in eine andere Moderne, Frankfurt/M.: Suhrkamp.

Bette, Karl-Heinz (1992). Wo ist der Körper. (S. 36-59) In Karl-Heinz Bette, Theorie als Herausforderung. Aachen: Meyer und Meyer.

Bolz, Norbert (1997). Die Sinngesellschaft. Düsseldorf: Econ.

Bourdieu, Pierre (1984). Die feinen Unterschiede. Kritik der gesellschaftlichen Urteilskraft. Frankfurt/M.: Suhrkamp.

Gross, Peter (2000). Körperkult: Die Anbetung des Fleisches. Psychologie Heute, Dezember 2000, 28-35.

Gross, Peter (1999). Ich-Jagd. Im Unabhängigkeitsjahrhundert. Frankfurt/M.: Suhrkamp.

Guggenberger, Bernd (1995). Einfach schön. Schönheit als soziale Macht. Hamburg: Rotbuch.

Hitzler, Ronald (2002). Der Körper als Gegenstand der Gestaltung. Über physische Konsequenzen der Bastelexistenz. (S. 71-88) In Kornelia Hahn & Michael Meuser (Hg.), KörperRepräsentationen. Die Ordnung des Sozialen und der Körper. Konstanz: UVK.

Klein, Gabriele (2000). Das Leibeigene. Die Zeit 44/2000, 40-41.

Kolb, Michael (2002). Körperzentrierung und Selbsterfahrung. (S. 278-285) In Jürgen Dieckert & Christian Wopp (Hg.), Handbuch Freizeitsport. Schorndorf: Hofmann.

Koppetsch, Cornelia (2000). Die Verkörperung des schönen Selbst. Zur Statusrelevanz von Attraktivität. (S. 99-124) In Cornelia Koppetsch (Hg.), Körper und Status. Zur Soziologie der Attraktivität. Konstanz: Universitätsverlag.

Penz, Otto (2001). Metamorphosen der Schönheit. Eine Kulturgeschichte moderner Körperlichkeit. Wien: Turia + Kant.
Penz, Otto & Pauser, Wolfgang (1995). Schönheit des Körpers. Ein theoretischer Streit über Bodybuilding, Diät und Schönheitschirurgie. Wien: Rhombus.
Posch, Waltraud (1999). Körper machen Leute. Der Kult um die Schönheit. Frankfurt/M.: Campus.
Prost, Antoine (1993). Grenzen und Zonen des Privaten. (S. 15-152) In: Antoine Prost & Gérard Vincent (Hg.), Geschichte des privaten Lebens. Bd. 5. Frankfurt/M.: S. Fischer.
Schober, Reinhard (1993). (Urlaubs-)Erleben, (Urlaubs-)Erlebnis. (S. 137-140) In: Heinz Hahn & H. Jürgen Kagelmann (Hg.), Tourismuspsychologie und Tourismussoziologie. Ein Handbuch zur Tourismuswissenschaft. München: Quintessenz.
Schulz, Matthias (2002). Venus unterm Faltenhobel. Der Spiegel, 41/2002, 212-228.
Schwartz, Hillel (1986). Never satisfied. A cultural history of diets, fantasies and fat. New York: Free Press.
Wolf, Naomi (1991). Der Mythos Schönheit. Reinbek: Rowohlt.

Anmerkungen

[1] R. Bachleitner zeichnet für den Teil über „Ich-konstitutive" Körpererlebnisse und O. Penz für den Teil über Ästhetisierungspraxen verantwortlich. Nach Fertigstellung des Manuskripts erschien noch der informative Sammelband von Alkemeyer u. a. zum Thema Körper und Gesellschaft.

[2] Diese Ambivalenz wird insofern verständlich, als der Körper in unterschiedlichen Kontexten verschieden reagiert. So ist die Sprache des Körpers vielfältig, sie reicht von Genuss-/Lustartikulationen bis hin zu Ausdrücken des Schmerzes, Überdrusses oder der Verdrängung/Negation im Alterungsprozess.

[3] Norbert Bolz (1997) betitelt einen Teilabschnitt seiner Körperthematisierung mit „Körper, Kontinent der Sinne".

[4] Im Sinne von Erleben des oft vergessenen Körpers (Schober 1993, S. 138).

[5] Vgl. in diesem Zusammenhang auch den Beitrag über Achterbahnen in diesem Band.

[6] Zur analytischen Unterscheidung von Attraktivität und Schönheit vgl. Koppetsch 2000, S. 101ff.

[7] Zur Einschätzung dieser Operationen aus feministischer Sicht vgl. v. a. Wolf 1991, S. 309ff.

H. Jürgen Kagelmann

Themenparks

1. Einleitung: Freizeit- vs. Themenparks

Freizeitparks (syn. Vergnügungsparks) gelten als die reinste, typischste Form von Erlebniswelten; bevor die überbordende Verwendung des Begriffs „Erlebniswelt" aufkam, waren Freizeitparks und Erlebniswelten vielfach synonym. Das hat seine Gründe und Logik, denn die wichtigsten Charakteristika von Erlebniswelten wurden zuerst in den entwickelten Freizeitparks der Disney Co., besonders in Walt Disney World in Orlando, realisiert. Insofern ist es auch nicht grundsätzlich falsch, wenn im Alltagsgebrauch „Disneyland" mit „Erlebniswelt" gleichgesetzt wird.

Begriffliche Abgrenzung: In der neueren Diskussion hat es sich durchgesetzt, den qualitativen Sprung von Freizeit- zu Themenparks zu betonen. *Freizeitpark (syn. Vergnügungspark)* ist ein Sammelbegriff für alle großflächig angelegten, in sich abgeschlossenen Freizeitanlagen, in erster Linie, schwerpunktartig auf Unterhaltung („fun") setzen, kommerzieller oder aber nichtkommerzieller Art sind, Ausflugsziele (also keine touristischen Destinationen per se) sind. *Themenparks* wären unserem Verständnis nach idealtypischerweise solche Freizeitparks oder -anlagen, die (über die oben dargelegten Eigenschaften) hinaus folgende Charakteristika aufweisen: Sie sind explizit und auf besondere, häufig unverwechselbare Weise thematisiert, inszenieren sich und ihr(e) Thema(ta) in durchkontrollierter, planvoller Weise, haben ein multifunktionales und multioptionales Angebot, das sich v.a. durch eine sehr große Bandbreite an „Unterhaltung" auszeichnet, bieten darüber hinaus aber viele andere Funktionen/Dienstleistungen, organisieren ihr Angebot zielgruppenspezifisch, gehören in der Regel einem Betreiber (bzw. einer Betreibergruppe), der/die i.d.R. Parks als multinational-global operierender Konzern (mit einer grossen Bandbreite an Aktivitäten, v.a. im Medien-Kommunikationsbereich) im Sinne des Synergieprinzips realisiert; sie sind über Ausflugsziele hinaus regelrechte touristische Destinationen und sie schaffen es häufig, zu ihren Besuchern eine emotionale Beziehung aufzubauen, die eine oft langjährige Bindung garantiert. Typisch für

Themenparks ist auch das pay-one-price-Prinzip (– mit einer Eintrittskarte sind im Prinzip alle Attraktionen zu nutzen.) Diese Bestimmungen sollen in Abschnitt 2 erläutert werden.

Kommerzielle[1] Themenparks finden wir heute v.a. in den USA, Canada, in Deutschland, Frankreich, Grossbritannien, Spanien, Italien, Skandinavien in Südkorea und Japan, Australien daneben auch in Mexiko und Brasilien. Experteneinschätzungen nach ist der nordamerikanische Markt relativ gesättigt; zukünftige Märkte dürften v.a. China[2], im weiteren die prosperierenden südostasiatischen Länder und, mit Abstrichen, auch die entwickelteren Länder Osteuropas sein.

2. Geschichte und Entwicklung

Die Geschichte der Freizeitparks kann an dieser Stelle nur in groben Zügen skizziert werden.
– In der „vorgeschichtlichen" Phase finden wir für die Öffentlichkeit zugänglich gemachten Parks und Gärten aus ehemals adligem Besitz mit ersten kleinen Attraktionen, u.a. auch fremdländischen Inszenierungen (Tivoli-Parks); Volksfeste haben ein immer größeres Belustigungsangebot.
– In der Frühphase entwickeln sich v.a. in Grossstädten „Lunaparks" als stationäre Volksfeste[3] und in den beliebteren englischen und amerikanischen Seebädern die „Pleasure Beaches". Coney Island gilt als ein Markstein in der Entwicklung der Freizeitparks, frühere Gründungen, teilweise bis heute operierend (Cedar Point, Dorney Park) sind ab 1846 bekannt[4], erreichten aber nie den quasi literarischen Grad an Berühmtheit wie Coney Island. Die Frühphase wird entscheidend beeinflusst durch die zunehmende Technisierung von „Fahrgeschäften" (rides), insbesondere der Achterbahnen[5]. Ein weiterer wichtiger Entwicklungsstrang sind die Weltausstellungen des 19. und 20. Jahrhunderts.
– Der eigentliche Beginn der Themenparks ist ohne Zweifel mit der Eröffnung von Disneyland in Anaheim Kalifornien (17.7.1955) anzusetzen (auch wenn es manche Vorläufer gab, wie z.B. den ersten Meerestierpark „Marineland" in Florida 1938, die „Knotts Berry Farm" (Buena Park-Los Angeles, mit ersten Anfängen in 1920), die in Südstaatenthematik verkleidete Botanische Freizeitwelt „Cypress Gardens" in Winter Haven/ Florida, 1936), das Santa Claus Land (Indiana, 1946, das vielen als erstes US-Themenpark überhaupt gilt), u.a. Die damit markierte Formierungsphase wird durch den phänomenalen Erfolg Disneylands und seiner Nachfolger bestimmt, wozu Filmparks (Universal Studio Hollywood, 1964), Marineparks (SeaWorld of California 1964) u.a. gehörten.
– Ab 1971 setzt mit der Eröffnung des Magic Kingdom in Walt Disney World, Orlando, die erste Expansionsphase an, die die Idee des Destination Resort-Konzepts mit multiplen Parks u.a. Angeboten realisiert. In vielen, v.a. europäischen Ländern werden kleinere Freizeitparks, in Deutschland meist von ehemaligen Schaustellern, eröffnet (Holiday Park 1967, Fort Fun 1974), aus denen sich in manchen Fällen (Europa Park 1975) grosse Themenparks entwickeln. Als Sondergruppe entstehen in den USA thematisierte Wasserparks.
– Eine zweite Expansionsphase können wir Mitte der 80er Jahre feststellen, als die Vorbehalte weiter Kreise gegenüber Freizeit- und Themenparks abnehmen, neue technische

Entwicklungen (Computertechnologie) interessantere Fahrgeschäfte möglich machen, Konzerne international operieren und ihre Themenparkideen exportieren bzw. lizenzieren (1982 Tokyo Disneyland, 1992 Euro-Disney/Disneyland Paris), und die Themenparks von den Massenmedien (Fernsehen) entdeckt werden; nicht zu vergessen eine starke wirtschaftliche Konzentrationsbewegung der mit Themenparks befassten, v.a. US-amerikanischen Unternehmungen.

– In der zweiten Hälfte der 90er Jahre kommt es zu einer dritten Expansionsphase, die v.a. auf dem nordamerikanischen Kontinent durch eine in manchen Ausprägungen euphorische Hinwendung zu den Achterbahnen als zentrale Attraktionen geprägt ist, und in anderen Teilen der Welt immer neue, z.t. sehr kurzlebige Neueröffnungen von Themenparks in immer mehr Ländern bzw. Regionen, darunter auch solchen, die bisher diese Erlebniswelten nicht kannten, sieht. Darüberhinaus nimmt die Globalisierung von Themenparkkonzepten und -ökonomien zu. Edutainmentgedanken und Unternehmenskommunikation treten als neue Ziele/Philosophien auf.

Derzeit befinden wir uns in einer Konsolidierungsphase: politische und ökonomische Entwicklungen haben die Schranken aufgezeigt, die Investitionen für neue Parks bzw. für die Attraktivierung existierenden Parks durch Novitäten sind aktuell heruntergeschraubt worden.

3. Prinzipien von Themenparks

3.1. Thematisierung

Thematisierung meint eben nicht nur das „Verkleiden" von Personen und Menschen und Attraktionen mit einer x-beliebigen inhaltlichen „Tünche". Thematisierung ist ein Prinzip, das auf drei Säulen beruht:

(a) *die filmgerechtn Anluge/Elaborierung eines Themas ("story telling", Kino-Film-Prinzip) und sein intensiver Bezug zu Medien.*

Die Darbietung eines Themas geschieht nicht statisch, sondern dynamisch-narrativ, im optimalen Fall im Sinne der Abfolge von Szenen eines Filmes. D.h., es wird cine Geschichte (oder deren mehrere) vierdimensional erzählt. Disneyland wurde z.B. mit der Struktur konzipiert, eine Abfolge von Filmsequenzen zu sein, die der Besucher „erfahren" oder „durch-wandern" soll. Auch viele der Park-Attraktionen, v.a. die Rides und Shows, sind im optimalen Fall „Storys"[6]. Die richtige Montage der Szenen ergibt die Attraktion beim Besucher.

(b) *auf emotional überdurchschnittlich anziehende Themenkomplexe geographisch/historischer Art i.S. der „imaginären Geographie"*

Es sind v.a. emotional besonders berührende Elemente von archetypischem Charakter, die auf breites Interesse der Zielgruppen stoßen, alte Bilder, Stereotype, Vorstellungen wiederbeleben, die oft schon Jahrhunderte lang die Menschen fasziniert haben (und in anderer medialer Form auch immer wieder aktualisiert werden, etwa in den populärwissenschaftlichen TV-Sendungen). Zu den imaginären Welten (Hennig 1997, S. 94f.) und kollektiven Phantasien, die im Urlaub – und eben auch in den Themenparks – sinnlich erfahren werden wollen, gehören: typisch exotische, mystische, legendäre, geheimnisumwitterte Räume wie das Ägypten der Pharaonen; das kaiserliche China; die Piraten der Karibik des 16. Jahrhunderts; der Orient/das Arabien von Sindbad und Sheherezade; das revolutionäre Mexiko; der geheimnisvolle, unerforschte „dunkle Kontinent" Afrika des 19. Jahrhunderts und der Safari-Mythos; die abenteuerliche Südsee des 19. Jahrhunderts; das traditionell-andalusische Spanien; das ritterliche, aber auch das märchenhafte Mittelalter; die Urwelt der Dinosaurier, der Wilde amerikanische Westen, die Zeit der Dampfeisenbahnen, die Eroberung des Weltraums/die Existenz ausserirdischer Wesen, die Alpenregion, das venezianische Italien, etwas seltener auch das romantische Holland, das viktorianische England und das deutsche Rheinland, u.a.m. Spezielle nationale Themen ergänzen diese Selektion (z.B. in den USA amerikanischer Patriotismus, Sezessionskrieg, die „gute alte Zeit", Old South; Country Music u.a.).

Hinzu kommen zentrale emotionale Ritual-Themen (wie Weihnachten),m moderne Mythen (wahre Geschehnisse, die Uremotionen anrühren und nie aus dem kollektiven Gedächtnis verschwinden – z.B. der Untergang der Titanic). Weiter die emotionsstarken Mediengeschichten und -Figuren von Micky Maus bis Tarzan, von Heidi bis Batman, die durch ihre synergistische Präsenz in immer wieder neuen narrativen (Medien-) Variationen erscheinen und irgendwann zu einem modernen Märchenschatz geworden sind, und die früher omnipräsenten Märchengeschichten zurückgedrängt haben, aber auch die jüngeren Medienereignisse (wie die Sesame Street). Einige wenige literarische Meilensteine haben den Status eines Themas „geschafft", wie z.B. Jules Verne. Überhaupt sind Filmgeschichten eine der stärksten „Waffen" der Themenparks, erstens weil Film das Unterhaltungsmedium des 20. Jahrhunderts überhaupt ist und Menschen fasziniert (Gabler 1999), zweitens, weil die technischen Möglichkeiten[7] der Filmproduktion immer zur Bewunderung einladen und drittens, weil Filmgeschichten logischerweise am ehesten sich in die an Filmstrukturen orientierenden Aufbau (s.u.) eines Themenparks bzw. seiner Teile umsetzen lässt. „Film"(-produktion, -geschichte) ist ein weiteres zentrales Thema, dem überall auf der Welt Themenparks – in unterschiedlicher Akzentuierung – gewidmet sind. In der Regel handelt es sich um ehemalige Filmdrehplätze oder – Studios, die zu Themenparks umfunktioniert worden sind; das Spektrum reicht von stark erlebnisorientierten (z.B. Universal Studios Hollywood) bis hin zu eher betriebsführungsähnlichen Parks (Bavaria Filmstadt, München). Spielzeug ist ein Thema, wie sich an den Legoland-Parks zeigt. Auch „Natur" kann ein Thema sein (Meerestierparks).

(c) die geplante, umfassende, intensive, perfektionierte Art der Thematisierung.

Möglichst jedes Detail von den Hotelzimmern bis zu den Abfallbehältern, von Parkplatzschildern bis zur Hintergrundmusik wird themengerecht angelegt; die Angestellten werden daher auch als „cast members" (so bei Disney) bezeichnet, die ihre Rolle spielen, um das Thema (und damit den Parkbesuch) erfolgreich werden zu lassen; die Themenparklandschaft wird zu einer „Anderswelt". Besonders wichtig ist der Begriff der „authentischen Replikation" (wie ihn die Disneyschen Imagineers für bestimmte Themenparkteile, z.B. im Animal Kingdom (Orlando) in Anspruch nehmen[8], oder der „korrekten Rekonstruktion" einer historischen Gegebenheit, wie er von australischen geschichtlichen Themenparks eingeführt wurde: das Faszinierende ist die peinlich genaue Rekonstruktion von etwas, die „Neoauthentiziät". Sind diese Merkmale realisiert, entsteht beim Nutzer der Eindruck von, wie wir es nennen wollen, „geglückter Authentizität": Dann ist ein Thema so inszeniert worden, dass es überzeugend auf Besucher/Zuschauer wirkt – in der Postmoderne ersetzt die Lust auf und die Faszination am genialen, immer perfekt gemachten, meist spaßigen „Fake" die in früheren touristischen Epochen traditionelle Bewunderung für statische, „echte" Attraktionen aus Kultur und Natur[9].

3.2. Inszenierungscharakter

Inszenierung meint, dass nichts dem Zufall überlassen bleibt und alle denkbaren Mittel – Dramaturgien; optische, auditive, taktile, olfaktorische Reize; Medieneinsatz – genutzt werden, ein Thema und eine Geschichte zu einer Attraktion zu machen. Inszenierung meint aber noch mehr als das planvolle, kontrollierte Geschehenlassen von Unterhaltungsangeboten (s.u.), z.B. von Shows, Paraden, auch Rides, mehr als nur die gute „Performance". Es geht um das Gesamterlebnis: Möglichst alle Elemente in der Erlebniswelt Themenpark – oder noch optimaler, im ganzen Destination Resort (s.u.), sollen auf das Ziel „Erlebnis" („Fun") ausgerichtet sein. Dies betrifft z.B. die Dienstleistungsqualität i.e. Sinn (Service), die Architektur der Parks, die Architektur der dazugehörenden Hotels u.a. Betriebe („Entertainment architecture"), die Events, usf.

3.3. Multifunktionalität/Multioptionalität

Themenparks weisen eine umfassende und differenzierte Erlebnisangebotsstruktur, die die normaler Freizeitparks bei weitem übersteigt. Es gibt fast alles, was es im traditionellen Funktionskreis einer Kleinstadt geben sollte.

Neben dem i.e. Sinn Unterhaltungsspektrum haben Themenparks („major theme parks") ein jeweils hoch differenziertes (und betont erlebnisorientiert gedachtes) Angebot an: (1) (i.d.R. themenorientierter Gastronomie[10]:) Essen & Trinken, (2) Übernachtung/Aufenthalt/Wohnen (integrierte Hotels, aber auch andere Formen von Logis: Ferienwohnungen, Blockhäuser, Camp- und Zeltmöglichkeiten), (3) (Ein-)Kaufen (Shopping); (4) passivem Sport (Zuschauen), (5) aktivem Spiel (als besonders herauszuhebendes Element das Spiel mit dem Wasser, z.B. Water Rides; Wasserrutschen), (6) aktivem Sport (z.B. Golfspielen); (7) Spielmöglichkeiten für Kinder (Kinderspielplätze); (8) populären Kulturevents; andere kulturelle Veranstaltungen; (9) Naturerfahrung und -begegnung im weitesten Sinn (Tiere und Pflanzen kennenlernen) durch spezielle Führungen, Gruppenangebote; (10) (organisiertem) Lernen im weitesten Sinne (i.d. Edutainment-Charakter), gleichfalls durch spezielle zusätzliche Führungen zu ausgewählten Themen der Parkwelt, inkl. Betriebsführungen; (11) inzidentellem (beiläufigem) Lernen – v.a. über fremde Kulturen/Nationen und Tierarten; (12) Ausflugsmöglichkeiten (vom Resort aus); (13) beruflich/geschäftlich orientierten Angebote (Tagungen, Kongress-facilities: „Confertainment"); (14) gelegentlich finden sich sogar religiöse Angebote[11].

3.4. Multi-Unterhaltung

Moderne Themenparks bieten viele verschiedene Formen von Unterhaltung (die sich auch an unterschiedliche alte bzw. park-„erfahrene" Zielgruppen mit unterschiedlichsten Ansprüchen und Motivationen richten).
Dazu gehören einfache Fahrgeschäfte oder „Rides" (z.b. Karussells), komplexe Fahrgeschäfte (z.B. Achterbahnen), Simulationsangebote, alle Formen von Filmvorführungen (Rundumprojektionen, dreidimensionale Filme, Omnimaxfilme usf.), Simulationen, Automaten-(Arkaden-)spiele; virtuelle Games, Geschicklichkeitsspiele, Shows, Varietévorführungen, Comedy, Paraden, Museen, Ausstellungen, aber auch zirzensische Darbietungen (Dressuren, Magie, Artistik, Clownerie). Es entsteht so der Eindruck eines überbordenden, geradezu unglaublichen (quasi „paradiesischen") Unterhaltungsangebotes, das man in seiner Fülle gar nicht mehr nutzen kann. Nicht nur die Nutzung, auch die Auswahl ist ein Problem – der Besucher kommt nicht umhin, „Spassarbeit" (s.u.) zu leisten, z.B. sich generalstabsmässig vorzubereiten, um den erhofften „Glücks"- oder „Unterhaltungsgewinn" zu erzielen.

3.5. Zielgruppenspezifität

Besonders das klassische Themenparklayout mit (meist 4-8) verschiedenen „Ländern" bietet explizite Möglichkeiten, das Ideal eines Parks für alle (Zielgruppen) zu gestalten, wie es die major theme parks tun. Die Auswahl der Attraktionen ist eine Möglichkeit grosser Themenparks, um verschiedene Zielgruppen anzusprechen. Z.B. findet sich häufig ein „Märchen-", „Phantasie"-Land o.ä., um Familien mit kleinen Kindern anzuziehen. Achterbahnen und andere Thrillrides sollen Jugendliche und junge Erwachsene ansprechen..

3.6. Kontrolle des Angebotes

Themenparks befinden sich i.d.R. in der Hand eines einzigen Besitzers bzw. Betreibers bzw. einer Betreibergruppe – dadurch wird die Qualität und v.a. Einheitlichkeit und Stringenz des Angebotes garantiert (Konsortien sind möglich, desgleichen die Verpachtung von Teilen der Gastronomie oder Hotellerie an Aussenstehende); wichtig ist, dass innerhalb eines Parks keine Konkurrenz stattfindet. (Der Wiener Prater würde somit nicht zu den Themenparks gerechnet werden.) Während sich Freizeitparks in den Händen von kleineren Firmen, nicht selten ehemaligen Fahrgeschäftaufstellern, gelegentlich auch ehemaligen Sammlern, befinden, sind die großen Freizeitparks schon aus Gründen der erforderlichen Investitionen und Nachinvestitionen nur von großen, international operierenden, eine große Bandbreite von Aktivitäten abdeckenden Medien-Unterhaltungskonzernen zu betreiben. Der Trend geht seit den späten 80er Jahren und verstärkt seit etwa Mitte der 90er Jahre zur Konzentration spezialisierter Themenparkbetreibergruppen bzw. von entsprechenden Abteilungen im Rahmen großer, meist multinational operierender Unterhaltungs-Medien-Konzerne.

Nur diese Investoren haben die für notwendige neue Attraktionen notwendigen Finanzmittel[12]. Diese Konzerne bieten auch die „contents" – die ohne Kosten für den Erwerb von Fremdlizenzen verfügbaren Rechte, Logos, Charaktere/Figuren, Geschichten, Themen, die sie in Parkattraktionen umzusetzen können – und dadurch eine USP erlangen.

3.7. Synergie

Es ist das ureigenste ökonomische Interesse der Betreiber, ihre eigenen und sonstigen Produkte und Dienstleistungen über den Weg/Kanal/Mittel der Themenparks zu verkaufen. Shops, insbesondere Merchandising-Stores sind eine zentrale Einnahmequelle aller, sogar der nicht-kommerziellen Parks. Manche Parks waren von vornherein als grosse Werbeinstrumente angelegt, wie der Hersheypark für die grösste amerikanische Schokoladenfabrik und Legoland zur Promotion des Kinderspielzeuges. Gelegentlich finden sich sehr direkt Promotionelemente des Mutter-Unternehmens in den Parks.[13] Synergie meint darüberhinaus den geglückten Versuch, zentrale „Inhalte" (contents) des jewieligen Konzerns über alle Medien, dabei die unterschiedlichen Wirksamkeiten und Möglichkeiten aller Konzernbereiche, insbesondere aller ihm zugehörigen Medien konzentriert und intensiv ausnutzend, gewinnbringend zu verkaufen (Turow, 1995). Synergie scheint zwar, oberflächlich betrachtet, nur ein Marketingprinzip zu sein, ist aber auch ein sozialwissenschaftliches, insbesondere psychologisches Prinzip, weil es sich die emotionalen Kraft eines Medienereignisses (einer Story, einer Figur) zunutze macht. (Nur wenn Rezipienten „ergriffen", „gefangen", „begeistert" sind, werden sie die verschiedenen Angebote, Dienstleistungen, Konsumprodukte des entsprechenden Unternehmens immer wieder nachfragen.)[14] Auch die in Brandlands/-parks[15] demonstrierte Unternehmenskommunikation ist im weitesten Sinne diesem Synergieprinzip zuzuordnen.

3.8. Destination Resort-Prinzip

Themenparks sind nicht nur Ausflugsziele für die lokale Bevölkerung, sondern charakteristischerweise Ferienziele. In der Touristik ist von Destination Resorts (z.B. Walt Disney World Resort, Orlando; Universal Mediterranea, Tarragona, Europa Park Rust) die Rede. Diese Ziele sind (über betreibereigene Touristikunternehmen sowie alle grossen Touristikfirmen) buchbar – als Paket, wie auch in ihren einzelnen Komponenten (nur Eintrittsticket, nur Hotelaufenthalt usf.) Auch Kombinationen mit anderen touristischen Angeboten des Betreibers gibt es seit einiger Zeit (Bsp. Kreuzfahrten + Parkaufenthalte: Disney Crusing)[16]. Die grossen europäischen Parks haben in den letzten Jahren verstärkt Anregungen unternommen, um den Gästen eigene Hotelanlagen bieten zu können. Mit diesen grundsätzlich thematisierten Hotels, die also eine eigene Attraktion darstellen, sollen die Gäste länger im Park bzw. auf dem Parkgelände bleiben –

und mehr Geld ausgeben. Voraussetzung dafür ist ein Angebot an Parkattraktionen, das quasi auch beim besten Willen an einem Tag nicht „zu schaffen" ist.
– Es gibt auch einen Trend, die beiden Ideen „Themenpark" und „Ferienpark" zu Erlebniswelten zu integrieren (z.B. De Efteling in Holland).

4. Die wirtschaftliche Bedeutung von Themenparks

4.1. Attraktivität von Themenparks

Park	Land	Besucher-zahlen in Mio. 2002	Besucher zahlen in Mio. 2001	Entwicklung in %
Magic Kingdom (Walt Disney World, Orlando)	USA (Florida)	14,04	14,78	-5,0
Tokyo Disneyland	Japan	13,00	17,71	-26,6
Disneyland (Anaheim)	USA (Kalif.)	12,72	12,35	3,0
DisneySea Tokyo	Japan	12,00	4,00	200%
Disneyland Paris	Frankreich	10,30	12,20	-15,6
Everland	Südkorea	9,34	9,03	3,4
Lotte World	Südkorea	9,10	7,45	22
EPCOT	USA (Florida)	8,29	9,01	-8,0
Disney-MGM-Studios	USA (Florida)	8,03	8,37	-4,0
Universal Studios Japan	Japan	8,01	11,00	-27,2
Disney's Animal Kingdom	USA (Florida)	7,31	7,77	-6,0
Universal Studios Florida	USA (Florida)	6,86	7,29	-6,0
Blackpool Pleasure Beach	UK	6,40	6,50	-1,5
Univerals Islands of Adventure	USA (Florida)	6,07	5,52	10,0
Universal Studios Hollywood	USA (Kalif.)	5,20	4,73	9,9
Yokohama Hakkeijima Sea Paradise	Japan	5,06	5,06	0,0
Sea World of Florida	USA (Florida)	5,00	5,10	-2,0
Disney's California Adventure	USA (Kalif.)	4,70	5,00	-6,0
Busch Gardens Tampa	USA (Florida)	4,50	4,60	-2,2
Adventuredome, Circus Circus Las Vegas	USA	4,50	3,72	21,0

Tab. 1 Besucherzahlen der 20 grössten Themen-/Freizeitparks international, Quelle: Themata, Potsdam (Altenhöner 2003, S. 66)

Die 50 besucherstärksten Themenparks der Welt konnten im Jahr 2002 ein Aufkommen von 255 Mio. Besuchern (0,1% mehr als 2001) verzeichnen (s. Tab. 1). Für die 10 grössten Freizeit-/Themen-Parkbetreibergruppen[17] wurde 2002 ein leichtes Minus von 0,1% gegenüber 2001 mit 272,2 Mio. Besuchern errechnet (Altenhöner, 2003). Nach jahrelangem Wachstum zeichnet sich hier eine Stagnation – zurückzuführen in erster Linie auf die weltwieite ökonomische Rezession und die durch die Terroranschläge bedingte tendenzielle Reise-(Flug-)zurückhaltung v.a. von potentiellen Besuchern in den USA (s. Kagelmann & Rösch, 2002, 2003) ab. Dennoch darf kein Zweifel daran bestehen, dass das Themen-/Freizeitparkgeschäft wirtschaftlich gesehen, nach wie vor profitabel ist. In Deutschland geht man derzeit von 22,5 Mio. Besuchern über alle Freizeitparks gerechnet aus. Untersuchungen belegen die wichtige Rolle von Themenparks als Reiseattraktion. Für den sich immer stärker entwickelnden Städtetourismus spielen Themenparks eine nicht zu unterschätzende Rolle (vgl. Kagelmann, Scherle & Schlaffke, 2003).

In einer repräsentativen Allensbach-Umfrage (1999) kamen 9 Freizeit-/Themenparks unter die 19 bekanntesten Ausflugsziele Deutschlands; zwischen 41 und 60% kannten Heide-Park Solltau, Phantasialand Brühl, Vogelpark Walsrode, Europa Park Rust und Hansa Park, zwischen 15 und 27% hatten sie schon einmal besucht.[18] Einer Studie des Deutschen Tourismusverbandes zufolge belegte der Europa Park Rust (3,55 Mio. Besucher) den zweiten Platz unter den stationären Ausflugszielen Deutschlands (nach dem Kölner Dom, 6 Mio. Besucher). Mitte 2003 teilte die Deutsche Zentrale für Tourismus einen 164%igen Zuwachs von Pauschalreisen in (deutsche und europäische) Themenparkresorts mit.[19] Der besucherstärkste Themenpark Dänemarks, Legoland (Billund) gilt als beliebteste dänische Touristenattraktion (über 1,4 Mio. Besucher pro Jahr).

4.2 Probleme und Risiken

Themenparks sind zwar seit einigen Jahren ein „sicheres Geschäft", solide Finanzierung, optimale Kundenorientierung, gutes theming usf. vorausgesetzt, sie haben jedoch auch beträchtliche Risiken, die sich aus dem wirtschaftlichen Betätigungsfeld selbst, wie aus verschiedenen gesellschaftlichen Einflussfaktoren ergeben: *Nationale und internationale Katastrophen* können äußerst negative Auswirkungen auf die Geschäftslage haben, wie besonders die Anschläge des 11.9.2001 auf die US-amerikanischen Themenparks. Hier ist die *psychologische Sicherheit* dieser Orte massiv erschüttert worden, was zu einem zeitweiligen Rückgang von 25% der Besucher führte. (Kagelmann & Rösch, 2002). – *Parkbezogene negative Qualitätszeichen* können sich unangenehm auf die Besucherzahlen auswirken. (Bei Universal Japan gab es einen 30%igen Besucherrückgang, nachdem bekannt wurde, dass Essen mit auslaufendem Verfallsdatum serviert worden war, ein Brunnen von Industriewasser versorgt wurde, u.a.m. – Der sich *wandelnde Publikumsgeschmack* darf nicht unterschätzt werden. (Ein Beispiel dafür ist der Konkurs des (1992 eröffneten) japanischen Parks Huis Ten Bosch mit seiner Holland-Thematik[20]. Die gesellschaftliche Akzeptanz für Themenparks darf auch in der „Erlebnisgesellschaft" aber dann überschätzt werden, wenn sie auf traditionelle Empfindlichkeiten trifft, wie das Beispiel des von Disney geplanten, 1994 nach massiven Protesten von lokalen und nationalen Bürgervereinigungen aufgegebenen 625 Mio. $-Parks „Disney's America" (vgl. dazu Masters 2000, S. 296 f.) zeigt. – *Kulturelle Unterschiede* spielen eine gewichtige Rolle (das Erfolgsrezept Legoland funktioniert sehr gut im Heimatland, aber weniger gut in den USA; Disneys Probleme mit seinem Pariser Resort, das das Unternehmen schon bald nach seiner Eröffnung an den Rand der Pleite brachte (vgl. z.B. Masters, 2000, S. 276 ff.) sind auch darauf zurückzuführen, dass die Parkplaner kulturelle Mentalitäten, Vorlieben, Gewohnheiten, stark unterschätzten. – Das *Missverstehen von Thematisierungsprinzipien* und/oder die Unterschätzung des Publikumswunsches nach Qualität hat schon mehrere Themenwelten (Olympic Spirit München, PlayCastle Seefeld-Tirol; Opel-Live, Meteorit, Millenium Dome London) schnell ins Aus gebracht[21] – Schließlich ist auf die Bedeutung sich wandelnder Publikumsgeschmäcker hinzuweisen (wie die Schließung des auf traditionelle Zielgruppen abgestimmten „ruhigen" Traditionsparks Cypress Gardens 2003, nach 67 Jahren). – *Publikumsakzeptanz und ökonomische Konstruktion* können manchmal nicht übereinstimmen, wie im Fall des nach wie vor stark nachgefragten Disneyland Paris Resorts, dessen wirtschaftliche Situation auch im elften Jahr des Bestehens problematisch ist[22].

5. Gegenwärtige Trends und zukünftige Entwicklungen

Themenparks sind gesellschaftsfähig geworden; dank der inhärenten Qualität vieler Parks, ihrer beeindruckenden Ökonomie und ihres touristischen Status als veritabler Resortdestinationen, um nur einige Dinge zu nennen, haben sie eine völlig andere Bewertung als die traditionellen Luna- und Vergnügungsparks in den 60er oder 70er Jahren. Ihre Bedeutung für die Massenkultur wie Freizeitstruktur macht sie zu einer wesentlichen Grösse in Stadtpolitik/Regionalentwicklung. Der Geist der Postmoderne, der die Unterschiede zwischen low/popular culture (Trivialkultur) und elitärer, high-level Kultur hat verwischen lassen, hat ein Übriges getan, Themenparks gelten als Attraktionen positiver Art; es gibt immer weniger kulturkritische oder kulturpessimistische Stimmen, und wenn, dann sind sie häufig im Gewand ökologischer Bedenken versteckt. Daher überrascht es nicht, dass sich gerade *in Europa* in den letzten Jahren eine interessante Intensivierung des Themenparkgedankens zeigt.

Zwischen 2001 und 2004 gab es u.a. die folgenden Neugründungen und substantiellen Erweiterungen: In *Frankreich*: Neueröffnung Walt Disney Studios (Paris), Thema: Film-/TV-Produktion des Disney-Konzerns, ca. 600 Mio. Investitionen (Mai 2002). – *Spanien*: Park Terra Mitica (Benidorm), Themen: Antiker Mittelmeerraum, Wiege der klassischen Kulturen: Iberien, Griechenland, Ägypten, Rom usf., 270 Mio Euro Kosten (darin 72 Mio. Euro Kosten für Attraktionen, August 2001), Ergänzungspark Terra Natura Frühjahr 2004; Park Warner Bros. Movie World Madrid, Neueröffnung, 380 Mio.

H. Jürgen Kagelmann

Euro, Themen Film, Fernsehen, Comics, Thrill Rides; Mai 2002; Universal's Mediterranea (Salou/Tarragona): Ausbau des Themenparks Port Aventura zum Resort: Erweiterung um einen Wasserpark Costa Caribe, zwei Hotels u.a., 300 Mio. Euro, Mai/Juli 2002. *Deutschland*: Neueröffnung Legoland Günzburg (Bayern), Attraktionen rund um Legospielzeug, 300 Mio. DM, Mai 2002; Neueröffnung Indorpark Space Park (Bremen), Weltraumthematiken, 70 Mio. Euro, Dez. 2003/Febr. 2004; Neueröffnung Park Belantis (Leipzig), Themen: Kulturen des Altertums/Mittelalters, 50 Mio. Euro, April 2003. Neueröffnung Brand land VW-Autostadt (Wolfsburg), Automobilität; Produkte und Philosophie des VW-Konzerns, Juni 2000. Europa Park, Erweiterung des Resorts um ein drittes Themenhotel „Colosseo", Juni 2004; Phantasialand (Brühl), Erweiterung des Resorts um ein erstes Hotel Juni 2003. *Schweiz*: Neueröffnung Mystery Park (Interlaken), zentrale Themen die Philosophie Erich von Dänikens, Mai 2003. *Österreich*: Neueröffnung NoNameCity, Wöllersdorf/ Wien (ab 2002: Pullman City Wien), Wilder-Westen-Thematik, März 2001; Swarovski Kristallwelten, Wattens/Innsbruck, Erweiterung, 15 Mio Euro, Kristalle in allen Formen, Dezember 2003. Holland: De Efteling, Erweiterung des Resorts um ein Ferienparkgelände, Golfpark u.a. 2004ff.

Daran sind folgende Trends zu erkennen:
- Trend zu mehr *Indoorerlebniswelten*, die den touristisch wichtigen Vorteil der wetter-unabhängigen Nutzung haben (Space Park; Mystery Park)
- Themenparks kommen mehr in die Nähe (Peripherie) von Großstädten, um von grossen Einzugsgebieten zu profitieren (WB Movie World Madrid; Belantis-Leipzig; NoNameCity-Wien, Space Park-Bremen)
- *Aufwertung als touristische Attraktionen.* Themenparks werden wesentliche Bestandteile von touristischer Infrastruktur, ergänzen vorhandene Angebote von Kultur und Natur (Mystery Park) bzw. des traditionellen Sonne-Strand-Tourismus (Terra Mitica)
- Themenparks sind ein Mittel zur *Verbesserung regionaler Freizeitangebote* (Belantis) und stellen überhaupt (in Kombination mit Shopping malls u.ä.) ein bedeutendes Mittel der Regionalentwicklung (Disney-Paris: Val d'Europe)
- *Trend zur zunehmenden Resortbildung* und Bildung von riesigen Erlebnis-Unterhaltungs-Komplexen – durch den Bau zusätzlicher Parks desselben Betreibers (Disney Studios Paris im Disneyland Paris Resort), durch forcierte Themenhotellerie um die Parks herum (ebda.; Europa Park), durch die Erweiterung des Unterhaltungs-Freizeitangebotes, wie z.B. die Eröffnung von Wasserparks u.a. Vergnügungsmöglichkeiten (Universal Mediteranea) oder durch Integration von Ferienparks (De Efteling); nicht zu vergessen die schon seit längerem existierenden Shopping-UEC-Erlebniswelten, die Themenparks integriert haben (CentrO, Oberhausen).
- *Trendsuche nach neuen, besonderen, v.a. thematisch auffälligen Parkideen* (Mystery Park Interlaken als Erlebnismuseum der Thesen von Erich v. Däniken; Terra Mitica als Park der Mythen-/Sagenwelt des klassischen Mittelmeerraums), da die traditionellen Themen weitgehend ausgereizt sind.
- *Trend zur Unterhaltung plus Markenkommunikation:* Brandlands werden weiter aufkommen, die explizit den Fun einer Erlebniswelt in die Strategien der Unternehmenskommunikation integrieren (die erfolgreiche VW-Autostadt, das demnächst eröffnete BMW-Pendant dazu in München oder der geplante ZDF-Medienpark) und einzigartiges Produkt signalisieren (Swarovski-Kristallwelten).

- *Intensivierung der A+E-Strategie:* zu den stationären Attraktionen kommen immer mehr Veranstaltungen hinzu, wobei marketingtechnisch Events in Kooperationen mit TV-Sendern besonders relevant sind (z.B. Europa Park),
- „Bedarfsdeckung" bisher „unterentwickelter" Regionen (z.B. Ostdeutschland: Leipzig; Österreich)
- z.T. ein Trend zu *mehr Thrillrides*[23].

Weltweit sind die Freizeit- und Themenparks von einer tendenziellen Veränderung der Reise-/Urlaubsmotivation seit 2001 geprägt – zurückzuführen auf wirtschaftliche Probleme in Gemeinschaft mit den Verunsicherungen nach den Terroranschlägen und Krisen/Kriegen. Für unser Thema ist wesentlich: Nah- und Naherholungsziele mit hohem Erholungs- und überdurchschnittlichen Erlebniswert profitieren von den neuen Tendenzen. Hier liegen die gegenwärtigen und zukünftigen Chancen von Themenparks, Ferienparks, und anderen Erlebniswelten. Vor diesem Hintergrund kennzeichnen die folgenden Entwicklungen die Themenparks *international*:

(1) Integrierte Parks: die Vermischung und Hybridisierung von Themenwelten wird typischer.
Themen- und Wasser- und Fauna/Floraparks können in umfassenden, riesigen Themenparks aufgehen; große, z.T. auch mittelgroße Parks versuchen, Marktbewerber dadurch auszustechen, dass sie verschiedene, früher separat angelegte Freizeitparks in einem großen Park integrieren, also z.B. Fahrgeschäfte, Botanische Anlagen, Zooanlagen, Ausstellungen. Im Zuge dieser Entwicklung gewinnen besonders alle spielerischen Elemente mit Wasser an Bedeutung, an denen auch interessant ist, dass der gelegentlich als genuin „passive" Charakter von Parks durch aktive Besucherbeteiligungsformen ergänzt wird. Sea World of Texas gilt als „4 Parks in einem": Meerestierpark, Wasserpark, Showpark und Ridespark. (Regional ausgerichtete Parks mit meist deutlicher Tradition werden aber nicht untergehen, sondern profitieren sogar von Krisen, wie das Geschehen nach dem 11.9.2001 in Florida gezeigt hat; s. Kagelmann & Rösch, 2002).

(2) Umfassende Ferien-Freizeit-Resorts bilden sich.
Dies mündet in die schon erwähnte zunehmende Bildung von immer größeren Destination Resorts[24]: diese umfassenden Erlebniswelten beinhalten neben Themenparks, Wasserparks auch Ferienparks (s.o.).

(3) Mehr Special Interest Parks eröffnen
Eine gegenläufige Tendenz ist die Konzeption hochspezialisierter, uniquer Themenparks, die auf separierte Einzelinteressen unterschiedlicher Zielgruppen angelegt sind (maritime, Weltraum-, Motorwelt- o. religiöse Themen. *Brandlands* – als Sonderfall des Edutainments – mit ihrer Vermischung von Unterhaltung und Unternehmenskommunikation werden häufiger werden.

(4) Mehr individualisierte Angebote in den Themenparks werden offeriert.
Dahinter verbergen sich zwei Trends: (a) die vom Betriebsergebnis her hochinteressanten neuen Strategien, spezielle teure Angebote für Leute anzubieten, die bereit sind, für einen Parkbesuch sehr viel mehr Geld auszugeben, vorausgesetzt, sie bekommen dafür

etwas Neuartiges, Einzigartiges, Exklusives geboten[25]. (b) die Strategie des variablen Verlaufs und Outcomes von Rides, die es dem Gast erlauben soll, immer wieder neue Erfahrungen entsprechend seinen speziellen Handlungen zu machen[26]. Hier gibt es u.a. interessante Entwicklungen bei Achterbahnen.

(5) Thrill-Parks bleiben eine wichtige Gruppe.
Die Themenparks, die das Thema „Thrill" durch immer neue, gigantischere, rasantere, teuere thrill rides (Achterbahnen, Freefalltower, Simulationen) realisieren, wird etwas stagnieren, da die Investitionen für spektakuläre Novitäten immer grösser werden und immer länger brauchen, bis sie sich rentieren. Diese Gruppe wird aber weiter bedeutend sein und einige Parks profilieren sich entsprechend.

(6) Hightech-Angebote nehmen zu
Themenparks, die die jeweils neuesten Errungenschaften und Möglichkeiten aus (Unterhaltungs-)Elektronik und audio-visueller Unterhaltung und Mobilität nutzen, z.b. außergewöhnliche Wahrnehmungserlebnisse durch Computeranimationen und -simulationen, 3-D bzw. 4-D-Filme, bieten[27] und verschiedene IT-/Kommunikations-Techniken präsentieren, werden zunehmen. (Die im engeren Sinne nach „virtuellen" Themenparks, die vor einiger Zeit als die ultimate Trendperspektive bezeichnet wurden, spielten allerdings nie eine Rolle und werden dies auch in Zukunft nicht tun.[28])

(7) More Edutainment: Verknüpfung von Unterhaltung und Lernen
Ein sehr erfolgreiches Modell eines unterhaltsam-wissensvermittelnd gedachten Themenparks ist das Kennedy Space Center bei Titusville, Florida – im staatlichen Besitz (NASA), betrieben von einer privaten Firma, und seit einigen Jahren mit einer ausgeprägten Edutainment- (bzw. Infotainment-) Ausrichtung. Der gemeinsame Nenner mit den Brandparks ist die hohe emotionale Beziehung, die (viele) Besucher mit dem Thema haben (hier Eroberung des Weltraums durch amerikanische Forscher, Raketen und Astronauten, dort das stolze deutsche Automobilkonstrukt Volkswagen). Ein weiterer Erlebnisweltbereich in diesem Zusammenhang sind die in Nordamerika entwickelten und seit einiger Zeit nach Deutschland „importierten" Science Centers (z.B. Universum Science Center, Bremen, 2000; OCEANIS, Wilhelmshaven als virtuelle Unterwasserstation). Abgesehen von speziell auf Edutainment angelegten Parks zeigt sich auch, dass traditionelle Themenparks zunehmend z.T. sehr stark Edutainment-Elemente akzentuieren – nicht zuletzt auch, um die interessante Zielgruppe Schüler/Klassen anzuziehen. Über diese zweifellos interessanten Beispiele und Entwicklungen darf aber nicht vergessen werden, dass der Begriff des sog. Edutainments eher Marketing- als wissenschaftlichen Charakter hat.

(8) Licensing, Franchising. In wirtschaftlicher Hinsicht wird die Trennung von Besitzer und Betreiber häufiger.
Private und kommunale Investorengruppen sichern sich das erwiesene Know-how der großen Parkbetreiberketten für die Einrichtung und den Betrieb von Parks und tragen zum Teil oder vollständig das ökonomische Risiko der Parkeinrichtung[29].

6. Sozialwissenschaftliche Aspekte, Thesen, Überlegungen, Theorien

In den letzten Jahren hat in einigen Bereichen die wissenschaftlich-praktische Beschäftigung mit Themenparks und Erlebniswelten zugenommen. U.a. ist hinzuweisen auf:
- die Diskussion der Anlage und des Betreibens von Freizeitgroßanlagen unter Nachhaltigkeitsperspektiven (Baumgartner & Reehs, 2001)
- die Bedeutung verkehrsplanerischer Konzepte zur Steuerung der Besucherströme (s. die Beiträge in IFMo 2004, 2003, 2000)
- die Möglichkeiten non-formalen/informellen Lernens in pädagogischer Perspektive in Erlebniswelten (Nahrstedt u.a., 2002)
- die Untersuchung von Universalität/Kulturspezifität von Themenparks. (Hoffmann, 2001)

In theoretischer Hinsicht gab und gibt es viele kleinere Ansätze zur Analyse und zum Verständnis von Themenparks (und allgemein Erlebniswelten), die mehr oder weniger intensiv diskutiert werden, wie z.B. (ohne dass hier Vollständigkeit angestrebt ist):
- *Erlebnisökonomie* (Pine & Gilmore, 1999 a,b)
- *McDonaldisierung* sensu Ritzer (Hlavin-Schulze, 1999; vgl. auch Ritzer, 1995).
- *Authentifizierung* (die Diskussion um die motivische Suche nach „authentischen/echten" oder „quasi-authentischen" Welten auf Reisen und im Urlaub) (s. dazu Hennig, 1997, S. 168ff), Authentizität wird in den Augen, im Kopf des Besuchers konstruiert (s. u.a. Kammerhofer-Aggermann & Keul, 1998, S. 96).
- *Entgrenzung, Entdifferenzierung.* (vgl. Vester, 1993), der Zusammenbruch von ehedem starren Grenzen zwischen verschiedenen Sphären – Unterhaltung und Bildung, hohe und triviale Kultur, Spiel und Lernen, Arbeit und Freizeit usf.(vgl. dazu auch Gruber u.a., 2002) trifft auf den für diese Entwicklungen empfänglichen „Post-Tourist" (John Urry) mit seinen Vorlieben für alle Arten von hybriden Urlaubsangeboten und vermischten Erlebnissphären; das idealtypische Urlaubssetting sind die künstlichen Ferienwelten, die das Nebeneinander von allem Denkbaren geradezu zelebrieren;
- *Disneyfizierung* (der Einfluss, den die Architektur und Philosophie der Disney-Parks auf Stadt- und Regionalplanung haben);
- Goffmanns *Bühnenmodell*. Mit dieser Trennung von Vorder- und Hinterbühne wird in vielen Parks auch raffiniert gespielt. (Z.B. gibt es spezielle Tours, die „den Blick hinter die Kulissen" versprechen);
- Erlebniswelten als Musterbeispiel für die klassische *Eskapismus*-These (sensu Enzensberger), Themenparks als kurzfristige und kurzweilige Ablenkung von entfremdenden und frustrierenden Arbeitsbedingungen.

In psychologischer Hinsicht sind v.a. vier Ansätze anzuführen:

- *Themenparkbesuch als Erholung im Sinne von Stressbewältigung* sensu Allmer (1996, 2001): die Suche nach Stimulation aus der Erfahrung von Monotonie bzw. die Suche nach Herausforderung als Reaktion auf psychische Sättigung.
- *Themenparkbesuch als Flowerleben* und als gezielte Realisierung von Glücksempfindungen sensu Csikszentmihalyi (1987, 1992), v.a. wegen der Nähe zum „Spiel";
- *Freizeitparkbesuch* als Strategie des *Sensation Seeking* sensu Zuckerman, quasi als moderate Form – mit besonderem Bezug auf Thrill rides, eine Diskussion, die derzeit wieder aktuell ist (zum Überblick Roth & Hammelstein 2003).
- *Freizeitparkbesuch als Erleben von Sicherheit:* Das Angebot domestizierten Abenteuers angesichts wahrgenommener Sicherheit, die durch architektonische Mittel erreicht wird („Architecture of Reassurance" (Marlin, 1996, s. dazu Kagelmann, 2001)

6.1. Spaß-Arbeit

Über plakative und scheinbar selbsterklärende Begriffe wie „Spaßgesellschaft" oder „Fungesellschaft" wird übersehen, dass sich die meisten Besucher von Themenparks ihren Spaß, ihre Erlebnisse *hart erarbeiten müssen.* Auch in der kritischen Fachdiskussion existiert nicht selten die (falsche) Vorstellung, es sei hier problemlose, sofortige „instant-"Befriedigung möglich, die sogar gelegentlich in tiefenpsychologischer Diktion als „Verarmung des Ichs" interpretiert wird (z.B. Thien & Voglmayr, 2000, S. 29). Die Idealvorstellung sieht einen fröhlich-ausgeruhten Besucher vor, der sich erwartungsvoll eine Eintrittskarte kauft und dafür die Berechtigung zu multiplem, prinzipiell unaufhörlichen, ständig wiederholbaren, problemlosen Spass (bis der Park schließt) erhält – ganz wie es die Fotos in den Werbeprospekten verheißen. Die Realität ist eine häufig andere, denn den Grossteil der Besucher erwarten Anstrengungen.

Um zu seinem Fun zu kommen, muss der Besucher
- in der Vorbereitungsphase die in umfangreichen Spezialreiseführern (Kagelmann, 2000) festgehaltenen, lehrbuchmäßig elaborierten Beschreibungen des Parkangebots inkl. idealtypischer, effizienzgeladener Routen (!) studieren[30];
- (bes. in den USA) Ausschau nach Rabatten und anderen Vergünstigungen halten,
- lange Anfahrtswege v.a. mit dem PKW in Kauf nehmen[31], ggf. auch Staus bei der unmittelbaren Anfahrt,
- die nach undurchsichtigen Prinzipien schwankenden und sich häufig ändernden Parköffnungszeiten einplanen (was u.a. ein stundenlanges Warten vor der eigentlichen Öffnung erfordert),
- u.U. stundenlang in den Warteschlangen vor Rides stehen, was v.a. bei intensiven Wetterlagen gesundheitliche Probleme mit sich bringen kann (bei Novitäten und besonders beliebten Fahrgeschäften bzw. an besucherintensiven Feiertagen nicht selten 90-120 Minuten für eine vielleicht 3-5 minütige Fahrt!)
- bei den Fahrgeschäften und in den Parks, wo dies möglich ist, die „optimal-effiziente" Reihenfolge seine Fahrten entsprechend den Computerreservierungssystemen (z.B. Disneys FastPass) einplanen, was eine gehörige Logistik erfordert,

- massives Crowding durch die „dichte" Anwesenheit von gleichgesinnten Besuchern (an Feiertagen in den Disney World Parks 50.000) ertragen,
- hohe Konzentration und Sorge für Familienangehörige aufbringen (Kinder),
- nicht selten ungesunde Lebensweisen aushalten, z.B. auf „normales" Essen und Trinken verzichten (Kreislaufkollapse, die Dehydrierung zurückzuführen sind, sind keine Seltenheit in v.a. sonnenreichen Parks), um Zeit und Geld zu sparen, bzw. ernährt sich ungesund durch das branchenüblich im Park verkaufte Fastfood,
- im Verlaufe eines 8-12, manchmal bis zu 14 (!) Stunden dauernden Parkbesuchstages enorme Wegstrecken zu Fuss zurücklegen. (Aus einem in Sehlinger (2001, S. 60) abgedruckten Brief eines über 50jährigen Besucherpaares von Disney World geht hervor, dass diese ihr Pensum sorgfältig messenden Engländer innerhalb von fünf Tagen 68 Meilen zu Fuss gingen, also durchschnittlich 13 Meilen am Tag!)
- psychischen Stress durch die (ausgesprochenen/unausgesprochenen) Glückseligkeitserwartungen seiner Familie/Gruppe und die sich aus unterschiedlichen Vorlieben, Plänen und Erwartungen resultierenden Konflikte aushalten,
- und häufig nach Schluss des Parkbesuches noch andere erlebnisversprechende Angebote im Parkresort oder außerhalb (Thematic Dining, Shows) organisieren, was weiteren Autofahr-, Couponsuch- u.a. Stress bedeutet.

Psychisch wie physisch gesehen kann ein Parkbesuch Schwerstarbeit sein, wie sich an vielen Bildern hoffnungslos übermüdeter Kinder und ausgepowerter Eltern zeigt – ein Spezifikum, das diese Erlebniswelt von anderen trennt (Themengastronomie, Multiplexkinos, Spaßbad usf.) Der besondere Fun will verdient werden – eine Philosophie, der sich jedenfalls in den großen amerikanischen Destination resorts sehr viele Besucher unterwerfen, v.a. aus der mit harter Entschlossenheit verfolgten Motivation, „so viel Spaß wie möglich" (für sein Geld) zu bekommen.

Dies ist *„Spaßarbeit"*: der meist effizient angelegte, zweckrational intendierte Versuch, ein Optimum an Erlebnissen, Emotionen, Glücksgefühlen, kurz: „Fun Experience" durch konsequente Planung und geschickte Handlung des Besuches von Erlebniswelten/Themenparks zu erreichen. Das Interessante ist also weniger, dass hier in den Parks sofortige Bedürfnisbefriedigung möglich ist, als dass zur Verfolgung des Spaßzieles die gleichen Handlungsstrukturen, Planungsformen und Zwänge wieder aufgenommen werden müssen, die aus der Arbeits- und Obligationszeit internalisiert sind. Mit Planung, Anstrengung und Disziplin müssen Leistungen erbracht werden, auf die man dann genauso stolz sein kann wie auf Arbeitsleistungen.

Literatur

Allmer, H. (1996). Erholung und Gesundheit. Göttingen: Hogrefe.
Allmer, H. (2001). Urlaub – Erholung oder Stress. (S. 54-60) In: Alexander Keul, Reinhard Bachleitner, H. Jürgen Kagelmann (Hg.), Gesund durch Erleben? Beiträge zur Erforschung der Tourismusgesellschaft. München, Wien: Profil.
Altenhöner, Norbert (2003). Themata Top 50. Kirmes- & Park-Revue, 70, 2003, S. 66f.

Baumgartner, Christian & Reeh, Tobias (2001). Erlebniswelten im ländlichen Raum. Ökonomische und soziokulturelle Auswirkungen. München, Wien: Profil.
Brinkmann, Dieter & Nahrstedt, Wolfgang (2002). Bildung als selbstgesteuertes Lernen in Erlebniswelten. (S. 21-30) In: Nahrstedt, Wolfang; Brinkmann, Dieter; Theile, Heike & Guido Röcken. Lernen in Erlebniswelten. Perspektiven für Politik, Management und Wissenschaft. Proceedings einer Fachtagung. Bielefeld: IFKA
Csikszentmihalyi, M. (1987). Das flow-Erlebnis. Jenseits von Angst und Langeweile: im Tun aufgehen. 2. Aufl. Stuttgart: Klett-Cotta. [Orig. 1978]
Csikszentmihalyi, M. (1992). Flow. Die sieben Elemente des Glücks. Psychologie Heute 19(1), 20-29.
Gabler, N. (1999). Das Leben, ein Film. Berlin. Berlin Verlag (engl. Orig. 1998).
Gleiter, J. H. (1999). Exotisierung des Trivialen. (S. 48-66) In: D. Kramer u. a. (Hg.), Voyage. Jahrbuch für Reise- und Tourismusforschung, Vol. 3, Köln: DuMont.
Gruber, Sabine, Klaus Thien & Klara Löffler (Hg.) (2002). Bewegte Zeiten. Arbeit und Freizeit nach der Moderne. München/Wien: Profil.
Hennig, Christoph (1997). Reiselust. Touristen, Tourismus und Urlaubskultur. Frankfurt/M.: Insel.
Hlavin-Schulze, Karin (1999). Reiseziel Vergnügungspark. Begrenzte Grenzenlosigkeit. (S. 172-182) In: Reinhard Bachleitner & Peter Schimany (Hg.), Grenzenlose Gesellschaft – grenzenloser Tourismus? München, Wien: Profil.
Hoffmann, Ute (2002). Themenparks re-made in Japan. Ein Reisebericht. Berlin: Wissenschaftszentrum Berlin für Sozialforschung, Forschungsbericht FS II 02-102.
IFMO (Institut für Mobilitätsforschung Berlin) (Hg.) (2003). Motive und Handlungsansätze im Freizeitverkehr. Berlin: Springer.
IFMO (Institut für Mobilitätsforschung Berlin) (Hg.). (2004) Freizeit- und Erlebniswelten. Berlin: Springer (im Erscheinen).
IFMO (Institut für Mobilitätsforschung Berlin) (Hg.). Freizeitverkehr. Aktuelle und künftige Herausforderungen und Chancen. Berlin: Springer.
Kagelmann, H. Jürgen (1998). Erlebniswelten: Grundlegende Bemerkungen zum organisierten Vergnügen. (S. 58-94) In Max Rieder, Reinhard Bachleitner & H. Jürgen Kagelmann (Hg.), ErlebnisWelten. Zur Kommerzialisierung der Emotionen in touristischen Räumen und Landschaften. München: Profil.
Kagelmann, H. Jürgen (2001). Erlcbnisse, Erlebniswelten, Erlebnisgesellschaft. Bemerkungen zum Stand der Erlebnistheorien. In: Alexander G. Keul, Reinhard Bachleitner & H. Jürgen Kagelmann (Hg.), Gesund durch Erleben? Beiträge zur Erforschung der Tourismusgesellschaft. 2. Aufl. München/Wien: Profil, S. 90-101.
Kagelmann, H. Jürgen (2000). Eine Klasse für sich. Reiseführer für US-Freizeitparks. Buchmarkt 5 (Mai), 124-126.
Kagelmann, H. Jürgen & Rösch, Stefan (2002): Der 11. September und die Folgen für die US-amerikanischen Freizeitparks. Tourismus Journal 6 (4), 451-469.
Kagelmann, H. Jürgen, Scherle, Nico & Schlaffke, Marlen (2003). Städtetourismus und populäre Kultur. (S. 166-176) In: Reinhard Bachleitner & H. Jürgen Kagelmann (Hg.), Kultur/Städte/Tourismus. München, Wien: Profil.
Kammerhofer-Aggermann, Ulrike & Keul, Alexander G. (1998). Erlebniswelten – die Kommerzialisierung der Alpenträume. Touristensommer und Bauernherbst. (S. 95-101). In Max Rieder, Reinhard Bachleitner & H. Jürgen Kagelmann (Hg.), Erlebnis-Welten. München: Profil.
Marlin, Kim (1997). Imagineering the Disney theme parks. (pp.29-178) In: Kim A. Marlin (ed), Designing Disney's theme parks. The architecture of reassurance. Paris/ New York: Flammarion.

Malmberg, Melody (1998). The making of Disney's Animal Kingdom Theme Park. New York: Hyperion.
Masters, Kim (2000). The keys to the kingdom. How Michael Eisner lost his grip. New York: William Morrow-Harper Collins.
Nahrstedt, Wolfang; Brinkmann, Dieter; Theile, Heike & Guido Röcken (2002). Lernen in Erlebniswelten. Perspektiven für Politik, Management und Wissenschaft. Proceedings einer Fachtagung. Bielefeld. IFKA.
Pine, B. Joseph & Gilmore James H. (1999-a). Willkommen in der Erlebnisökonomie. Harvard Business Manager 1/1999, 56-64.
Pine, B. Joseph & Gilmore James H. (1999-b). The experience economy. Boston. (dt. Erlebniskauf. Konsum als Erlebnis, Business als Bühne, Arbeit als Theater. München: Econ 2000).
Ritzer, George (1995) Die Mcdonalidisierung der Gesellschaft. Frankfurt/M.: Fischer. (Orig.: The McDonaldisation of society, Newbury Park, CA: Pine Forge Press, 1993).
Roth, Marcus & Hammelstein, Philipp (Hg.) (2003). Sensation Seeking. Konzeption, diagnostik und Anwendung. Göttingen: Hogrefe.
Rösch, Stefan (2001). Gescheiterte Erlebnisweltplanungen und -Projekte. Universität Eichstätt-Ingolstadt: unveröff. Diplomarbeit am Lehrstuhl für Kulturgeographie.
Schickel, Richard (1997). Disneys Welt. Zeit, Leben, Kunst und Kommerz des Walt Disney. Berlin: Kadmos [engl. Orig. 1968, 3rd. ed. 1996]
Sehlinger, Bob (2001 ff.). The Unofficial Guide to Walt Disney World. Foster City, CA: IDG Books.
Schulze, G. (1992). Die Erlebnis-Gesellschaft. Kultursoziologie der Gegenwart. 5. Aufl. 1995. Frankfurt/M.: Campus.
Sheeter, Kim (1997). The AAA Guide to North America's Theme Parks. Heathrow, FL.: American Automobile Association.
Thien, Klaus & Voglmayr, Irmtraud (1999). Urbane Strukturen und neue Freizeittrends. Werkstattbericht Nr. 29 der Stadtplanung Wien. Wien: Magistrat/Evangelische Akademie, 2. Aufl. 2000.
Turow, J. (1995). Geschichtenerzählen im Zeitalter der Medien-Synergie. (S. 241-245) In: B. Franzmann u.a. (Hg.), Auf den Schultern von Gutenberg. Medienökologische Perspektiven der Fernsehgesellschaft. Berlin: Quintessenz.
Vester, Heinz-Günter (1993). Soziologie der Postmoderne. München: Quintessenz.
Wohlers, Lars (2002). Edutainment – Mythos und Machbarkeit aus didaktischer Sicht. S. 81-97 in Nahrstedt, Wolfgang; Brinkmann, Dieter; Theile, Heike & Guido Röcken (2002). Lernen in Erlebniswelten. Perspektiven für Politik, Management und Wissenschaft. Proceedings einer Fachtagung. Berlin. IFKA.

Anmerkungen

[1] Auf nonkommerzielle Themenparks i.S. der in Australien, den USA u.a. bekannten museumsartigen, im Dienste des „national heritage" stehenden Parks soll hier nicht eingegangen werden, vgl. dazu z.B. Moscardo, G.M. & Philip L. Pearce (1986). Historic Theme Parks: An Australian experience in authenticity. Annals of Tourism Research 13, 467-479; Prentice, Richard C., Stephen F. Witt & Clare Hamer (1998). Tourism as experience. The case of heritage parks. Annals of Tourism Research 25, 1-24.

[2] Disneyland Hongkong (im Bau, Eröffnung für 2005/06 geplant); in Planung: Universal Studios Shanghai (2008); Paramount Filmpark in Tianjin (in Planung), Disneyland Shanghai (in Planung); Happy Kingdom (Shenzen-Hongkong, 2004)

³ S. z.B. Sinhuber, Bartel. F. (1993). Zu Besuch im alten Prater. Eine Spazierfahrt durch die Geschichte. Wien: München.
⁴ Zu den ältesten Amusement Parks in Nordamerika gehören: Lake Compounce (Bristol, Connecticut, 1846) Cedar Point (Sandusky, Ohio, 1870), Idlewild Park (Ligonier, Pennsylvania, 1978), Seabreeze Park (Rochester, New York, 1879), Dorney Park (Allentown, Pennsylvania, 1884) (s. O'Brien, 1997, S. XXV)
⁵ S. dazu den Beitrag über Achterbahnen in diesem Band
⁶ Beispiele solcher „Walk thru-/Ride thru-Rides" finden sich in: The imagineeers (1996). Imagineering. A behind the dreams look at making the magic real. New York: Hyperion.
⁷ Beispiele für solche „realistischen Katastrophen" sind etwa die Attraktionen der Universal Studios – „Earthquake: The Big One"; hier wird in Anlehnung an einen Filmerfolg ein Erdbeben der Grösse 8.3 Richter nachgestellt; oder: „Twister", gleichfalls nach einem Erfolgsfilm gebaut: Die Besucher erleben das Nahen eines Tornados mit allen Spezialeffekten, die auch der Film zeigte: immer stärker werdender Wind, hämmernder Regen, fröstelnmachende Klimaveränderung, ein dunkler Tunnel, ein fünfstockwerkehoher Zyklon, und den typischen „freight-train-sound".
⁸ Disneys „Animal Kingdom"-Konstrukteure (die Imagineers) hielten sich monatelang z.B. in Ostafrika, um genauestens alles in Zeichnung, Video usf. aufzunehmen, damit es später originalgetreu nachgebaut werden konnte; auch Originalpflanzen etc. wurden importiert, so dass der im Park dargestellte Ort Harambe als Foto nicht mehr von seinem Vorbild, der echten kenyanischen Stadt, unterschieden werden kann (vgl. Malmberg, 1998) – in der Sprache der Disney-Leute gerne als „truer-than-life replica" bezeichnet. Insgesamt sieben Jahre sollen die Vorbereitungen gedauert haben. der völlig genaue Nachbau des Echten ist etwas, was gerade die Parks in Florida von anderen unterscheiden und zu einer Attraktion für sich geworden sein soll: (Hinzufügen kann man noch die fake architecture: die Kulisse des „Portofino Bay Hotel" im Universal Resort, Florida, ist der Vista der italienischen Hafenstadt täuschend nachempfunden.)
⁹ Erlebnis ist „Spaß", Lachen: Faszinierend wirkt auch der „fun fake", die an eine Theatervorstellung erinnernde Exotik-Show á la „Jungle Cruise" (entwickelt um 1960 in Disneyland und bis heute (!) ein Fun für die Besucher): entlang eines konstant über verschiedene geographische Habitats (Kongo, Borneo, Amazonas) zusammengemixten „typischen" Ur-Regenwalds fährt der Besucher in einem Dampfboot über einen Fluss mit, an deren Ufern Robotertiere (sog. Audioanimatronics) in phantasievoller Flora lustige Stereotypen vollführen, während ein menschlicher Animator, der Guide, alles humoristisch kommentiert.
¹⁰ S. dazu den Beitrag über Themengastronomie in diesem Band.
¹¹ Religiöse Einrichtungen können in die Attraktionen integriert sein – wie eine norwegische Kirche im Europa Park, Land Norwegen, – es kann die Möglichkeit des Gottesdienstbesuches bestehen, z.B. im Walt Disney Resort, v.a. an Feiertagen; oder es kann der ganze Themenpark im Dienste religiöser Erbauung und Mission stehen, wie z.B. die Holy Land Experience in Orlando, eine Mischung zwischen Themenpark und Freilichtmuseum, errichtet von einer Baptistenvereinigung.
¹² Die 1998 eröffnete Wasserachterbahn „Journey to Atlantis" in SeaWorld Florida kostete z.B. rd. 10 Mio. „Disneys Animal Kingdom", 1998 eröffneter Themenpark, kostete mindestens 800 Mio.$. Eine der spektakulärsten neuen Achterbahnen in Deutschland, die „Euro-Mir" im Europa Park Rust, soll 20 Mio. DM gekostet haben.
¹³ So gibt es z.B. im Sea World of Florida (Orlando), ein „Hospitality Center", in dem kostenlos verschiedene Biersorten des Mutterkonzerns Anheuser-Busch („Budweiser") für Erwachsene angeboten werden, übrigens auch Merchandising-Ware; weiter kann man – in diesem Meerestierpark auch typische Brauereipferde („Clydesdales") sehen.

[14] Nur weltumspannende Medienkonzerne allerdings haben das inhaltlich-emotionale Potential für die Storys und Themen, die – im geglückten Fall – das Einmalige, Einzigartige eines Parks ausmachen: Disney im Zeichentrickbereich, Universal im Actionfilmbereich. Denn der Fundus an Charakteren, Figuren, Themen, Ideen, plots usf. aus Filmen (!) ist das kreative Rückgrat der Erlebniswelten. Als Erfinder der intensiven „Synergie"-Strategie gilt der Disney-Konzern mit seiner seit Jahrzehnten kommerziell erfolgreiche Praktik und Taktik, auf allen Medienebenen bis hin in die Freizeitparks seine erfolgreichen und weltbekannten Themen und Charaktere auszuwerten, die durch jeweils neue Kinospielfilme immer erweitert wird. Jüngstes Beispiel sind Filme, die nach Parkattraktionen geschaffen worden sind, wie „Fluch der Karibik" („Pirates of the Caribbean").

[15] S. dazu den Beitrag über Brandlands in diesem Band

[16] S. dazu den Beitrag über Fun Cruising in diesem Band

[17] International ist die starke Konzentration einiger weniger Ketten beachtenswert. Die grössten Freizeitparkketten weltweit sind: Walt Disney Attractions/ The Walt Disney Co. (insgesamt (2002) 96,47 Mio. Besucher); Six Flags Inc. (früher Premier Parks) (50,49 Mio. Besucher); Universal Recreation Group/Vivendi-Universal (30,05 Mio.); Anheuser-Busch-Entertainment Corp. (20,07 Mio.); Palace Entertainment (15 Mio.); Cedar Fair Ltd. (14,9 Mio.); Paramount Parks (13,77); Grupo Magico International (11,84 Mio.); The Tussauds Group (10,22); Blackpool Pleasure Beach (8,4 Mio.); Grévin & Cie. (2001 über 5 Mio.) (aus: Altenhöner, 2003, S. 67, gerundet)

[18] Bekannteste und beliebteste deutsche Ausflugsziele. Focus Nr. 30/99

[19] Referat Petra Hedorfer (DZT), Allgäuer Tourismustag 11.8.2003 Kempten

[20] S. dazu auch den Abschnitt „Die ausländischen Dörfer" bei Hofmann 2001, S. 80 ff.

[21] S. dazu den Beitrag von Penz und Rösch in diesem Band, sowie Rösch 2001.

[22] So hat das Themenpark-Unternehmen Euro Disney nach einem Umsatzeinbruch von 12% im dritten Quartal 2002/03 (der v.a. auf gesunke Touristenzahlen zurückzuführen war) bekannt geben müssen, die Verpflichtungen gegenüber den Banken 2003/04 nicht einhalten, insbesondere einen Kredit über 167,7 Mio. Euro nicht zurückzahlen zu können.

[23] S. dazu den Beitrag über Achterbahnen in diesem Band

[24] Das traditionelle, „klassische" Disneyland in Anaheim, Kalifornien mit seinen bisher zwei Hotels wurde (Feb.) 2001 um einen weiteren Park „Disneys California Adventure", ein neues Hotel „Disney's Grand Californian" und um eine neue Shopping-Entertainment-Zone erweitert. Ähnlich wie im Disneyland Paris Resort zeigte sich allerdings auch hier, dass mehrere Parks, wenn sie nicht von hoher Qualität und uniqueness sind, immer auch die Gefahr der Kannibalisierung haben: in beiden Destinationen des Marktführers wurden die gesteckten Ziele (Steigerung der Besucherzahlen, Umsatzgewinne) bisher nicht erreicht.

[25] Anheuser-Busch eröffnete 2001 in der Nachbarschaft seines Meerestierparks SeaWorld Orlando einen auf 1000 Besucher pro Tag limitierten (!) Park „Discovery Cove", thematisiert als „ein exklusives, tropisches Resort" mit künstlichen Lagunen, feinen Sandstränden, Korallenriffen, tropischem Regenwald, Unterwasserhöhlen, Wasserfällen, Aviarium, Pools, Schnorcheln mit Barrakudas und Stachelrochen und einer in Slot-Organisation ablaufenden Interaktion mit Delphinen, zum Preis von 229 $/Person – all inclusive einschl. Schnorchelausrüstung, Guide, Sonnenschutz, Handtücher, Sonnenschirm, Hängematte sowie 7 Tage freien Eintritt in SeaWorld. Der Erfolg dieses Angebotes hat zu neuen Ideen geführt, z.B. „Sharks Deep dive" in SeaWorld, ein Tauchprogramm für zwei Teilnehmer in einem echten Haifischkäfig, wo der furchtlose Besucher 50 verschiedene Haiarten aus nächster Nähe kennenlernen kann (150 $, ein Erinnerungs-T-Shirt und ein Lehrbuch über Haie eingeschlossen). Ähnlich exklusiv „Keeper-for-a-day" in Busch Gardens Tampa, wo ein (!) Teilnehmer mit einer Begleitperson quasi hautnah das Tiergeschäft erleben kann, oder das „Trainer for a day-"Angebot in Discovery Cove mit vielen Extras für 389 (!) $.

[26] Der „Men In Black Allien Attack"-Ride (Universal Studios Orlando) bietet in Anlehnung an den gleichnamigen Blockbusterfilm mit Will Smith den Besuchern das Abenteuer, bösartige, die Erde infiltrierende Aliens mittels Laserwaffen in einer New York-Umgebung zu eliminieren. Das Neuartige hier ist die Interaktivität und Variabilität; Jeder Fahrer versucht, möglichst viel Punkte durch Abschiessen möglichst vieler Aliens zu sammeln; spielt dabei für sich und für sein Team, d.h. zusammen mit dem Mitfahrern, aber auch gegen das zweite Team im gleichen Fahrzeug. (Die Punkte werden im Fahrzeug angezeigt.) Je nachdem, wieviel Punkte erzielt worden sind, gibt es verschiedene mögliche Ausgänge des fünfminütigen Dark rides. An jedem Fahrzeug sind zwei, insgesamt 200 Computer in Tätigkeit, Computer, die Licht, Ton, Bewegung und das Spiel steuern.

[27] Ein besonders interessantes Beispiel ist die actionreiche Fahrt „The Amazing Adventures of Spider-man" (1999) im Park „Islands of Adventure" (Orlando), in dem die Passagiere zusammen mit dem Superhelden „Spiderman" eine wilde Verfolgungsfahrt auf Comicschurken unternehmen und auf dem Höhepunkt von einem Wolkenkratzer auf die Strasse „stürzen". Der Ride, der erste seiner Art, ist eine Kombination von Simulator, 3-D-Zeichentrickfilm und beeindruckenden Spezialeffekte; die Fahrer sehen u.a. Wasserkaskaden und Feuerflammen auf sich zukommen. Die Schlussphase ist spektakulär, wenn plötzlich der Superverbrecher Doc Oc auftaucht und mit seinem Antischwerkraftgewehr die Besucher erst 125 Meter in die Höhe „schleudert" und sie dann genauso tief in das Dunkel der Wolkenkratzerschluchten fallen lässt – eine einmalige Simulationstechnik, die als „sensory drop" bezeichnet wird. Für die Vorführtechnik („Moving point of convergence") werden Dutzende von Spezialprojektoren verwendet.

[28] Ende der 90er Jahre versuchte die Disney Co. eine Kette von virtuellen Indoor-Themenparks aufzubauen. Ursprünglich in mcdonaldisierter Form für viele Großstädte der USA geplant, wurden nur zwei dieser „Disney Quest" realisiert (Orlando, Chicago), von denen heute nur noch das im Disney Village Orlando gelegene existiert. Offenbar hatte man die real existierende „Konkurrenz" von immer attraktiveren Home-Play-Angebote doch unterschätzt. (Zur Situation in Japan vgl. Hoffmann, 2001, S. 114 f.)

[29] Beispiel sind die Verhältnisse bei Disneyland/DisneySea-Tokyo. Besitzer ist die Oriental Land Co. Disney leiht seinen Namen, seine Charakter und erhält dafür (nur)10% von allen Eintrittsgeldern und (nur) 5% von der verkaufteb Merchandiseware bzw. dem verkauften Essen (s. u. a. Masters, 2000, S.141)

[30] Der „Sehlinger" ist ein schon seit vielen Jahren erscheinender, jährlich aktualisierter Reiseführer, der versucht, den Gästen des Disney World-Resorts akribische Auflistungen, Bewertungen und Ratschläge einschl.minutiös ausgedachten Planung zu geben, um denen, die so wollen, es zu ermöglichen, für das ausgegebene Geld optimalen Fun zu bekommen, die Ausgabe 2001 umfasste über 770 Seiten! (Sehlinger, 2001; s. Kagelmann 2000)

[31] Eine eindrucksvolle satirische Darstellung des Urlaubsstresses auf dem Weg zu einem Themenpark ist der Film „Die schrillen Vier auf Achse" („National Lampoon's Vacation") mit Chevy Chase in der Hauptrolle (USA 1983, R: Harold Ramis); der Held, ein Familienvater, lässt sich auch durch die schlimmsten Widrigkeiten, wie u.a. eine auf der Fahrt gestorbene Grosstante, die weiter mit-genommen wird, nicht auf seinem Weg in das „Walley World" beirren, das allerdings bei seiner Ankunft unerwartet geschlossen ist, worauf der Protagonist, einen Wächter als Geisel nimmt und ihn zwingt, mit ihm und seiner Familie Achterbahn zu fahren.

Harald Gross

Brand Lands: Erlebnis von Marken und neue Unternehmenskommunikation

1. Einleitung

Brand Lands inszenieren Marken in Form von „live" erlebbaren Ereignissen. Sie ermöglichen die Verknüpfung von Information und Unterhaltung, fördern die Identifikation mit der Marke, erzeugen Emotionen und bieten Spannungsfelder und Erlebnisse. Mehr denn je stehen sie heute im kreativen Gegensatz zur technologisierten, unpersönlichen Kommunikation. Das Konzept der Brand Lands erlebte in der Zeit vor und nach der Jahrtausendwende einen ausgesprochenen Höhepunkt. VW, Opel, Swarovski und andere Firmen in deutschsprachigen Bereich haben in den letzten Jahren auf unterschiedliche Weise interessante, spannende, lehrreiche und vor allem unterhaltsame Brand Lands entwickelt bzw. sind dabei, ebensolche zu installieren (BMW[1]).

Neue Kommunikationswege und -zentren entstehen für Unternehmen und Verbraucher. Zweiseitige Kommunikation schafft ein direktes Verhältnis zu Konsumenten und ermöglicht ein stufenweises Erlernen neuer Kauf- und Bedürfnisstrukturen. Markenrelevante Inhalte, die z. B. das Image oder den Mythos einer Marke in den Vordergrund stellen, werden über tatsächlich erlebbare Ereignisse kommuniziert. Hierin liegt die strategische Bedeutung von Brand Lands.

Werbeflut und Werbeverdrossenheit, Zeitmangel und Emanzipation des Konsumverhaltens stellen die klassische Kommunikationspolitik vor immense Probleme. Das Modell vom „braven" Konsumenten, der sich nach den Vorstellungen der Anbieter beliebig beeinflussen lässt, hat längst ausgedient. Zudem bewirken Phänomene wie steigende Heterogenität des Marktes sowie des Kaufverhaltens, sinkende Loyalität („Treue") und Emanzipation der werbeüberschütteten Verbraucher, dass Zielgruppen immer schwieriger zu erreichen und zu segmentieren sind.

Sowohl die Entwicklungen auf Anbieter- wie auch auf Konsumentenseite erfordern neue und effiziente Wege der Unternehmenskommunikation. Der Einsatz von Erlebnisstrategien allgemein und die Errichtung von Brand Lands speziell kann u. a. mit dem aktuellen Wertewandel in der Gesellschaft begründet werden – dieser Wertewandel gilt allgemein als Herausforderung für die Unternehmenskommunikation.

2. Zur Bedeutung von Marken in der Erlebnisgesellschaft

Die Erlebnisgesellschaft kann mit dem Motto: „Ich tue, was mir gefällt. Man betrachtet die Welt als Speisekarte und stellt sich ein optimales Menü zusammen" beschrieben werden (Schulze 1998, S. 305). Es gibt zwei Tendenzen: Auf der einen Seite hat derzeit ein großer Teil der Konsumenten immer weniger Geld zur freien Verfügung. Emotional nicht oder nur wenig aufgeladene Marken werden daher durch kostengünstigere Produkte ersetzt. In der Rezession zählt der Preis, zumindest bei qualitativ gleichwertigen Produkten. Auf der anderen Seite erleben wir das, was Opaschowski (2000, S. 30) so formuliert: „Was die Bürger in den alltäglichen Dingen des Lebens einsparen, geben sie im Bereich des Erlebniskonsums wieder aus." Die Auflösung dieses vermeintlichen Widerspruches will Opaschowski (ebda.) in einem neuen hybriden Konsumtyp gefunden haben, der zwischen sorglosem Genießen und geizigem Sparen oszilliere.

Die große Herausforderung an die Markenführung besteht demnach darin, geeignete und konsumrelevante Erlebnisse zu finden, mit denen die Marke wirksam im Konsumverhalten der Kunden positioniert werden kann. Denn emotional aufgeladene Marken leisten einen wesentlichen Beitrag zur Differenzierung von ansonsten vergleichbaren Produkten und Dienstleistungen.

Die präferenzprägende Funktion von Marken für viele Konsumenten lässt sich typischerweise bei einem Vergleich der Ergebnisse eines Blindtests und eines offenen Tests zwischen emotional bzw. kaum emotional aufgeladenen Marken erkennen. Meist wird das Produkt einer bekannten und beliebten Marke wesentlich besser in einem Test mit Markennamen eingeschätzt als bei entsprechender Blinddarbietung. (s. Abb.1)

In der Erlebnisgesellschaft avancieren Marken immer mehr zu Identifikationsmöglichkeiten, auf die der Verbraucher verstärkt zurückgreift. Er ist bereit, mehr Geld für bestimmte Marken auszugeben, z. B. um mehr Ansehen oder die Zugehörigkeit in bestimmten Gesellschaftsgruppen zu erlangen. Der moderne Konsument kauft nicht mehr nur das Produkt, sondern ein Erlebnis, das er mit der Marke des Produktes assoziiert.

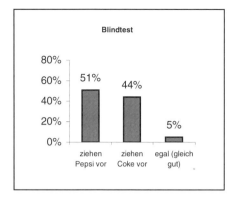 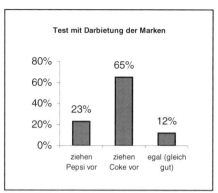

Abb. 1: Vergleich der Ergebnisse eines Blindtests und eines offenen Tests zwischen Diet Pepsi/Diet Coke (aus: Chernatony/McDonald 1992, S. 9; zit.n. Esch 2000, S. 55). Vor allem durch das gute Image einer Marke werden automatisch die einzelnen Produkteigenschaften wie z. B. Geschmack eines koffeinhaltigen Getränkes besser eingeschätzt. Bei Coca-Cola sind dies vor allem Vorstellungen von „Lebensfreude", „Jugendlichkeit" und dem „American way of life" usw. (vgl. Koeber-Riel & Weinberg 1996, zit. n. Esch 2000, S. 55).

3. Marken als wesentlicher Bestandteil der Unternehmenskommunikation

Unternehmenskommunikation und Markenkommunikation gehen in vielen Bereichen eine immer engere Verbindung mit weit reichenden Konsequenzen ein. „Image, Reputation und Differenzmerkmale sind strategische Ziele einer Kommunikation, die sich daran orientiert, Marke und/oder Unternehmen zum erfolgreichen Akteur in einer dynamischen Öffentlichkeit zu machen." (Ahrens & Behrent 1998, S. 76) Die Kommunikationsziele reichen vom simplen Aufbau des Bekanntheitsgrades bis hin zum Besetzen eines konkreten Images oder dem Aufbau eines psychologischen (d. h. emotionalen) „Mehrwertes". Eine Verstärkung der Differenzierung und eine Verdeutlichung des unverwechselbaren Produktnutzens sowie die Erhöhung der (Wieder-)Erkennbarkeit und Markenerinnerung können die Voraussetzungen für einen erfolgreich abzusetzenden Markenartikel schaffen. Die Verankerung der Marke in der betreffenden Zielgruppe spielt dabei eine zentrale Rolle. Nur wenn eine Unverwechselbarkeit (Einzigartigkeit) der Marke im kommunikativen Auftritt gelingt, kann sie im Kommunikationswettbewerb bestehen (vgl. Bruhn 1994, S. 36). Externe und interne Unternehmenskommunikation sind in der Lage, die positive Einstellung zum Produkt zu verstärken und ein unverwechselbares Produktimage aufzubauen (vgl. Bruhn 1994, S. 35f.).[2]

Erst wenn es gelungen ist, einer Marke ihr eigenes Profil zu verleihen, spricht man von einer *Markenpersönlichkeit*. „Die Marke als Persönlichkeit mit menschlichem Antlitz ist der Schlüssel für Erfolge auf Märkten, die unüberschaubar, mit Markenprodukten, die einander zum Verwechseln ähnlich sind. Marken mit Karma werden die Märkte beherrschen. Die Marken-Kommunikation wird zum Sprachrohr der Unternehmen. Es wird keine Trends mehr geben, sondern nur noch Markenpersönlichkeiten, die etwas vorleben. Die Zukunft der Marke ist ihre Persönlichkeit. Sie ist dynamisch, ihre Stimmung und ihre Standpunkte sind wechselhaft." (Kramer 1999, S. 310)

Deshalb müssen in Zukunft Marken „in der Kommunikation mit ihren Kunden ehrlicher und engagierter auftreten als bisher" (Molthan 1999, S. 310). Ein bloßes Absetzen der Botschaften allein reicht nicht mehr aus. Der öffentliche Kontext, in dem die Botschaft platziert wird, muss zugleich mitgestaltet werden (vgl. Ahrens & Behrent 1998, S. 76). Wer eine neue Marke einführt, eine bestehende pflegt oder eine Krise möglichst markenschonend überstehen will, stellt den mündigen Käufer, Spender, Wähler oder Aktionär ins Zentrum und stärkt sein Vertrauen in die Marke. Gute Öffentlichkeitsarbeit wird daher ein entscheidender Erfolgsfaktor (vgl. Rüschen 1994, S. 124). Eine integrierte Kommunikationspolitik bleibt als Grundsatz für die Markenindustrie von höchster strategischer Bedeutung: „Wir müssen uns den Konsumenten noch mehr nähern und unsere Glaubwürdigkeit verbessern." (Brabeck-Letmathe 1999, S. 308)

4. Brand Lands, Brand Parks oder Corporate Worlds?

„Tour der Sinne", „Tunnel ins Traumland", „Reise ins Bergwerk der Phantasie", „Automobile Erlebnisreise", das „größte Spielzimmer der Welt" usw., so heißen die Werbebotschaften zu Brand Lands. Es geht um *Infotainment* – eine Mischung aus Information und Unterhaltung, oder sogar um *Edutainment*, eine Mischung aus pädagogisch orientierter Wissensvermittlung und Unterhaltung. In jedem Fall sollen Besucher der Faszination der inszenierten Markenwelten erliegen.

Historisch betrachtet sind Brand Lands nicht unbedingt neu. Ein wichtiger Vorreiter war sicherlich der Disneyland-Themenpark in Kalifornien (eröffnet 1955), der die Medien- und Konsumangebote des Disney-Konzerns so bekannt machte, wie es kein anderes Medium hätte schaffen könnte. Andere Vorgänger sind die Firmenmuseen (wie z. B. das BMW-Museum in München), aber auch die mehr oder weniger erlebnisbetonten Firmenführungen. Der Begriff „Brand Land" nun ist ein Oberbegriff für verschiedene Ausprägungen stark markenbe-

tonter und im Dienste der Unternehmenskommunikation stehender Freizeitangebote, z. B.:
- erlebnisorientierte Werksbesichtigungen;
- Freizeit-, Fun-, Themenparks, die auch, d. h. in zweiter Linie, die entsprechenden Marken pflegen sollen (Ravensburger Spieleland am Bodensee; Bavaria Filmstadt München), aber in erster Linie eigenständige Unternehmungen sind und zum Umsatz der jeweiligen Unternehmungsgruppe beitragen sollen; weiter gehören dazu auch die klassischen US-Themenparks von Disney und Universal sowie die Legoländer (Billund, Dänemark; Günzburg Deutschland; Kalifornien; England); in unterschiedlichem Maße spielt hier auch der Verkauf von unternehmenstypischer Ware (Merchandising) eine Rolle;
- ähnlich definierte Museen, ständige Ausstellungen (Schokoladenmuseum Stollwerk, Köln; Meteorit der RWE-Gruppe in Essen) und Mitteldinge von Museen und Parks (Svarowski Kristallwelten, Wattens/Innsbruck), wobei hier der besondere Qualitätscharakter (d. h. einzigartige Ausstellungselemente bzw. Gestaltungen (z. B. war der künstlerische Leiter von Kristallwelten und Meteorit André Heller) zur Qualitätswahrnehmung der Marke beitragen soll;
- umfassende, sehr große und kostenintensive Erlebniswelten, die die Philosophie der Unternehmenskommunikation in qualitätsmäßig elaborierter Wiese jenseits aller Kosten in den Vordergrund stellen und durch ein großes Angebot verschiedener Gestaltungs- (Parks, Ausstellungsräume, Bühnen etc.) und Darbietungselemente (Führungen, Shows, interaktive Angebote) auf allen Sinnesebenen realisieren, so dass der Eindruck eines perfekten Gesamtbildes entsteht (VW Autostadt).

Brandlands – Name, Ort, Land	Investitionen [Euro]	Eröffnung	Fläche [ha]	Besucherzahlen
VW Autostadt Wolfsburg (D)	230,1 Mio.	Juni 2000	25	2,1 Mio. (2002)
RWE Meteorit Essen (D)	17,9 Mio.	Juni 1998	4	ca. 80.000 (seit 6/98: 400.000)
Legoland Deutschland Günzburg (D)		2002		1,3 Mio.(2002)
Swarovski Kristallwelten Wattens (A)	15,3 Mio.	1995	2 (16,5)	ca. 670.000
Stiegl's Brauwelt Salzburg (A)	keine Angabe	1995	3,5	ca. 30.000
Bavaria Filmstadt (FilmTour), Geiselgasteig b. München (D)				0,5 Mio. (2002)
Filmpark Babelsberg				0,44 (2002)
Ravensburger Spieleland Ravensburg/Bodensee (D)	16,9 Mio.	April 1998	25	0,31 Mio. (2002)
Playmobil Funpark (D)				0,4 Mio. (2002)

Legoland Billund (DK)	keine Angabe	1969	75	1,42 Mio.(1999)
World of Coca Cola Atlanta und Las Vegas (USA)	keine Angabe	k.A.	2,8	ca. 0,9 Mio. pro Jahr
Sony Wonder New York (USA)	keine Angabe	k.A.	1,3	0,3 Mio. (1999)
Nike Town Chicago (USA)	keine Angabe	k.A.	6,3	ca. 1 Mio. pro Jahr

Tab. 1: Bekannte Brand Lands in Österreich, Deutschland, Dänemark und USA; Quelle: Gross 2001, S. 121; Freizeit in Deutschland 2003 (München 2003)

Diese Spannbreite dürfte auch der Grund für die Existenz weiterer Begriffe sein, die sich z. T. nur schwer voneinander abgrenzen lassen: „Brand Parks", „Corporate Worlds", „Corporate Attractions", „Industrielle Besucherattraktionen", „Markenerlebniswelten", „Markenwelten", „Event Parks" etc.[3] Nach einer exakten Differenzierung sucht man in der Literatur vergebens. Im Hinblick auf den Versuch einer exakten Differenzierung plädiere ich für die Gleichstellung der Begriffe Brand Lands, Brand Parks sowie Corporate Worlds. Folgende Definitionen untermauern eine starke Affinität der einzelnen Begriffe:

Brand Lands „*stellen eine Mischung aus Events und Edutainment-Centers dar, indem die Kernkompetenz einer Marke mittels einer Mischung aus Sachinformation und entertainmentorientierter (emotionaler) Botschaft inszeniert wird*" (Nickel 1998, S. 283). Sie zielen auf eine nachhaltige Vermittlung von Kernkompetenzen durch dreidimensionale markenspezifische Themenwelten (vgl. Nickel 1998, S. 283).

„*Brand Parks sind markengebundene Themenparks, in denen Unternehmen ihre Markennamen nutzen, um im Rahmen eines breiten Attraktionsspektrums ihre Markenwelt(en) für Besucher erlebbar zu machen.*" (Gross 2001, S.119)

„Corporate Attractions" bzw. auch „Corporate Worlds" werden als Oberbegriffe für eine immer größer werdende Branche von Attraktionen genannt, „*bei der Firmen ihre Markennamen nutzen, um die Kunden durch verschiedene Arten von Unterhaltung enger an die Marke zu binden und eine Beziehung zu den Produkten zu schaffen*" (N.N. 1998, S. 1).

Diese drei Definitionen charakterisieren markengebundene Erlebniswelten sehr eindeutig: Im Mittelpunkt steht die Verknüpfung der „Marke" mit Unterhaltung und Erlebnis. Brand Lands, Brand Parks und Corporate Attractions zielen auf die Herstellung einer positiven Beziehung zwischen Besuchern und Unternehmen bzw. den Produkten.

5. Die VW-Autostadt als wichtigstes neues Brand Land

Die zweifellos wichtigste Etablierung eines echten Brand Lands im o. g. Sinn ist die Eröffnung der VW Autostadt in Wolfsburg.

1994 gab es im VW-Konzern die ersten Überlegungen, 1996 die Entscheidung für den Bau eines neuen Auto- und Mobilitätsbezogenen Themenparks (dessen Konzeption sich zuerst an den erfolgreichen Freizeitparks à la Disney orientierte). Hintergrund dafür waren neben der Vorstellung, in einer wirtschaftlichen Krisensituation neue Arbeitsplätze zu generieren, und der Idee einer umfassenden Plattform für die Unternehmensprodukte auch die Nähe der für 2000 im nicht weit entfernten Hannover geplanten EXPO-Weltausstellung. Tatsächlich konnte die VW-Autostadt taggleich mit der EXPO am 1. Juni 2000 nach nur zwei Jahren Bauzeit eröffnet werden.[4] Der VW-Konzern hatte 850 Mio. DM investiert, um auf 25 Hektar ehedem brachliegenden Firmengeländes ein neues Kompetenzzentrum zu schaffen, das von Anfang an ein geradezu unwahrscheinliches Besucherinteresse auf sich zog. Bereits im ersten Jahr kamen 2,3 Mio. Gäste, mehr als doppelt so viel wie geplant bzw. erhofft, 2002 konnten 2,1 Mio. Besucher verzeichnet werden – damit ist die Autostadt der Themenpark mit der zweitgrößten Besucherzahl in Deutschland (nach dem Europa Park Rust). Das ursprünglich im Mittelpunkt der Planung stehende Ziel war eine *Service*plattform: Ein stärker als bisher üblich erlebnisbetontes Zentrum für Autokäufer, die ihre Neuwagen selbst abholen wollten,[5] sollte geschaffen werden; die emotionale Bindung zwischen Konzern (also Hersteller), Kunde und Händler verstärkt werden.

Im Laufe der Planung wurde dies um differenzierte Ziele der Unternehmens*kommunikation* ergänzt:
- die (auch architektonisch) sichtbare[6] Aufwertung des Stammsitz des Unternehmens (Architekt und Masterplaner Gunter Henn);
- die Absicht, neue Zielgruppen für die Produkte des Automobilkonzerns zu interessieren bzw. zu begeistern;
- die Darstellung der Unternehmensphilosophie;
- die Darstellung der Unternehmensleistungen (u. a. durch verschieden lange Führungen in 16 Sprachen); besonders auffallend, dass hier die zentrale „Haus"-Marke (VW) und die einzelnen, unterschiedlich emotional besetzten Automarken (Bentley, Lamborghini, Seat, Audi, Skoda, VW, Nutzfahrzeuge in sieben speziellen Pavillons) inszeniert werden;
- das Ziel, über die Unternehmensangebote hinaus das Thema der Automobilität *generell* zum zentralen Thema zu machen („Weltforum der Automobilität");
- die emotionale Bindung an Autotypen zu verstärken (etwa durch die inszenatorische Ausstellung von Autobil-Legenden). Die Unternehmensleitung hat dabei den Gedanken der Erlebnisökonomie verstanden und aufgegriffen (Eckardt 2002; Nemeczek 2002).

Besonders großer Wert wird auf *Dienstleistungsqualität* gelegt. Die Autostadt versteht sich ihren Aussagen zufolge als „Center of Excellence" in Bezug auf Kundenorientierung: „Der Kunde ist hier König, er soll sich wohl fühlen und, wenn er geht, das Gefühl mitnehmen, ein willkommener Gast gewesen zu sein" (Pressemitteilung 2002) – was durch die große Zahl von 2.000 Mitarbeitern erreicht werden soll. Die Kommunikation der vier großen Ziele „Qualität – Sicherheit – soziale Kompetenz – Umweltbewusstsein" geschieht – wie in großen Themenparks – unter Einsatz verschiedenster audiovisueller (360 Grad-Kino, 8/70mm Großwandkino, Multiple ScreenKino, Simulatoren, Videoprojektionen auf den Außenwänden der Gebäuden) und interaktiver Mittel (Erlebnistouren), v. a. durch die alle Sinne ansprechenden Vorführungen und Einrichtungen (NebelGang), die die gerade in den letzten Jahren immer beliebter werdenden Prinzipien der Science Museums und ähnlicher Edutainment-Institutionen aufgreifen.

Die VW-Autostadt erfüllt mittlerweile in beeindruckender Weise die Kriterien, die für Themenparks allgemein angelegt werden:[7]

- Sie ist eine *touristische Destination* – es gibt ein umfassendes, differenziertes gastronomisches Angebot[8]; viele Besucher, Gruppen wie Individualreisende bleiben hier länger als einen Tag, was dank des integrierten Ritz-Carlton Hotels möglich ist – die durch einen hohen Grad an Repeaters geprägt ist; besonders ausgeprägt ist der Bustourismus (6000 Busse pro Jahr);
- charakteristisch für eine Erlebniswelt modernen Stils ist aber auch, dass durch zusätzliche, wechselnde Attraktionen und *Events* das Angebot abwechslungsreich und interessant gehalten wird: So gibt es mittlerweile ein umfassendes kulturelles Angebot auf hohem Niveau (Tanzfestivals, Konzerte);
- der *Park-Charakter* ist ausgeprägt (viel Grün in einer sorgfältigen Landschaftsgestaltung, was Ruhe und Wohlfühlen vermitteln soll);
- schließlich ist die *zielgruppenspezifische* Angebotsleistung herauszustellen (z. B. Angebote für Kinder in der KinderWelt, in der Kinder Verhaltensweisen im Strassenverkehr kennen lernen und einen eigenen Führerschein machen können; Angebote für Autofahrer: SparTraining und SicherheitsTraining; die Erlebnisdisco Mondo für junge Leute[9]);
- ein Ausbau der Autostadt zu einer noch umfassenderen Erlebniswelt ist durch die Nutzung eines nahe gelegenen Brachgeländes zu einem großen Freizeit-Zentrum mit Extremsporthalle, Wellnesscenter, Indoor-Skiarena, Tropenparadies, Ferienwohnanlage, Mehrzweckhalle, Restaurants und Hotels intendiert (Willenbrock, 2002).

6. Brand Lands, eine neue Phase in der Unternehmenskommunikation?

Unternehmen begeben sich zunehmend auf die Suche nach neuen Formen der Kommunikation mit ihrer Umwelt, um mit jenen Zielgruppen in Verbindung zu treten, die sie mit anderen Kommunikationsinstrumenten, z. B. klassischer Werbung, nur schwer erreichen. Für sie stellt sich immer dringlicher die Frage, welches die geeignetsten Kommunikationsinstrumente sind, um die an den Unternehmenszielen ausgerichteten Kommunikationsziele am effizientesten und effektivsten zu erreichen. Brand Lands stellen eine neue Möglichkeit dieser Unternehmenskommunikation dar. Sie eignen sich insbesondere dazu, dem erlebnisorientierten Konsumenten markenspezifische Erlebnisse zu vermitteln, unabhängig davon, ob es sich um Familien mit Kindern, Jugendliche, Singles oder Pensionisten handelt. Verglichen mit herkömmlichen Kommunikationsinstrumenten sind Brand Lands längerfristig angelegt.

Die hier realisierten markenspezifischen Erlebnisse werden dabei als den einzelnen Emotionen übergeordnete Phänomene angesehen. Sozialpsychologische und konsumsoziologische Studien haben einen erheblichen Einfluss von Emotionen auf kognitive Prozesse wie Informationsaufnahme, Informationsverarbeitung und Informationsspeicherung belegt (vgl. Weinberg & Nickel 1998, S. 63). Die emotionalen Vorgänge des Menschen lenken seine Aufmerksamkeit und seine Informationsaufnahme. Sie greifen maßgeblich in die Informationsverarbeitung ein und fördern oder blockieren das Gedächtnis. Somit beeinflussen emotionale Vorgänge auch die Beurteilung von Konsumangeboten und das Verhalten gegenüber diesen (vgl. Kroeber-Riel & Weinberg 1996, S. 239).

Unmittelbar erlebte emotionale Eindrücke können die Rationalität von Entscheidungen so stark beeinflussen, dass entscheidungsrelevantes Wissen vernachlässigt wird. In einer (Kauf-)Entscheidungssituation kann es zu einer Verringerung der kognitiven und rationalen Auseinandersetzung mit den sonstigen Angebotsinformationen kommen (vgl. Weinberg & Nickel 1998, S. 72), was für den Anbieter zweifellos interessant ist. Die auf emotionale Beeinflussung angelegten Markenwelten von heute versuchen somit, die zukünftigen Kaufentscheidungen zu beeinflussen.

Derartige Erinnerungen weisen meist einen hohen Gehalt an bildlichen Vorstellungen auf.[10] Im Marketing ist heute der professionelle Einsatz der Bildkommunikation der entscheidende Weg zur Beeinflussung menschlichen Verhaltens.

Brand Parks sind in diesem Zusammenhang als 3-dimensionale inszenierte Bilder bzw. Szenen zu betrachten. Es geht dabei nicht nur um visuelle Reize, auch akustische, haptische oder olfaktorische Reize können zur Intensivierung einer selbst erlebten Erfahrung beitragen. Eine unter Umständen vorher mittels Werbung installierte, inszenierte Markenwelt kann durch Brand Parks in erlebbare Wirklichkeit transferiert werden. „Je intensiver die Botschaft vom Empfänger verarbeitet wird, desto realer erscheint ihm die Markenwelt." (Weinberg & Nickel 1998, S. 74)

Brand Parks können allerdings nur im Zusammenspiel mit anderen Kommunikationsinstrumenten ihre volle Wirkung entfalten und ihr Ziel erreichen, die Marke erfolgreich zu kommunizieren. Um die mittels Kommunikation erzeugten Eindrücke zu vereinheitlichen und zu verstärken, bedarf es einer inhaltlichen, formalen und zeitlichen Abstimmung der Unternehmenskommunikation. Es geht also auch um das „Vor" und „Nach" eines Besuches eines Brand Lands, was z. B. meint, dass diese Parks durch den Einsatz traditioneller Instrumente wie Public Relations, Werbung, Direkt Marketing etc. in der Öffentlichkeit bekannt gemacht werden können. Brand Lands und ihre Wirkung müssen geplant werden und sich in die allgemeinen Ziele der Unternehmenskommunikation einpassen.

7. Ausblick

Brand Lands bilden als *erlebnisaktivierende Markeninszenierungen* ein weiteres Angebot für die Unternehmenskommunikation. Sie können Kommunikations- und Konsumbedürfnisse befriedigen, können die Wahrnehmung und Erinnerung gegenüber Marken erhöhen, können Begeisterung für Marken erzeugen und zu verfestigten Einstellungen gegenüber diesen führen. Sie können auch dem Konsumenten helfen, sich innerhalb von Markenwelten zu orientieren. Daneben sind sie auch ein Mittel der Selbstidentifikation.

Aus kommunikationspolitischer Perspektive sind Brand Lands als *Weiterentwicklung bzw. Ergänzung* der bisher üblichen Marketing-Events von Unternehmen mit starken Marken zu sehen. Sie sollten als ein weiterer Baustein innerhalb der Unternehmenskommunikation und der Markenführung verstanden und entsprechend integriert werden. Das Ziel von Brand Parks liegt in der spannenden, unaufdringlichen, faszinierenden, nachhaltigen und eigenständigen Kommunikation von Inhalten und Botschaften an Besucher (Nickel 1998, S. 283).

Literatur

Ahrens, Rupert & Behrent, Michael (1998). Kommunikationsmanagement 1998. Versuch einer Bestandsaufnahme. (S. 67-76) In Klaus Merten & Rainer Zimmermann (Hg.), Das Handbuch der Unternehmenskommunikation. Köln: Deutscher Wirtschaftsdienst.

Autostadt (2001). EinBlick. Eine Führung durch die Autostadt. Wolfsburg.

Brabeck-Letmathe, Peter (1999). Gewappnet für den Wandel? – Interview. Werben und Verkaufen, 1999, 38, Heft 43, 308-310.

Brandt, Petra (1998). Industrielle Besucherattraktionen als Instrument der Unternehmenskommunikation und Public Relations unter besonderer Berücksichtigung der Automobilindustrie. Diplomarbeit, Universität Salzburg.

Bruhn, Manfred (Hg.) (1994). Handbuch Markenartikel. Begriffsabgrenzungen und Erscheinungsformen von Marken. Band 1. (S. 3-42) Stuttgart: Schäffer-Poeschel.

Eckardt, Emanuel (2002). Das Hoch im Norden. (Interview mit B. Pischetsrieder). (S. 10-11) In Merian Extra. Autostadt in Wolfsburg. Hamburg: Merian

Esch, Franz-Rudolf (2000). Erlebniswelten und Markenimages. (S. 51-82) In Andreas Herrmann, Günter Hertel, Frank Huber & Wilfried Virt, Kundenorientierte Produktgestaltung. München: Vahlen.

Gross, Harald (2001). Brand Parks – ein neuer Weg der Unternehmenskommunikation. Diplomarbeit. Universität Salzburg.

Gronstedt, Anders (2000). Integrating communications in the customer century. Vortrag, 17.10.2000, Universität Salzburg, Institut für Gesellschaftswissenschaften.

Kaiser, Josef (2000). Event Parks. Tour der Sinne. PR-Magazin, 2000, 31(2), 42-45.

Nickel, Oliver (Hrsg.) (1998). Zukünftige Professionalisierungspotentiale des Eventmarketing. (S. 281-302) In Eventmarketing. Grundlagen und Erfolgsbeispiele. München: Vahlen.
N.N. (1998). http://uranus.ecce-terram.de/test/facts/intern/1998/12/912472027.25921.html vom 10.11.1998.
Kramer, Johann (1999). Gewappnet für den Wandel? – Interview. Werben und Verkaufen, 1999, 37 (43), 308-310.
Kroeber-Riel, Werner (1993). Bildkommunikation. Imagerystrategien für die Werbung. München: Vahlen.
Kroeber-Riel, Werner & Weinberg, Peter (1996). Konsumentenverhalten. 6. Aufl. München: Vahlen.
Molthan, Kerstin (1999). Gewappnet für den Wandel? Interview. Werben und Verkaufen, 1999, 38 (43), 308-310.
Nemeczek, Alfred (2002). Schöne neue Welt. (S. 26-29) In Merian Extra. Autostadt in Wolfsburg. Hamburg: Merian.
Opaschowski, Horst (2000). Kathedralen des 21. Jahrhunderts. Erlebniswelten im Zeitalter der Eventkultur. Hamburg: Germa.
Schulze, Gerhard (1998). Die Zukunft der Erlebnisgesellschaft. (S. 303-316) In Oliver Nickel (Hg.), Eventmarketing: Grundlagen und Erfolgsbeispiele. München: Vahlen.
Völker, Herbert (2002). Vom Kind im Manne. (S. 34-35) In Merian Extra. Autostadt in Wolfsburg. Hamburg: Merian.
Weinberg, Peter & Nickel, Oliver (1998). Emotionales Erleben: Zentrale Determinante für den Erfolg von Marketingevents. (S. 61-78) In Oliver Nickel (Hg.), Eventmarketing. Grundlagen und Erfolgsbeispiele. München: Vahlen.
Willenbrock, Harald (2002). Wolfsburger Zukunftsmusik. Ehrgeizige Pläne sollen die Stadt in eine Erlebniswelt für Millionen Kurzurlauber verwandeln. (S. 92-93) In Merian Extra. Autostadt in Wolfsburg. Hamburg: Merian.

Anmerkungen

[1] S. dazu den Beitrag von Rieder in diesem Band.
[2] In der Praxis führt dies auch zu einer Bedeutungssteigerung der internen Markenkommunikation: „The brand is a promise that everyone has to deliver on. If everyone from the CEO to the receptionist cannot articulate the brand promise, how are customers suppose to do it. If the brand is not througly ingrained in the culture, employees cannot live the brand." (Gronstedt 2000)
[3] Vgl. Brandt 1998; Esch 2000, S. 57; Opaschowski 2000, S. 37; N.N. 1998; Nickel 1998, S. 282ff; Nickel 1998, S.282ff.; Kaiser 2000, S. 42ff.
[4] Zum Überblick vgl. Autostadt (2001): Einblicke.
[5] Der langjährige Konzernchef Piech über die Abholer: „Sie tun dies ja nicht aus irgendwelchen praktischen Gründen oder weil es dabei etwas zu ersparen gäbe. Sie verbinden die Abholung mit dem Wunsch, irgendetwas zu erleben, während die sich dort umschauen, wo ihr Auto auf die Welt kommt. Sie sind interessiert und nehmen sich Zeit – ideale Voraussetzungen für gute Kunde." (Völker 2002, S. 35)
[6] Z. B. durch zwei 48 m hohe AutoTürme, in denen 800 auf Hochglanz polierte Neufahrzeuge für die Abholer bereitstehen.
[7] Vgl. dazu den Beitrag über Themenparks in diesem Band.
[8] Insgesamt gibt es allein sechs verschiedene Restaurants, darunter, nicht untypisch für die von einem Überflussangebot von Dingen geprägten Erlebniswelten, in der WasserBar des Restaurants TachoMeter 60 verschiedene Sorten Mineralwasser und im Cafe Central über 40 Kaffee-Spezialitäten.

[9] Interessanterweise hat sich die Besucherstruktur verjüngt: 2001 waren 54 % der Besucher 14 bis 49 Jahre alt, 2002 68 %.
[10] In der Forschung wird dabei vom Imageygehalt gesprochen. Der Gesamteindruck der Wahrnehmung wird vor allem durch die durch Imageryvorgänge entstandenen Gedächtnisinhalte bestimmt (vgl. Kroeber-Riel 1993).

*H. Jürgen Kagelmann,
Silke Friederichs-Schmidt, Roman Sauer*

Erlebnisgastronomie

1. Einleitung

Die Wirtschaft hat sich in der aktuellen Erlebnisgesellschaft das Ziel gesetzt, dem Konsumenten möglichst exakt zugeschnittene Angebote bzw. Erlebnisse zu bieten (Kagelmann 1998); beschrieben wird dies u. a. im Ansatz der *Erlebnisökonomie*. Annahme ist, dass die Nachfrager stark zunehmend Leistungen mit emotionalem *Zusatznutzen*, also z. B. einem Erlebnis, konsumieren („Erlebniskonsum"), während der funktionale Nutzen („Versorgungskonsum") in den Hintergrund rückt (Pine & Gilmore 1999a, b; Kagelmann 2000). Hinter dem zentralen Begriff des Erlebnisses steckt ein Ereignis, das vom Alltäglichen abweicht und dabei Neugier, Abwechslung und Spannung weckt sowie soziale Bedürfnisse befriedigt. Das Erlebnis ist ein subjektiver Wahrnehmungsprozess, der stark vom individuellen Lebensstil abhängt. Unabdingbarer Bestandteil von *allen* Erlebniswelten, diesen geplanten und inszenierten, kommerziell organisierten Freizeit-/Urlaubsbereichen, in denen den Besuchern möglichst viele emotionale Erlebnisse für einen begrenzten Zeitraum zu schaffen versucht wird, also z. B. Themenparks[1], Shopping-Zentren/-Malls, Urban Entertainment Centers, Ferienclubs, Musicals usf., ist das emotional besetzte *Essen und Trinken* in verschiedensten Restaurationssettings – die i. d. R. thematisch orientierten erlebnisgastronomischen Angebote. Natürlich gibt es diese gastronomischen Angebote auch selbstständig als eigene Erlebniswelt, und während in anderen Erlebniswelten die Rezeption von musikalischen Vorführungen, sportliche Betätigungen, künstlerische Aktivitäten, spannungsreiche Unterhaltung, der Konsum verschiedenster Güter usf. im Vordergrund stehen, dominiert in der erlebnisgastronomischen Welt logischerweise das Essen und Trinken.

Den Anspruch, ein „Erlebnis" zu vermitteln, nimmt fast jedes gastronomische Konzept für sich in Anspruch. Deshalb ist der Begriff der Erlebnisgastronomie auch nur schwer einzugrenzen. Im Weiteren beschränkt sich diese Arbeit deshalb auf den Schwerpunkt der *Themen*gastronomie. Darunter sollen in diesem Zusammenhang nur Konzepte verstanden werden, die ein eigentlich gastronomie-fernes Thema in den Mittelpunkt stellen, ja „inszenieren". Die architektonische Umsetzung, das Angebot an Speisen und Getränke, das Ambiente und das Marketing sind vom Thema geprägt. Bekannte Beispiele für themengastronomische Konzepte sind Hard Rock Cafe, Planet Hollywood, ESPN Zone oder Rainforest Cafe, die im folgenden Abschnitt ausführlicher vorgestellt werden, bevor dann die Gemeinsamkeiten der dargestellten Konzepte extrahiert und typische auftretende Probleme und Erfolgsfaktoren sowie aktuelle Trends und Entwicklungen diskutiert werden.

2. Ein Überblick über den Markt der Themengastronomie

2.1 Formen der Themengastronomie

Die Themengastronomie existiert auf dem Markt in zwei Erscheinungsformen: den Individualbetrieben, die nur eine Niederlassung besitzen und meist vom Inhaber selbst betrieben werden, sowie der Systemgastronomie. Zur Systemgastronomie werden Unternehmen gerechnet, denen mehrere Niederlassungen unterstehen (Eigenbetrieb oder Franchisenehmer), die unter einer einheitlichen Marke auftreten und ein konzeptionell durchdachtes Leistungsprogramm mit einer betriebsübergreifenden Organisation besitzen (o.V. Systemgastronomie 2002). Bekannte Beispiele aus den USA sind die mittlerweile weltbekannten Fastfood-Ketten McDonald's, Burger King, Taco Bell, Pizza Hut, Wendy's, KFC u. v. a. (zur Geschichte von McDonalds vgl. Love 1996; zu den Strukturen und Prinzipien Ritsert 1995; Schlosser, 2002).[2]

Die wirtschaftlich bedeutsamste Form der Themengastronomie sind Themenrestaurants, die meist als Restaurantketten organisiert sind und somit der *Systemgastronomie* zugerechnet werden können. Daneben gibt es u. a. folgende wichtige Konzepte:

- „*Theme Eatery*". In den großen Themenparks, den „Destination parks", werden bei der gastronomischen Versorgung der Gäste typischerweise Elemente der Parkthematisierungen konsequent und konzentriert aufgegriffen. Die Restaurationen bilden einen wichtigen Bestandteil des Gesamtkonzepts des Parks[3] und stellen meist *selbst* eine Attraktion für den Besucher dar, damit die Basis für weitere Erlebnisse. Sie sind (architektonisch) individuell gestaltet, umfassen Fastfood-Angebote, Snackkarts, à la Carte-Essen, sind aber dank einer eingeschränkten gastronomischen Palette in jedem Fall effizient organisiert; sie bieten dem Interessierten die Möglichkeit, im Rahmen eines Tagesbesuches eine Fülle „typischer" Küchen unterschiedlichster Länder/ Kulturen auszuprobieren (wie z. B. im Disney World Resort in Florida/USA)[4]. Oft wird die Thematisierung noch durch landestypische Folklore, Vorführungen, Shows, artistische Darbietungen im zentralen Restaurationsbereich und den Verkauf „typischer" Produkte im Eingangs/Ausgangsbereich unterstützt. [Zur Einschätzung der ökonomischen Bedeutung sollte man davon ausgehen, dass die Themengastronomie bei Disney mindestens 1/6 zum Gesamtumsatz des Parkresorts beiträgt (je ein Drittel Eintritte, Hotellerie, Merchandising/Gastronomie).]

- *„Character Meals"* in Themenparks sind eine spezielle Form der Themengastronomie in Erlebniswelten; sie wurden Ende der 50er Jahre im kalifornischen Disneyland erfunden,[5] später in anderen Disney-Parks[6] übernommen und konzeptuell erweitert und angesichts ihres sichtbaren Erfolgs auch in anderen Parks überall auf der Welt übernommen. International bekannte und beliebte Charaktere, v. a. solche aus Zeichentrickfilmen, die auch nach festgelegtem Plan in den Parks auftreten, erscheinen während des Essens (v. a. beim Frühstück) in den Hotelrestaurants, charmieren mit den Gästen, v. a. den Kindern, geben Autogramme und stehen für Erinnerungsfotos bereit. Oft sind diese Figuren (speziell dafür ausgebildete Mitarbeiter als Micky Maus, Goofy, Winnie Puuh, Chip & Chap, Pluto usf. kostümiert) noch zusätzlich dem Umfeld entsprechend verkleidet (z. B. im Wildwest-Stil in einem Wildwestrestaurant/-hotel), sodass eine *doppelte* (und also intensivierte) Thematisierung erfolgt.
- Ein Sonderfall sind die *Brand Lands*[7] der Food-Branche. In diesen „Marken"-Erlebniswelten wie z. B. Kellogg's Cereal City (400.000 Besucher im Jahr), World of Coca Cola in Atlanta dreht sich Essen und/oder Trinken naturgemäß um die Produktpalette des entsprechenden Herstellerkonzerns in erlebnisorientierter Inszenierung.
- *„Dinner Events"* (Themed Dinner Shows, Dinner Theater, Dinner Attraction) sind Essen mit Shows (oder Shows mit Essen) in einem thematischen Ambiente: Ritterspektakel („Medieval Times Dinner & Tournament"), Wildwest-Mythen **(„Dolly Parton's Dixie Stampede Dinner & Show"),** 1001-Nachtmotive („Arabian Nights"), Piratengeschichten, Al Capone-Gangster-Storys, polynesische Romantik („Wantilan Luau") sind die beliebtesten Themen – quasi die „reinsten" Formen „imaginärer Geographie" (Hennig 1999). Meist wird dem Gast eine einheitliche Menüfolge einschließlich Getränken nach Belieben (all-you-can-eat-prinzip) zu einem Pauschalpreis angeboten, Showeinlagen mit Tanz und Gesang, artistische Darbietungen, folkloristische Szenen, viel Musik – alles unter Einbeziehung des Publikums. In den USA etwa findet man sie einerseits als integriertes Angebot von Freizeitparkresorts: Diese Abendvorstellungen ergänzen das thematische Angebot des Tages und halten die Gäste noch länger im Parkresort, erwirtschaften somit noch zusätzlichen Umsatz. Andererseits gibt es die Dinnershows in den bekannten Urlaubs- und Unterhaltungszentren als separate Angebote von darauf spezialisierten Anbietern: In Orlando, Florida, existierten in den letzten Jahren zeitweise an die zehn solcher Shows in jeweils eigenen Theatern von bis zu 5000 qm für bis zu 1200 Gästen mit mehreren Vorstellungen pro Tag. Alle haben die gleiche Struktur. Pre-Show-Entertainment in einem Vorraum mit unterhaltenden Einlagen, Barbetrieb und Souvenir-Merchandising-Verkauf; die eigentliche Show von etwa 90 Minuten Dauer, das After-Show-Entertainment mit Autogramm- und Konversationsmöglichkeiten zum Ausklang. Das Publikum ist gemischt, allerdings dominieren Mittelschichtangehörige; das Angebot ist ausgesprochen familienorientiert. Häufig gibt es ein angeschlossenes Erlebniszentrum, z. B. ein mittelalterliches Dorf, ein Piratenmuseum, ein Wild-West-Fort usf., mit kleinen Darbietungen und vielen Shoppingmöglichkeiten – ein Trend zum Dinner Event-Themenpark ist ersichtlich. Hier fällt die eingeschränkte thematische Palette auf, die uns dazu veranlasst, von imaginär-geographischen Erlebniswelten *erster* (die oben genannten, die auch die

häufigsten „Länder" in Freizeitparks sind) und *sekundärer* Ordnung (solchen, die eher selten verwendet werden oder nur in speziellen Settings wie z. B. Brandlands) zu sprechen. (In noch stärkerem Maße als etwa bei den Freizeitpark-"Ländern" gilt für die Themengastronomie, dass längst nicht alle historisch-geographischen Themen automatisch einen Erfolg versprechen.) Einige Angebote sind inzwischen filialisiert ("Medieval Times" hat 7 Spielstätten in Nordamerika).

- Eine Variante des typischen Dinner Event-Konzeptes ist die *Mystery Dinner Show (auch „Mystery/Crime Solving")*; hier werden die Gäste zu Mitwirkenden eines gespielten „Kriminalfalles" (unter Beteiligung eigens dafür engagierter Schauspieler) und dürfen bzw. sollen mitspielen, um die Auflösung eines Kriminalfalles, meist eines Mordes, herzustellen.
- Auch in *Deutschland* gibt es seit längerer Zeit singuläre erlebnisgastronomische Angebote, die oft versuchen, einem höheren künstlerischen und auch kulinarischem Anspruch bei relativ hohen Preisen gerecht zu werden, und sich v. a. an DINKS oder Oberschichtangehörige wenden. Den Anfang machte 1992 „Pomp Duck and Circumstances", ein von Hans-Peter Wodarz konzipiertes, auch in den USA erfolgreiches Gourmet-Spektakel, das Essen und Auftritte von Clowns und Stars miteinander verbindet (o.V. Eventgastronomie 2002; Becker 2002). In der letzten Zeit sind stationäre Erlebnisrestaurants im Kommen wie z.B. das Restaurant-Theater Merlins Wunderland (Dresden)
- Eine relativ neue Entwicklung sind die *Coffee-Bars;* hier wird der Kaffeegenuss zum Thema und zum Erlebnis gemacht; Beispiele sind Starbucks (USA, über 2.500 Outlets), Costa Coffee (GB, ca. 100 Filialen), Coffee Republic (über 60 Filialen).
- Ökonomisch erfolgreich ist auch das *Confertainment*-Konzept: die Durchführung von Tagungen und Kongressen in Freizeitparks/Erlebniswelten unter Einbeziehung erlebnisgastronomischer Angebote (in Deutschland führte 2003 der Europa-Park Rust 850 Veranstaltungen durch).
- Weitere Konzepte sind: Erlebnisbrauereien; Designbars; Food courts (in Malls und UECs) u. a.

2.2. Themenrestaurants

In den letzten Jahren sind vor allem in den Metropolen und den wichtigsten Urlaubsgebieten immer mehr *individuelle* Themenrestaurants eröffnet worden – z. B. „Dive", ein U-Boot-Lokal aus der Ideenproduktion Steven Spielbergs, oder „Monte Carlo", ein gastronomisches Konzept mit mehreren Lokalen im Stile Monte Carlos in Wien; häufig handelt es sich um Design-Restaurants wie Bluebird oder Hakkasan in London. Aber es sind es die Restaurant*ketten* der *System*gastronomie, die das themengastronomische Bild beherrschen und die im Mittelpunkt der folgenden Betrachtung stehen. Die fünf weltweit umsatzstärksten Ketten (o.V. top 400, 2002) sind die folgenden:
- *Hard Rock Cafe* – ist *das* Themenrestaurant schlechthin. Gegründet wurde das erste Restaurant dieser Kette 1971 von Peter Morton und Isaac Tigrett in London; es verband damals erstmals Rockmusik mit amerikanischem Essen. Die besondere Atmosphäre bekamen und bekommen die Lokale durch inzwischen 60.000 Ausstellungsstücke und Souvenirs bekannter Musiker der

Pop- und Rockszene (signierte Musikinstrumente, originale Goldene Schallplatten, zertifizierte Kleidungs- und Schmuckstücke von Musikgrößen, seltene Fotos von musikalischen Highlights, Filme von historischen Liveauftritten u.v.a.m. – und natürlich Musik/Musikvideos am laufenden Band. Die Expansion der Kette begann 1982 mit der Eröffnung des ersten Lokals in den USA. Inzwischen besitzt die weltweit größte Themenrestaurantkette über 113 Lokale in mehr als 40 Ländern und versucht das Konzept mit Hilfe der starken Marke auf andere Bereiche auszudehnen. So eröffneten kürzlich sieben Hotels, zwei Hotel-Casinos unter der Marke „Hard Rock" in Tampa und Hollywood/Florida und ein Museum mit Exponaten aus der („The Hard Rock Vault") in Orlando. Ab 2000 erneuerte das Unternehmen das Aussehen seiner Lokale, um das oft seit Jahrzehnten unveränderte Design dem sich verändernden Geschmack des Publikums anzupassen. Zudem wird versucht, mit live-Konzerten die abends nicht immer gut ausgelasteten Lokale zu füllen. Allgemein ist das Management der Hard Rock Cafes bemüht, vermehrt jüngeres Publikum anzusprechen und sein etwas verstaubtes Image der 70er Jahre abzulegen (Zuber 2001). Alleiniger Eigentümer der Kette ist seit 1996 die britische Rank Group Plc, die mit verschiedenen Marken im Freizeit- und Unterhaltungsgeschäft tätig ist. Sie verfolgt trotz der Umsatzdelle in der Folge des 11. Septembers und entgegen den kritischen Stimmen einiger Finanzanalysten, die einen Verkauf der Kette fordern (BBC 2001), eine Expansionsstrategie (Rank 2002; hardrock 2002).

- *Rainforest Cafe.* Diese Kette, 1995 gegründet, ist eine der wirtschaftlich erfolgreichsten Themenrestaurantketten mit stetem Wachstum. Das konsequent umgesetzte Thema ist der Regenwald: Wasserfälle, Pflanzen, Tierroboter, aber auch echte Papageien und Fische und eine entsprechende Geräuschkulisse versetzen den Besucher in ein idealtypisches Regenwald-Ambiente (Kagelmann 2000). Wichtig erscheint auch die ökologische Verankerung des Konzepts: So werden beim Einkauf der Produkte ökologische Gesichtspunkte beachtet sowie ein Teil der Einnahmen für Regenwaldprojekte verwendet; für Schulen gibt es edukative Programme zum Thema Regenwald; für Kinder wie Erwachsene gibt es eigene Clubs (Kundenbindungsprogramme). Derzeit betreibt die Kette 25 eigene Restaurants, hinzu kommen 11 Franchise-Betriebe. Vorher eine selbstständige börsennotierte Gesellschaft, wurden die Rainforest Cafes (Motto: „A wild place to shop and eat") Ende 2000 von der amerikanischen Landry's Restaurant Gruppe übernommen, die zahlreiche weitere, meist auf Fisch spezialisierte Restaurantketten besitzt (o.V. Landry's 2001).
- *Planet Hollywood.* Diese Kette (Motto: „Discover a place that's out of this world!") wurde 1991 von Filmproduzent Keith Barish und Robert Earl ins Leben gerufen. Mit Hilfe von weltbekannten Stars wie Arnold Schwarzenegger, Sylvester Stallone, Bruce Willis und Demi Moore als Miteigentümern sollte die Kundschaft angelockt werden (Hoffmann 2002). Tatsächlich hal-

ten diese Filmschauspieler aber nur einen sehr kleinen Anteil am Unternehmen, wohingegen eine Gruppe von Investoren, u. a. der saudi-arabische Prinz al Waleed bin Talal (der auch Mitbesitzer von Euro Disney Paris ist), Ong Beng Seng und CEO Robert Earl, zu 70 % in Besitz des Unternehmens ist (o.V., Planet Hollywood 2002). Idee bzw. Thema sind originale Memorabilia aus allen Genres der Filmgeschichte. Zudem werden auf Videoleinwänden bekannte Filmausschnitte und Eröffnungsfeiern anderer Planet Hollywood Niederlassungen vorgeführt. Das Angebot an Speisen erstreckt sich von Burgern und Salat zu Pasta und Pizza, wobei das Essen eher als nebensächlich angesehen wird. Dementsprechend wurde auch häufig die Qualität kritisiert (Cooke 2000). Die anfangs schnell expandierende, über Franchising betriebene Kette steht derzeit zum zweiten Mal vor dem Konkurs. Von ehemals 80 Betrieben rund um die Welt sind nur noch ca. 30 Niederlassungen vorhanden. Auch die zu Planet Hollywood gehörende Gruppe All Star Sports Cafes musste wegen mangelnder Profitabilität verkauft werden. Um das Unternehmen zu retten, will man sich jetzt nur noch auf das Kerngeschäft, die Planet Hollywood Restaurants in internationalen Touristenzentren, konzentrieren (o.V. Planet Hollywood 2002).

Abb. 2a Hard Rock Café © im City Walk, Orlando Florida

Erlebnisgastronomie

Abb. 2b Planet Hollywood ©, Walt Disney World Resort, Orlando Florida

- *ESPN Zone:* ein 1998 entstandenes Jointventure zwischen Disney Regional Entertainment und ESPN zum Thema Sport (Grimaldi 1998). Drei Hauptattraktionen sollen die Gäste in familienfreundlicher Umgebung unterhalten. Erstens gibt es einen Multimonitor Screening Room mit live-Übertragungen. Der Studio Grill, der zweite Bestandteil des Konzepts, ist ein großer Speisesaal, der mit live-Ausschnitten aus ESPN Shows und guter amerikanischer Küche überzeugen soll. Hier wird besonders auf die Qualität des Essens Wert gelegt, da 60% der Gäste Stammkunden sind. Drittens kann der Kunde in der Sports Arena sein Glück bei elektronischen Spielen versuchen (Stratton 2001). Zentral für das Konzept ist, dass der Gast ständig, wo er sich auch immer befindet, mit den aktuellsten Sport-Informationen versorgt wird. Die Dekoration besteht aus Memorabilia der verschiedenen in Nordamerika besonders beliebten Sportarten. In Atlanta z. B. spezialisiert sich die Ausstattung ausschließlich auf Golf Stars (Tiger Woods). Die Kette ist hauptsächlich auf dem amerikanischen Kontinent, mit zurzeit 8 Filialen, erfolgreich tätig (Spector 2001), die Filialen sind in typischen Vergnügungszonen (z. B. in Anaheim im „Downtown-Disney"-Bereich) angesiedelt.
- *House of Blues.* Das House of Blues wurde von den original „Blues Brothers" (Dan Aykroyd, John Belushi), gegründet und fokussiert auf live-Unterhaltung durch Blues-Konzerte (o.V. Theme Restaurants 2002). Sowohl Top Stars als auch Anfänger haben die Möglichkeit aufzutreten. Ausgeschmückt sind die Restaurants mit teils afrikanischen und amerikanischen

volkstümlichen Kunstgegenständen. Es werden internationale Gerichte serviert mit einem Akzent auf louisianische Spezialitäten. Eine weitere Attraktion stellt der allsonntägliche Gospel Brunch („Praise the Lord and pass the biscuits!") dar (Grimaldi 1998). Die Kette wird im angloamerikanischen Raum mit insgesamt 8 Niederlassungen betrieben, daneben ist sie im Konzert-Geschäft engagiert; Besitzer ist HOB Entertainment Inc.

2.3. Wirtschaftliche Bedeutung

Einen Überblick über die größten fünf Themenrestaurantketten bietet Tabelle 1:

Themengastronomie Restaurant:	Umsatz in Mio. USD			Veränderung zu 2000 in %	Zahl Restaurants Ende 2001
	1999	2000	2001		
Hard Rock Cafe	396,0	400,0	404,0	1 %	104
Rainforest Cafe	248,0	215,3	320,0	49 %	35
Planet Hollywood	222,0	180,0	135,0	-25 %	35
House of Blues	50,0	52,0	53,0	2 %	8
ESPN Zone	unbekannt	34,0	45,0	32 %	7

Tab. 1: Die weltweit umsatzstärksten Themenrestaurantketten 2001 (Top 400 Chains 2002).

Zusammen erwirtschafteten die 5 größten Ketten im Jahr 2001 weltweit einen Umsatz von annähernd 1 Mrd. USD. Verglichen mit dem Gesamtvolumen der 400 größten Restaurantketten entspricht dies einem Marktanteil von ca. 0,5 %. Mit einem Umsatz von etwa 0,4 Mrd. USD steht das Hard Rock Cafe an Stelle 73 der Top 400 Ketten, das Rainforest Cafe auf Platz 92. Dies zeigt, dass Themenrestaurants eine doch nur sehr kleine Sparte im großen Restaurantmarkt besetzten konnten. Allerdings beträgt die durchschnittliche Wachstumsrate des Umsatzes im Jahr 2001 8,6 %, gegenüber nur 3,4 % der gesamten Branche, was die steigende Bedeutung von Themenrestaurants zeigt. Zum Vergleich die größten Restaurantketten weltweit (Tab.2):

Kette	Platz	Umsatz in Mio. USD 2001	Veränderung zu 2000 in %	Zahl Restaurants Ende 2001
McDonalds	1	39.653,3	0,2 %	29.018
Burger King	2	11.200,0	-1,7 %	11.435
Kentucky Fried Chicken	3	9.700,0	12,2 %	11.815
Pizza Hut	4	7.600,0	-4,5 %	11.991
Hard Rock Café	73	404,0	1,0 %	104
Rainforest Cafe	92	320,0	49,0 %	35

Tab. 2: Die weltweit umsatzstärksten Restaurantketten Stand Ende 2001 (o.V. Top 400 Chains 2002).

Interessant erscheint, dass der durchschnittliche Umsatz pro Restaurant bei den konventionellen Ketten um 1 Mio. USD liegt, bei Hard Rock Cafes bei 3,9 Mio. USD und bei Rainforest Cafes sogar bei 9,1 Mio. USD. Mögliche Erklärungen hierfür sind: a) Größe und damit verbundene außergewöhnliche Architektur ist Teil des Erlebnisses (z. B. das größte Hard Rock Cafe der Welt in Orlando, s. Abb. 2a), b) die Konzepte sind sehr aufwändig und kostenintensiv und lassen sich deshalb erst ab einer gewissen Größe verwirklichen.

3. Merkmale und Erfolgsfaktoren der Themenrestaurants

3.1. Merkmale

(1) Das Produkt, die Dienstleistung, die ein Themenrestaurant anbietet, setzt sich aus zwei Hauptkomponenten zusammen: dem Essen und dem Erlebnis. Den Besuchern werden meist typische amerikanische „Fast Food"-Speisen und Getränke angeboten, die in der Regel am Tisch serviert werden und dem Segment „casual dining" zuzuordnen sind. Sie tragen oft phantasievolle Namen mit ostentativem Bezug auf das Thema („wording"). Nicht selten stehen die Themenrestaurants wegen anscheinend schlechter Qualität des gastronomischen Angebots in der Kritik. Das aktuelle Ranking aller Ketten einer führenden amerikanischen Gastronomiezeitschrift zeigt das Rainforest Cafe jedoch an zweiter Position im Segment „Dinnerhouse", das Hard Rock Cafe aber an vorletzter Stelle (Perlik 2002, S. 5).

(2) Das vermittelte Erlebnis ist die zweite Komponente und unterscheidet Themenrestaurants von konventionellen Gastronomiekonzepten. Das besondere Erlebnis entsteht durch Betonung eines speziellen Themas während des gesamten Aufenthalts, sodass dem Besucher eine spezielle Atmosphäre vermittelt

wird (Kagelmann 1998, S. 85). Die Thematisierung (das „theming") erfolgt im Prinzip ähnlich wie in Themenparks: Nach dem Prinzip des „storytelling" wird durch Darstellung verschiedener Szenen eine Geschichte, vergleichbar einem Film erzählt, z. B. durch Ausgestaltung verschiedener Räume (Bsp.: Hard Rock Cafe: Stationen des Lebens von Elvis Presley) (vgl. auch Gabler 2000). Nicht unwichtig ist in diesem Zusammenhang auch das Konzept der imaginären Geographie (Hennig 1999). Nicht die Realität soll dargestellt werden, sondern das, was der Besucher bei einem Thema erwartet und als typisch erachtet (Bsp. Regenwald im Rainforest Cafe). Im Restaurant soll zudem eine Kontrastwelt dargeboten werden (Kagelmann 1998, S. 79), die dem Besucher erlaubt, aus der realen Welt auszubrechen. Nicht jedes Thema ist geeignet. Nur emotional spannende Themen (z. B. Film, Musik, Regenwald) eignen sich für Themenrestaurants, nur sie können die beabsichtigte Atmosphäre schaffen. Hier sind auch nationale Unterschiede bedeutsam. So ist es in Mitteleuropa kaum vorstellbar, Sport in den Mittelpunkt einer Thematisierung zu stellen, in den USA ist dieses Thema jedoch viel stärker emotional besetzt und Inhalt vieler Themenrestaurants (z. B. ESPN, Official All Star Cafe, The Players Grill).

(3) Umsätze. Der Charakter der Themenrestaurants als duales Produkt (Essen plus Erlebnis) zeigt sich auch bei Betrachtung der Umsatzquellen. Das Hard Rock Cafe z. B. erzielt annähernd die Hälfte seines Umsatzes aus dem Verkauf von Merchandising-Artikeln (T-Shirts, (Walkup 2000, S. 2).[8]

Die typischen Standorte von Themenrestaurants differieren von denen konventioneller Restaurants. Themenrestaurants sind in Destination-Resorts anzutreffen (z. B. bei Disney), finden sich daneben besonders in Shopping malls und Urban Entertainment Centers (UEC), wo sie von der Attraktivität der Konsumparadiese profitieren, aber auch deren Erlebniswert steigern (und so die Verweildauer der Konsumenten erhöhen) (Preiß 2000, S. 20ff.). Typisch ist zudem die häufige Nähe zu touristischen Zentren. Aus dem Standort lässt sich auch der angesprochene Kundenkreis herleiten: Sind es in UEC und Shopping malls eher Stammkunden, zielen Restaurants in Themenparks und an touristisch wichtigen Punkten mehr auf Touristen ab.

(4) Die typische Organisationsform für Themenrestaurants sind Gastronomie*ketten* (siehe auch Kap. 2). Die einzelnen Betriebe sind entweder im Besitz der Kette (Filialen) oder werden als wirtschaftlich selbständige Franchisebetriebe geführt. Oft sind die Themenrestaurantketten im Besitz einer großen Managementholding, z. B. Landry's Restaurant (Rainforest Cafe) oder Rank Inc. (Hard Rock Cafe).

(5) Wird die *Konkurrenz* der Themenrestaurants betrachtet, so lässt sich ihre schwierige Situation erkennen. Bezüglich des Essens besteht Konkurrenz zu konventionellen Restaurants, bezüglich des angebotenen Erlebnisses muss mit herkömmlichen Unterhaltungsangeboten konkurriert werden. Jedes gastronomische Angebot bietet ein gewisses Erlebnis, die meisten Unterhaltungsangebote bieten nebenbei auch Gastronomisches. Um den doch hohen Preis zu

rechtfertigen, muss ein deutlicher Mehrwert geboten werden, um am Markt bestehen zu können. Gleichzeitig schafft diese Zwischenposition auch weit reichende Expansionsmöglichkeiten in die bedeutsamen Märkte der Gastronomie und des Entertainments.

3.2. Erfolgsfaktoren

Aus den o.g. Merkmalen der Themenrestaurants lässt sich im Zusammenhang mit den betrachteten Beispielen auf folgende Erfolgsfaktoren schließen:
- Großer Wert wird auf die *Qualität des Essens* und dem damit verbundenen *Service* gelegt (o.V., Theme Restaurants Fail 1999). Themenrestaurants stehen in Konkurrenz zu anderen Restaurants und müssen diesen qualitativ vergleichbar sein. Der Misserfolg von Planet Hollywood bzw. der Erfolg von Rainforest Cafe (Perlik 2002) hängen auch mit dem Faktor der Qualität des Essens zusammen. Eine Stammkundschaft kann nur aufgebaut werden, wenn das Essen ebenfalls zum perfekten Dienstleistungserlebnis gezählt wird wie die Shows und das Thema rundherum.
- Die Grundthematiken müssen eine *identitätsstiftende* Qualität haben, wie es typischerweise bei der Rockmusik und im besten Fall bei Umweltthemen der Fall ist. Der Nostalgiefaktor – erreicht v. a. durch die Inszenierung von echten Memorabilia – gehört gleichfalls dazu.
- Um das Erlebnis perfekt zu machen, ist nicht nur ein emotional passendes Thema nötig. Zum Erfolg gehören *ständig wechselnde Attraktionen und Events* wie zum Beispiel live-Konzerte im Hard Rock Cafe oder live-Übertragungen von Sportveranstaltungen in der ESPN Zone. Diese tragen zudem zur wahrgenommenen Authentizität des Themas bei (Stratton 2001; Spector 2001), werden als „stimmig", „zum Thema passend" von den Gästen erlebt (Kagelmann 2000).[9] Solche Neuerungen sind besonders bedeutend, wenn das Konzept des Gastronomieunternehmens auf Stammgäste bzw. Mehrfachbesuche baut. Schon bei der Konzeption der Gasträume wird deshalb darauf geachtet, die Dekoration und Erlebniselemente leicht und kostengünstig austauschen zu können (o.V. abseits 2002).
- *Stammgäste* sind hier wie überall in der Gastronomie wesentlich; davon abgesehen, ist festzustellen, dass *Standorte in Touristenzentren* zu größerem Erfolg themengastronomischer Einheiten geführt haben. Lokale in entsprechender Dimension, wie z. B. ESPN Zone mit 500 Sitzgelegenheiten allein im Speisebereich (Spector 2001), können nicht nur mit dem lokalen Kundenmarkt gefüllt bzw. erfolgreich betrieben werden. In Touristenzentren wie New Yorks Time Square oder Chicagos Gold Coast kann die Kundenfrequenz erheblich gesteigert werden (Frumkin 2000). Auch durch Familien- oder Gruppenorientierung besteht die Möglichkeit, die Kundenzahl zu erhöhen und gleichzeitig auch den Um-

satz zu verbessern. Das Motto von ESPN Zone beispielsweise verbindet eine familienfreundliche Umgebung mit dem Thema Sport als Unterhaltungselement. Gewalt, bei Videospielen oder Dekoration, wird bewusst der Familie zuliebe vermieden (Stratton 2001).
- *Merchandising-Artikel* sind eine wichtige Einnahmequelle (o.V. Business Wire 2000). Ein Erlebnis wird ein Erlebnis nicht zuletzt durch die Erinnerung daran, wie die Geschichte des Merchandising deutlich macht. Souvenirs können zu „Supersouvenirs" hochgewertet werden, wenn die Zugriffsmöglichkeit begrenzt ist: Beispiel dafür die Ausgabe von Pins, T-Shirts u. dergl., die jeweils nur am entsprechenden Ort (z. B. „Hard Rock Cafe Madrid", „Planet Hollywood Berlin") erhältlich sind und einerseits zum Sammeln einladen, andererseits als Prestigesymbol fungieren.
- Vor allem ist der Faktor der thematischen- und Unterhaltungs*synergie* zu beachten: Trotz aller Konkurrenz tut sich die Themengastronomie in ausgesprochenen Freizeit-Unterhaltungszentren leichter als woanders, da hier die Möglichkeit besteht, Abwechslung zu erleben, oder anders formuliert, der multioptionale Charakter (Kagelmann 1998) besonders ausgeprägt ist. Das beste Beispiel dafür ist Orlando (Kagelmann 2000).

Der *Misserfolg* mancher Ketten wie z. B. Planet Hollywood (Peters 2002) ist durch verschiedene Ursachen zu begründen: *Ein zu schnelles Wachstum* hat schwerwiegende Folgen (Frumkin 2000). Auffallend sind Probleme bei der Qualität und nicht vollständig ausgereifte Konzepte. So drängen viele neue Unternehmen auf den Markt für Erlebnisgastronomie (Peters 2002), ohne jedoch Themen-, Qualitäts-, Attraktions- und Authentizitätsfrage gründlich überlegt zu haben. Zu einem weiteren Problem können Franchisebetriebe werden. Diese stehen in engem Zusammenhang mit schnellem Wachstum. Die Anlaufkosten sind hoch, die Auslastung ist gering und so entstehen schnell Liquiditätsprobleme. Planet Hollywood zum Beispiel mit seinen ehemals über 80 Restaurants stand schon mehrmals, zuletzt 2001, fast vor dem Ruin (o.V. Planet Hollywood 2002). Eine zusätzliche Schwierigkeit beim Franchising besteht darin, ständig neue Attraktionen für die zahlreichen einzelnen Betriebe zu finden.

4. Aktuelle Entwicklungen

Nach einer euphorischen Boomphase in der zweiten Hälfte der neunziger Jahre findet sich die Themengastronomie seit 2000 in einer ersten Konsolidierungsphase. Zu schnell wachsende Unternehmen (Jekyll & Hyde, Planet Hollywood) haben mit Liquiditätsschwierigkeiten zu kämpfen und müssen aufgeben oder viele Niederlassungen schließen. Quer durch alle Unternehmen werden derzeit aber zumindest Expansionspläne gestutzt (Dive!, Rainforst Cafe) oder Konzepte überarbeitet (Hard Rock Cafe).[10] Trotz dieser gebremsten Erwartungen wachsen die Themenrestaurants schneller als die Gesamtbranche (o.V. Top 400 Chains 2002). Der Trend zum Erlebnis scheint längst noch nicht gebrochen. Besonders bei Einkaufszentren, die in den USA enorme Dimensionen haben können, ist in den letzten Jahren eine Konvergenz von Einkaufen, Essen und Unterhaltung zu beobachten. Die schwindenden Grenzen zwischen diesen ehemals getrennten Bereichen eröffnen zahlreiche Möglichkeiten und Chancen für themen- und erlebnisorientierte Gastronomiekonzepte. In diesem Zusammenhang ist oft von „Eatertainment" die Rede, dem Zusammenwachsen von Essen und Unterhaltung. Die zahlreichen Neueröffnungen von Themenrestaurants in solchen multifunktionalen Einkaufwelten in den USA unterstreichen diesen Trend (Cooke 2000).

Eine weitere für die Erlebnisgastronomie offensichtlich bedeutsame Entwicklung ist der *Trend zur Marke*. Marken werden in der heutigen Zeit immer wichtiger. Die Konsumenten greifen beim Kauf von Leistungen immer häufiger aufgrund von Erfahrung, Empfehlung oder auch der Werbung auf Marken zurück, weil sie in einer unübersichtlicher gewordenen Konsumwelt auf die Sicherheit bekannter Markennamen vertrauen wollen. Auch die Erlebnisgastronomie macht sich diesen Trend zunutze. Ist eine Marke wie etwa Hard Rock Cafe, Planet Hollywood oder Rainforest Cafe überdurchschnittlich bekannt, kann sie über einen Markentransfer ausgedehnt werden, d. h. ein einmal etablierter Markennamen kann auf neue Produkte übertragen werden. Der Nutzen besteht darin, das Image der ursprünglichen Marke auf das neue Produkt zu transferieren (Sattler 1999, S. 1). Ziel ist es, mit den neuen Produktgruppen Umsatz- bzw. Gewinnsteigerungen durch Erschließung neuer Konsumentengruppen zu realisieren (Gutjahr 1972, S. 84f.). Deutlich wird dies z. B. an der Marke Hard Rock Cafe, die vom ursprünglichen Cafe/Restaurant auf Hotels und Casinos erfolgreich übertragen wurden (Jackson 2002). Auch ESPN Zone Vorsitzender Rob Perez beschreibt seine Kette als Markentransfer der Marke ESPN (Stratton 2001). Fast alle Themenketten vermarkten in ihren Restaurants zusätzlich Merchandisingartikel, welche ca. 50 % des Umsatzes ausmachen (Walkup 2000, S. 2). Dies zeigt die hohe wirtschaftliche Bedeutung einer starken Marke für Themenrestaurants.

5. Exkurs zu den Auswirkungen der Terroranschläge, politischer und wirtschaftlicher Krisen.

Die Wachstumsprognosen des Jahres 2002 für die gesamte Gastronomiebranche in den USA mussten wegen der andauernden Konsumzurückhaltung nach unten korrigiert werden (Technomic 2002). Nach einer aktuellen Konjunkturumfrage des deutschen Branchenverbandes DEHOGA hatte im Zeitraum Oktober 2001 bis März 2002 über die Hälfte aller befragten Betriebe Gewinnrückgänge zu beklagen. International gesehen hatten die großen Themenparks[11] und die Themenrestaurant-Ketten unter den Folgen zu leiden. Planet Hollywood musste nicht zuletzt wegen den Besuchereinbrüchen im Herbst erneut Konkurs anmelden (Peters 2002). Die Hard Rock-Kette vermeldete für 2002 einen Umsatzanstieg von 2,6 %, aber einen Gewinneinbruch von 23,5 % und führte dies auf ein von der schwächelnden US-Wirtschaft, einem Rückgang des US-incoming-Tourismus und von Kriegsbefürchtungen beeinflusstes Urlaubsverhalten zurück. Als Folge davon wolle man sich mehr auf die weniger vom Tourismus abhängigen Standorte konzentrieren und versuchen, mehr Lokalbevölkerung anzuziehen (Hard Rock 28.2.2003; Rank 2002).

Die bedeutsamere Frage ist nun, ob sich aus den Ereignissen des 11. Septembers, neben den kurz- und mittelfristigen Umsatzeinbrüchen, gesellschaftliche Änderungen entwickeln, die für die Themenrestaurants langfristige Konsequenzen haben. Einige Fachleute prophezeiten schon das Ende der „Spaßgesellschaft" (Friedmann & v. Alen 2002), da in Krisenzeiten oft eine Entwicklung der Gesellschaft zu eher traditionellen Werten zu beobachten sei. Andererseits nehmen auch eskapistische Tendenzen in Zeiten durch politische und wirtschaftliche Entwicklungen verursachten emotionalen Stresses zu. Daher werden Erlebnis und Spaß sicher auch weiterhin wichtige Komponenten erfolgreicher Konzepte bleiben. Emotionaler Mehrwert, wie ihn Themenrestaurants bereits bieten, bestimmt immer stärker die Entscheidungen von Konsumenten. Denkbar ist, dass aber Inhalte und Qualität in Zukunft wieder mehr in den Mittelpunkt rücken, wie dies bei der Diskussion um die Qualität des Essens von Themenrestaurants schon deutlich geworden ist.

6. Sozial- und tourismuswissenschaftliche Aspekte

Erlebnisgastronomische Angebote sind kleine Erlebniswelten, die im geglückten Fall das erlebnisökonomische Multifunktionalitätsprinzip realisieren: Essen und Trinken wird zum Erlebniskonsum, ist begleitet von Show-, Animations- und anderen Unterhaltungselementen und vom Shopping, ja, wird tendenziell sogar zur Nebensache. Themengastronomie, Shoppingzentren, Freizeitparks vermischen sich derzeit immer mehr. Zentral für die Attraktivität erlebnisgastronomischer Konzepte ist die intensive und kreative Inszenierung eines emotional viele Menschen ansprechenden Themas (Sport, Regenwald, Film, Rockmusik). Eine emotionale Bindung an die jeweilige erlebnisgastronomische Marke wird darüber hinaus erfolgreich durch den Verkauf von Merchandising erreicht. Besonders wichtig erscheint, dass Aufbau und Struktur der Erlebnisgastronomie, egal ob nun Theme eatery, Dinner Shows, Themengastronomie, weitgehend den Prinzipien der McDonaldisierung (Ritzer 1995) folgt; die Filialisierung und Franchisierung von Dinnershows, Theme eaterys, Themenrestaurants, Coffeebarketten zeigen große strukturelle Ähnlichkeiten mit den Fastfood-Ketten, die nach den Prinzipien der Effizienz, Berechenbarkeit, Vorhersagbarkeit und Kontrolle aufgebaut sind. Erlebnisgastronomische Konzepte realisieren darüber hinaus einen Punkt, der bei Ritzer (1995, S. 215) schon angesprochen wird: Sie sind der Versuch, *pure Unterhaltung* zu schaffen, eine Tendenz, die mit McDonald's begonnen hat.

Literatur

BBC (2001). Tough times at Hard Rock, http://news.bbc.co.uk/1/hi/business/ 1656399.stm, Stand 11.08.2002.
Becker, A. (2002). Spieglein, Spieglein, an der Wand. Süddeutsche Zeitung Nr. 160 vom 13./14. Juli 2002, S. 53.
Cooke, M. (2000). Play stations, in: Meetings & Conventions, 04, 2000, http://www.findarticles.com/cf_0/m3094/4_35/62169851/print.jhtml, Stand 08.07.2002.
Friedmann, Jürgen & Alen, Jörg van (2002). Das Ende der Spaßgesellschaft. Gastronomie muß umdenken, http://www.abseits.de/kauefermarkt.htm, Stand 14.08.2002.
Frumkin, P. (2000). Jekyll & Hyde parent transformed by Chapter 11 bankruptcy filing. In Nation's Restaurant News, Sept 25, 2000, http://www.findarticles.com/ cf_0/ m3190/ 39 34/ 66104056/print.jhtml, Stand 08.07.2002.
Gabler, Neal (2000). Das Leben – ein Film. Berlin: Berliner Verlag.
Grimaldi, Lisa (1998). Chain gang (theme restaurants). Meetings & Conventions, 11, 1998, http://www.findarticles.com/cf_0/m3094/12_33/ 53392209/print.jhtml, Stand 08.07.2002.
Gutjahr, Ernst. (1972). Markt- und Werbepsychologie, Teil 1: Verbraucher und Produkt. Heidelberg: Sauer.
Hard Rock (2002). The Hard Rock Cafe story, http://www.hardrock.com/ corporate/history/, Stand 15.08.2002.
Hard Rock (2003). Hard Rock Cafe International Releases 2002 Full-Year Earnings Report. http://www.hardrock.com/corporate/press/content.2/28/2003.
Hennig, Christoph (1999). Reiselust. Touristen, Tourismus und Urlaubskultur. Frankfurt/M.: Suhrkamp.
Hoffmann, Heiko (2002). Planet Hollywood, http://www.wildpark.com/konserve/ testbild/ planet/c_planet_fi.html, Stand 04.07.2002.
Jackson, Jerry (2002). Hard Rock, Seminoles secure casino financing. Orlando Sentinel, May 3, 2002.
Kagelmann, H. Jürgen & Rösch, Stefan (2002). Der 11. September und die Folgen für die Freizeitparks in den USA. Tourismus Journal, (4), 2002 (i. Dr.)
Kagelmann, H. Jürgen (2001). Erlebnisse, Erlebniswelten, Erlebnisgesellschaft. Bemerkungen zum Stand der Erlebnistheorien. (S. 90-101) In Alexander G. Keul, Reinhard Bachleitner & H. Jürgen Kagelmann (Hg.), Gesund durch Erleben. München, Wien: Profil.
Kagelmann, H. Jürgen (2000). Themengastronomie in den USA, Theme Eatery, Dining Events, Character Meals am Beispiel von Orlando, Florida – Teil 1, Tourismus Panorama, Jg. VI, B. 2, S. I-IV; Teil 2. Tourismus Panorama, Jg. VI, B. 3, S. I-IV.
Kagelmann, H. Jürgen (1998). Erlebniswelten: Grundlegende Bemerkungen zum organisierten Vergnügen. (S. 58-94) In Max Rieder, Reinhard Bachleitner & H. Jürgen Kagelmann (Hg.), ErlebnisWelten. Zur Kommerzialisierung der Emotionen in touristischen Räumen und Landschaften. München: Profil.
Love, John F. (1996). Die McDonald's Story. Anatomie eines Welterfolges. 3. Aufl. München: Heyne.
Opaschowski, Horst (1998). Vom Versorgungs- und Erlebniskonsum. Die Folgen des Wertewandels. (S. 25-38). In Oliver Nickel (Hg.), Event Marketing. Grundlagen und Erfolgsbeispiele. München: Vahlen.

O.V. (1999). Why Theme Restaurants Fail (and How They Succeed), http://www.specialtyretail.net/issues/march99/restmain.htm, Stand: 12.07.2002.
O.V. Business Wire (2000). HOB Entertainment Inc. Announces Strategic Venue Expansion; The Home of Live Music To Open Nine New Venues, in: Business Wire, Oct. 9, 2000, http://www.findarticles.com/cf_0/m0EIN/2000_Oct_9/ 65835790/p1/article.jhtml?term=%22house+of+blues+club%22+history, Stand 14.08.2002.
O.V. (2001). Landry´s hoists 9-mo. net, up 45% on strong pull by Joe´s, in Nation´s Restaurant News, Nov 12, 2001, http://www.findarticles.com/ cf_0/m3190/46_35/ 80117627/print.jhtml, Stand 14.08.2002.
O.V. (2002). Eventgastronomie: http://www.abseits.de/eventgastronomie.htm, Stand 09.08.2002.
O.V. (2002). Planet Hollywood International Inc., http://print.hoovers.com/print/ print.html, Stand 14.08.2002.
O.V. (2002). Systemgastronomie, http://www.abseits.de/fastfood.htm, Stand 10.08.2002.
O.V. (2002). Theme Restaurants, http://www.arbeits.de/themen_restaurants.htm, Stand 04.07.2002.
O.V. (2002). Top 400 Restaurant Chains, in: Restaurants and Institutions, July 15, 2002, http://www.rimag.com/1402/sr.htm#segment, Stand 14.08.2002.
Perlik, Allison (2002). The strongest links: Customers have their say, rating America's restaurant chains, in: Restaurants & Institutions, March 1, 2002, http://www.findarticles.com/cf_0/m3191/5_112/83586231/print.jhtml, Stand 17.08.2002.
Peters, James (2002). Overexpansion: think big but grow smart, in: Nation's Restaurant News, May 20, 2002, http://www.findarticles.com/cf_0/m3190/20_36/86207975/ print.jhtml, Stand 14.08.2002.
Pine, B. Joseph & Gilmore, James H. (1999a). The experience economy. Boston. (Dt.: Erlebniskauf: Konsum als Erlebnis, Business als Bühne, Arbeit als Theater. München 2000).
Pine, B. J. & Gilmore, J. H. (1999b). Willkommen in der Erlebnisökonomie. Harvard Business Manager 1/1999, 56-64.
Preiß, Karina (2000). Urban Entertainment Center – Das Konzept des neuen Jahrtausends, http://www35.uni-weimar.de/medien/management/sites/WS9900/ Erlebnis/erlebnis-content/hausarbeiten/entertainment_preis.pdf, Stand 08.07.2002.
Rank, Inc. Press (2002). The Rank Group launches HardRockCasino.com, http://ww6.investorrelations.co.uk/rank/press/ir25093.shtml, Stand 08.09.2002.
Rank, Inc. (2002). Preliminary Announcement of the Results for the year ended 31 December 2001, http://ww6.investorrelations.co.uk/rank/AnnualReport.shtml, Stand 15.08.2002.
Remke, Michael (2002). Schmeißt Mickey Mouse Michael Eisner raus? Welt am Sonntag, 33/18.8.2002, S. 31.
Rieder, Max, Bachleitner, Reinhard & Kagelmann, H. Jürgen (Hg.) (1998). Erlebnis-Welten. Zur Kommerzialisierung der Emotionen in touristischen Räumen und Landschaften. München: Profil.
Ritzer, George (1995). Die McDonaldisierung der Gesellschaft. Frankfurt/M.: Fischer.
Ritzer, George & Liska, Allan (1997). ‚McDisneyization' and ‚Post-Tourism': Complementary perspectives on contemporary tourism. (S. 100-109) In Chris Rojek & John Urry (Eds.), Touring cultures. Transformations of travel and theory. London: Routledge.
Sattler, Henrik (1999). Markenstrategien für neue Produkte. (337-356) In Franz-Rudolf Esch (Hg.), Moderne Markenführung. Wiesbaden: Gabler.

Sehlinger, Bob (2001). The unofficial Guide to Walt Disney World 2001. Foster City: IDG.
Spector, Amy (2001). ESPN Zone, in: Nation's Restaurant News, 05, 2001, http://www.findarticles.com/cf_0/m3190/20_35/74700899/print.jhtml, Stand 08.07.2002.
Steinecke, Albrecht (Hg.) (2000). Erlebnis- und Konsumwelten. München, Wien: Oldenbourg.
Stratton, D. (2001). Spicy Dining. (several theme restaurants open in Las Vegas). In Travel Agent, 08, 2001, http://www.findarticles.com/cf_0/m0VOU/3_305/78362649/print.jhtml, Stand 08.07.2002.
Technomic Inc. (2002). US Foodservice Industry Growth Expectations, http://www.technomic.com/growth_rev.pdf, Stand 20.08.2002.
Thomas-Morus-Akademie (Hg.) (1998). Kathedralen der Freizeitgesellschaft. Kurzurlaub in Erlebniswelten. Trends, Hintergründe, Auswirkungen. 2. erw. Aufl. Bensberg: Thomas Morus Akademie.
Walkup, Carolyn (2000). Hard Rock Cafe launches chainwide image upgrades, nightclub additions. In Nation's Restaurant News, July 31, 2000, http://www.findarticles.com/cf_0/m3190/31_34/64077433/print.jhtml, Stand 08.07.2002.
Zuber, Amy (2001). Hard Rock debuts latest act: chainwide face-lift, nighttime concerts. In Nation's Restautant News, Jan 8, 2001, http://www.findarticles.com/cf_0/m3190/2_35/69389719/print.jhtml, Stand 08.07.2002.

Anmerkungen

[1] S. dazu den Beitrag von Kagelmann in diesem Band.

[2] In den letzten Jahren ist offenbar der Markt der klassischen amerikanischen Systemgastronomie an einem Sättigungspunkt angekommen, möglicherweise auch ein charakteristischer Geschmackswandel eingetreten; neue Anbieter wie Subways, Potbelly, Olive Gardens, Applebee's u. a., die unter das Etikett des „fast casual" subsumiert werden können, zelebrieren on-the-minute-Service, individuell zusammengestellte Fastfoods wie z. B. vor den Augen des Kunden belegte Sandwiches (Sachdev 2002). Im 2. Halbjahr 2001 ging z. B. das operative Ergebnis der Burger King Kette um 29% zurück (Süddeutsche Zeitung, 22.2.2002).

[3] Ein typisches Beispiel ist das Restaurant im 2001 eröffneten Bibel-Park „Holy Land Experience" in Orlando, Florida; dort werden z. B. themengerecht „Goliathburger" angeboten.

[4] Im Freizeitresort Walt Disney World in Orlando/Florida gab es (2001) 26 Restaurants mit amerikanischer Küche, ein Chinarestaurant, zwei französische, fünf italienische, vier japanische, zwei mediterrane, drei mexikanische Restaurants, je ein deutsches, marokkanisches, norwegisches, kubanisches, englisches und ein polynesisches Restaurant, plus acht Buffets, zwei Gourmet-, neun Fisch- und fünf Steakrestaurants, nicht gerechnet Dutzende von Snack- und Fastfoodmöglichkeiten (Sehlinger 2001).

[5] Wie einige Reiseführer respektlos berichten, wurde die Idee angeblich Ende der 50er Jahre im kalifornischen Disneyland entwickelt, weil das Essen dort so schlecht gewesen sei, dass man die Besucher mit irgendwas Zusätzlichem habe ablenken bzw. anlocken müssen.

[6] S. dazu den Beitrag über Freizeitparks in diesem Band.

[7] S. dazu auch den Beitrag von Gross in diesem Band.

[8] Typischerweise heißt es in einer Anzeige für das Rainforest Cafe: „A wild place *to shop* and eat".

[9] Wobei es sicherlich kulturell unterschiedliche Authentizitätsschwellen gibt: Ob ein US-amerikanisches Konzept wie das Rainforest Cafe im ökologisch „bewussteren" Deutschland Erfolg hätte, ist ebenso zu bezweifeln, wie ein schon fast auf „fanatische" Sportinteressenten orientiertes ESPN Zone.

[10] Die veränderte Strategie, in Freizeitparks stärker auf qualitativ hochwertige Restaurantkultur (Wolfgang Puck, Robert Mondavi) anstatt auf Themenrestaurants zu setzen, wie es Disney, Pionier der Inszenierung von Themen in Erlebniswelten, erstmals in seinem 2001 eröffneten Park California Adventure (Anaheim) versuchte, ist allerdings mangels Kundenzuspruch gescheitert.

[11] Sogar die bisher hoch rentablen Disney Themenparks beklagen einen Gewinneinbruch von über 25 % (Remke 2002; ausf. dazu Kagelmann & Rösch 2002).

Heinz-Günter Vester

Shopping Malls – Orte des Erlebens ?

1. Vom Einkaufen zum Shopping

Einkaufen ist ein altes, alltägliches Phänomen. Die Formen und Inhalte des Alltags aber verändern sich, so auch die Muster des Konsums und des Einkaufens. Einkaufen ist nicht nur eine wirtschaftliche Aktivität, sondern auch ein kulturelles Muster (Douglas 1997). Im Anschluss an die Moderne können in vielen Bereichen von Wirtschaft und Gesellschaft „Kulturalisierungstendenzen" beobachtet werden, die im Sinne der Postmoderne auch in kulturellen Hybrid- und Pastichebildungen, Mischformen unterschiedlicher Kulturniveaus, resultieren, ja zur Trivialisierung von Kultur führen (Vester 1993). Ein Beispiel hierfür ist die Mutation der profanen Einkaufstätigkeit zum „Shopping" als Lebensstil (oder des Lebensstils) (Shields 1992). Im Laufe der Entwicklung der modernen und postmodernen Gesellschaft hat die Verquickung von Kultur und Kommerz regelrechte Einkaufs- und Shopping-Kulturen hervorgebracht. Die Aktivität des Einkaufens hat Orte und Räume geschaffen und verändert, umgekehrt prägen die Einkaufsorte und -räume Verhalten und Kultur. Im Zuge der Entstehung – oder Propagierung – der „Erlebnisgesellschaft" (Schulze 1992) wird Einkaufen bzw. Shopping Ausdruck der Erlebnisorientierung und Bestandteil einer blühenden Erlebniskultur.

In jüngster Zeit sorgen vor allem so genannte *Shopping Malls* für Aufsehen in der urbanen Landschaft. Die Megamalls in amerikanischen Metropolen (bzw. an ihren Rändern) ziehen nicht nur lokale Einkäufer an, sondern stellen auch eine Attraktion des Städte- und Erlebnistourismus dar, sind touristische Destinationen der Postmoderne (Vester 1996). Nachdem in den USA die Shopping Mall zu einem hervorstechenden Signum der urbanen Entwicklung avanciert ist, spricht man gar von *„the malling of America"* (Kowinski 1985). Mittlerweile können nicht nur US-amerikanische und kanadische Großstädte mit Shopping Malls imponieren. Ableger dieser Blüte das *American Way of Life* finden sich in Lateinamerika, Europa und Asien.

Während spezifisches Lokalkolorit einen zusätzlichen Reiz darstellen mag, gleichen sich doch die Erscheinungsbilder der Shopping Malls einander an und sind Ausdruck wie Katalysator einer amerikanisch geprägten Globalisierung. Auf dem Rundgang durch die Shopping Mall erlebt der Besucher die schöne neue Welt einer globalen, amerikanisierten Konsumkultur. Austauschbarkeit und Beliebigkeit des Ortes werden zum Signum von Globalität. Das omnipräsente Gesicht der globalen Konsumkultur lässt dann im Gegenzug Bedürfnisse nach Individualität und Authentizität des Erlebens aufkommen, auf die sich das Angebot der Shopping Mall einzustellen versucht.

„Mall" mal „Mall" ist nicht eins. Das zeigt der Vergleich der amerikanischen „Megamalls" mit den europäischen Schrumpfversionen. Die Multiplikation von Einkaufsflächen, die Addition oder Ausweitung von Geschäften allein schafft noch keine wirklich neuartigen Strukturen und steigert auch nicht unbedingt das Einkaufserlebnis in exorbitanter Weise. Die Mehrzahl der neu entstandenen Einkaufsorte stellt weniger etwas radikal Neues dar als vielmehr neuen Wein in alten Schläuchen. Ein Großteil des neuen Shopping-Angebots ist bestenfalls nichts anderes als eine Generalüberholung der altbekannten Form des Einkaufszentrums. Während aber das Einkaufszentrum im Wesentlichen die Konzentration unterschiedlicher Warenangebote auf mehr oder weniger ausgedehnten Verkaufsflächen bedeutet, vertritt die Idee der Shopping Mall eine anspruchsvollere Konzeption.

Shopping Malls werden konzipiert als *multifunktionale und multioptionale Geschäfts- und Erlebnisräume*. Das Angebot nicht nur von Waren und Dienstleistungen, sondern gar von Erlebnissen soll vielfältig sein. Der Aktionskreis soll über das Einkaufen hinausgehen und ein weit gefächertes Spektrum von kulturellen Aktivitäten und sozialen Interaktionen abdecken. Gastronomie, Unterhaltung, Sport und andere Freizeitaktivitäten sollen in der Shopping Mall ihren Platz haben. Restaurants, Kinos und Theater sind in der idealtypischen Shopping Mall ebenso integriert wie Fitness Clubs, Badelandschaften, Eislaufflächen, Kasinos und Fahrgeschäfte. Die Grenzen zwischen Einkaufsparadies und Vergnügungspark werden verwischt.

Wenn sich auch die Angebote der Shopping Mall nicht an den müßiggängerischen Flaneur, sondern an den ausgabefreudigen Konsumenten richten, so begnügt sich die Idee oder Ideologie der Shopping Mall nicht damit, Konsumbedürfnisse zu bedienen. Die kommerziellen und kulturellen Aktivitäten sollen nicht exekutiert, sondern erlebt werden. Der Aufenthalt in der Shopping Mall, bei dem das Einkaufen eine Aktivität unter anderen ist, soll zum Erlebnis werden. Die Verkaufsfläche mutiert zum Erlebnisort, verkauft werden Erlebnisse.

Die althergebrachte ökonomische Tätigkeit des Einkaufens, die dem Regiment der Notwendigkeit gehorcht, verwandelt sich in einen sozialpsychologischen, kulturellen Prozess, der sich in der multioptionalen Welt der Shopping Mall vollzieht. Durch dieses scheinbare Reich der Freiheit wandelt der Shopper mehr zum Vergnügen als von Notwendigkeit getrieben. Lehtonen & Mäenpää

(1997) unterscheiden *vergnügungsorientiertes* Shopping („shopping as a pleasurable social form") von der Einkaufsaktivität, die von Not und *Notwendigkeit*, Zeitknappheit, Planhaftigkeit, alltäglicher Routine und dem Streben nach Effizienz geprägt ist („shopping as a necessary maintenance activity"). Beim vergnügungsorientierten Shopping stellen bereits der Vorgang selbst und die Tatsache, dass mit ihm Zeit verbracht (und eben nicht „verschwendet") wird, einen *Selbstzweck* dar. Effizienz wird zur Nebensache. Stattdessen wird der Spaß daran, dass man etwas außerhalb der Alltagsroutine erleben kann, zur Hauptsache. Ähnlich unterscheidet auch Gerhard (1998) zwischen dem „Versorgungseinkauf" und dem „Erlebnis-Shopping". Letzteres zeichnet sich u. a. durch eine „hohe Erlebnis- und Vergnügungskomponente" aus.

Im Begriff „Erlebnis-Shopping" kann man nicht nur die Verschmelzung der deutschen und englisch-amerikanischen Sprache ersehen, sondern auch die von Subjekt(ivem) und Objekt(ivem). Das Erlebnis stellt sich beim Subjekt des „Shopping", dem Einkäufer, ein, und zugleich werden die Erlebnisse selbst Objekt des Begehrens und des Erwerbs. Die Kommerzialisierung hat sich des subjektiven Erlebens und der Erlebnisfähigkeit der Subjekte bemächtigt. Das Etikett „Erlebnis" muss herhalten, um ein Waren- oder Dienstleistungsangebot attraktiv zu verpacken und an den Mann oder die Frau zu bringen – wobei es so aussieht, dass Frauen eine größere Affinität zum Shopping haben als Männer (vgl. Campbell 1997; Nava 1997). In letzter Konsequenz ist es das Erlebnis selbst, das in der Shopping Mall angeboten und konsumiert werden soll. Nun stellt sich aber die Frage, ob mit dem Verkauf von Erlebnissen nicht auch die Erlebnisfähigkeit verkauft und verramscht wird. Was steckt in dem Angebot drin, das als „Erlebnis" präsentiert wird? Was passiert eigentlich beim Shopping-Erlebnis? – Um dies zu beantworten, ist es sinnvoll, die Erlebnisqualitäten des Shopping etwas differenzierter und kritischer zu betrachten, als es die Euphorie und Propaganda der Erlebnisgesellschaft leisten.

2. Drei Erlebnisdimensionen

Erlebnisse kann man sich als *dreidimensionalen Prozess* vorstellen. Intensität und Qualität eines Erlebnisses sind umso stärker, je ausgeprägter es in *kognitiver, affektiver* und *lokomotorischer* Hinsicht ist. Mit dem Shopping verbinden sich Erlebniswerte in allen drei Dimensionen des Erlebens. In der vom Überfluss gezeichneten – und von Zeichen überfließenden – Waren- und Einkaufswelt ist der Konsument kognitiv gefordert, oft auch überfordert. Die Produkte und ihre Zeichen – Bezeichnungen und Auszeichnungen – fordern Aufmerksamkeit, wollen wahrgenommen werden. Inmitten der Fülle der Objekte, Zeichen und Ziffern sucht der Konsument Orientierung, um zu einer wie auch immer ausfallenden Kaufentscheidung vorzustoßen. Aus der Masse der Eindrücke gilt es, die Merkmale dessen herauszufiltern, was zählt bzw. was zu bezahlen ist und sich bezahlbar macht. Wenn auch die Aussicht auf eine „rationale Wahl" angesichts der Vielfalt der Reize und Informationen sehr begrenzt ist, so kommt der Konsument dennoch nicht umhin, Unterscheidungen zu treffen, sofern er nicht von vornherein „wahllos" verfährt. Preis- und Qualitätsvergleiche stellen kognitive Herausforderungen dar, die zwar dem Schnäppchenjäger zum Erlebnis geraten mögen, allgemein aber auch zur Qual der Wahl werden können.

Kognition wird mehr oder weniger von affektiven und emotionalen Prozessen begleitet. Emotion ist kein unbedingter Gegensatz zur Kognition, beide können sich ergänzen und durchdringen. Emotionen mögen der Informationsverarbeitung durchaus zuträglich sein, zur Steigerung des Erlebens sind sie unverzichtbar. Während für den von der Notwendigkeit getriebenen Einkäufer Emotionen sekundär sind oder in Form von negativen Gefühlen auftreten, die sich bei der Erledigung des Notwendigen (der „Abwendung von Not") einstellen und eher lästig sind, sucht der Shopper gerade die (positiven) Emotionen. Während die individuellen Strategien des durch Zeitnot und andere Knappheiten geplagten profanen Verbrauchers darauf abzielen mögen, die kognitive Vorbereitung, Be- und Verarbeitung der Kaufentscheidung zu *effektivieren*, wird der Shopper, der sein Heil im Paradies der Shopping Mall sucht, sich dem Erlebnis von Emotionen öffnen. Die ökonomische und hygienische Haushaltsführung wird um die Kultivierung des Affekthaushalts erweitert.

Emotionalisiert sind längst auch Werbung und Vermarktung. Wenn auch die Shopping Mall weit davon entfernt ist, die Effektivität und Effizienz der Ökonomie zu suspendieren, so zielen ihre Angebote von Waren, Dienstleistungen und Erlebnissen darauf ab, den ökonomischen Prozess zu *affektivieren*. Die räumliche und ästhetische Präsentation der Waren und Dienstleistungen will Emotionen transportieren und somit den profanen Verkaufs- und Einkaufsvorgang zu einem beinahe schon sakralen Erlebnis überhöhen. Werbung und Marketing stellen immer weniger die eigentlichen Verkaufsobjekte in den Mittelpunkt und versuchen stattdessen, emotionale Botschaften zu kommunizieren. Zwar sollen nach wie vor auch Produkte verkauft werden, die Marketingstrategie suggeriert aber mehr und mehr, Emotionen und nicht bloß Dinge seien zu erwerben. Dabei gerät die Beziehung zwischen den Dingen und den assoziierten Emotionen immer weniger zwingend, wird im Erscheinungsbild immer spielerischer und beliebiger, während sie in ihrer professionellen Herstellung indessen hochgradig kalkuliert und artifiziell ist.

Das Sortiment und Arrangement der Shopping Mall zielt auf die Steigerung von Gefühls- und Erlebniswerten. Die Wahrnehmung der Waren wird zum emotionalen Geschehen, bei dem nicht das nüchterne Abwägen von Informationen, sondern die Vermittlung von Erlebnissen im Mittelpunkt steht. Um das Verkaufsobjekt wird eine die Gefühle ansprechende *Aura* verbreitet. Der Vorgang, der ursprünglich auf den Kauf zielte, ist in einen Prozess umgeformt, bei dem das Mittel zum Zweck wird: Einkaufen ist nicht mehr bloßes Mittel, das dem Ziel dient, in den Besitz oder Genuss einer Ware zu kommen. In der Form des Shopping wird das Einkaufen zum Selbstzweck, ist nicht mehr lediglich Instrument und Weg der Bedürfnisbefriedigung, sondern wird selbst Bedürfnis und Ziel.

Die Arrangements der Shopping Mall wollen „positive Emotionen" („good vibrations") vermitteln, angenehme Gefühle und Erlebnisse bereiten. Was negativ berühren könnte, wird verbannt. Stau, Hektik, lange Wartezeiten, schlechte Luft und unfreundliche Bedienung haben in der Shopping Mall ebenso wenig Platz wie Gefühle der Bedrohung und Verunsicherung. Gegen die Gefahren und Unberechenbarkeiten der Welt wappnen sich die Shopping Malls mit ihren Sicherheitssystemen und Klimaanlagen.

Die Gefahr von *Langeweile*, die sich zum Teil ja auch gerade aufgrund der Abschottung gegen die Risiken der Welt einstellen mag, versucht die Shopping Mall zu bannen, indem sie berechen- und steuerbare Sensationen bereithält. Hier kommt dann gerade der lokomotorischen Dimension des Erlebens eine Schlüsselrolle zu. Das Bewegungsangebot, das die Shopping Mall in Form von Eislaufflächen und Fitness Studios oder Achterbahnen bereithält, erweitert das Shopping-Erlebnis auch um körperliche Erlebnismöglichkeiten. Während herkömmliches Einkaufen in lokomotorischer Hinsicht vor allem mit abgelaufenen Füßen assoziiert wird, zielt die Shopping Mall darauf ab, die Körperempfindungen in angenehmere Bahnen zu lenken. Während die motorisch lästigen Teile des Einkaufsweges durch Rolltreppen, Laufbänder und Aufzüge so angenehm wie möglich gestaltet sind, werden dem Shopper andererseits Bewegungsangebote unterbreitet. Das kulinarische Angebot, das die Shopping Mall bereit hält, um die eher passiven körperlichen Bedürfnisse des durstig und hungrig gewordenen Shoppers zu befriedigen, wird ergänzt durch die Möglichkeiten der körperlichen Regeneration oder sportlichen Ertüchtigung. Als gälte es ein schlechtes Gewissen zu beruhigen, bieten sich in der Shopping Mall auch Fitness Studios an oder – wenn man Belohnung der Bestrafung vorzieht – Wellnesseinrichtungen.

3. Aktivierung

Verspricht das Angebot der Shopping Mall also durchaus Möglichkeiten, bei denen Kognition, Emotion und Lokomotion im Erleben zumindest addiert werden, so bleibt offen, in welchem Maße es zu einer Integration der drei Dimensionen im Erleben kommt. Ein rundum gelungenes Erlebnis beinhaltet die gegenseitige Verstärkung von Kognition, Affekt und Lokomotion im Akt des Erlebens. Allenfalls das *Gesamt*erlebnis des Aufenthalts in der Shopping Mall, nicht aber die einzelnen Aktivitäten und Erlebnisse während dieses Aufenthaltes, mag solch ein integriertes Erlebnis darstellen. Dabei sind die einzelnen „Aktivitäten" mehr oder weniger „aktiver" bzw. „passiver" Natur. Propagiert wird einerseits der „aktive" Verbraucher, der Informationen und Erlebnisse „aktiv" sucht. Andererseits wird aber der Konsument geschickt so beeinflusst, dass er die „richtigen" Entscheidungen trifft und die „Aktivitäten" bzw. Waren und Dienstleistungen „wählt", deren Umsatz man gesteigert sehen will. Innovationen im Konsum- und Freizeitbereich werden zwar angepriesen, als habe der Konsument gerade auf sie gewartet, schaffen tatsächlich aber erst die Nachfrage, die sie zu bedienen vorgeben.

In der Tat fällt der Aktivierungsgrad, den die „Aktivitäten" des Besuchers der Shopping Mall beinhalten, nicht allzu hoch aus. Dass der Verbraucher etwa zum Aushandeln der Preise animiert wird, ist ebenso die Ausnahme wie individuelles Handeln außerhalb der vorgesehenen Rahmen und Regeln. Unter „Aktionen" werden in der Welt des Shopping spezielle Verkaufsveranstaltungen verstanden und nicht etwa die kreativen oder destruktiven Handlungen von Individuen oder Kollektiven. Jenseits der differenzierten Möglichkeiten der finanziellen Verausgabung bleibt die aktive Verausgabung körperlicher Energien auch in der Shopping Mall auf die relativ marginalen Räume für sportive Aktivitäten beschränkt.

4. Nachhaltigkeit

Eng verbunden mit der Integration des Erlebnisses ist seine Nachhaltigkeit. Wenn alle drei Erlebnisdimensionen im Erlebnisakt einbezogen sind, kann das Erlebnis nicht nur das Subjekt vollständiger und tief greifender erfassen, sondern auch nachhaltiger beeindrucken. Die zeitliche Bedeutung des Erlebnisses liegt also weniger in der unmittelbaren Dauer des erlebten Ereignisses als in der Zeitdauer oder -spanne (im Sinne des lebensphilosophischen Begriffs „la durée", wie von Henri Bergson u. a. verwendet), über die sich der Vorgang des Erlebens erstreckt. Manche starken Erlebnisse sind an kurze, vielleicht nur minuten- oder sekundenlang währende Ereignisse geknüpft, können nichtsdestotrotz eine längere Dauer im Erleben beanspruchen, während manches länger währende Ereignis mit seinem Ende auch erlebnismäßig erledigt ist.

Anzunehmen ist, dass sowohl die einzelnen Erlebnisse, die man beim Besuch einer Shopping Mall haben kann, wie auch der mehrstündige Gesamtaufenthalt in der Mall sich in ihrer Erlebnishaftigkeit auf die Aufenthaltsdauer in der Mall beschränken. Mit dem Verlassen des Orts des Geschehens verflüchtigt sich auch das Erlebnis. Sieht man von unangenehmen Folgeerlebnissen ab, wie etwa bei der Überprüfung der Kontoauszüge oder beim Blick ins Portemonnaie, weisen die Erlebnisse in der Shopping Mall im Allgemeinen eine schwache Nachhaltigkeit auf. Mit den Gegenständen selbst, die man eingekauft und nach Hause getragen hat, kann man indessen noch manches erleben – im positiven wie im negativen Sinne –, aber diese Erlebnisse und Erfahrungen, die sich beim Verzehr oder auch längeren Umgang mit den eingekauften Objekten einstellen, liegen jenseits des Erlebniskults der Shopping Mall.

Paradoxerweise sind es weniger die mit Pomp und Glamour annoncierten Gegenstände und Ereignisse des Shoppings, die das nachhaltigere Erlebnispotenzial aufweisen. Über Nachhaltigkeit und Bedeutsamkeit des Erlebens entscheiden dann doch eher die Qualitäten der erworbenen Objekte sowie die Kompetenzen des Verbrauchers, mit ihnen umzugehen. Der Kauf eines Buches ist kaum ein großartiges Erlebnis, während seine Lektüre es durchaus werden kann. Ähnliches gilt auch für weniger „intellektuelle" Erlebnisse: Egal wie sehr man das Aussuchen und Kaufen eines Tennisschlägers, einer Taucher-, Wander- oder Campingausrüstung als Erlebnis inszenieren und wahrnehmen mag, der Einsatz des Geräts dürfte zu vergleichsweise stärkeren Erlebnissen führen – nicht zuletzt weil er die Integration aller drei Erlebnisdimensionen sowie nachhaltigere Erlebniseffekte ermöglicht. Und was den Konsum von Lebens- und Genussmitteln betrifft, so mögen zwar Präsentation, Aussuchen und Erstehen der Ware manchmal ein größeres Erlebnis sein als der Endverbrauch, der aufgrund mangelhafter Produktqualität oder unzureichender Zubereitung ein enttäuschendes Erlebnis sein kann. Gleichwohl zehrt das Erlebnis des Einkaufens von Lebens- und Genussmitteln entscheidend von den Erlebnissen, die sein letztendlicher Konsum, zu Recht oder zu Unrecht, verheißt.

Wer zum *ersten Mal* eine Shopping Mall besucht und die Fülle eines bisher nicht für möglich gehaltenen Warenangebots in einer einfallsreichen Präsentationsform bestaunt, *für den* wird das ein Erlebnis sein. Wie bei vielen anderen Erlebnissen auch, verringert sich aber der Erlebnisgehalt mit der Wiederholung. Insoweit Einkaufen oder Shopping eine Tätigkeit ist, die man wiederholt ausübt, relativiert sich auch ihr Erlebniswert. Gerade deshalb sind Industrie und Handel ja auch bemüht, das Angebot augenscheinlich zu variieren. Aus der Not der Routine entsteht das – tatsächliche oder eingeredete – *Verlangen nach Abwechslung*. So gesehen ist ja auch die „Erfindung" der Shopping Mall der Versuch, ein anderes und neuartiges Shopping zu propagieren, zumindest aber Innovationen der Einkaufskultur zu kreieren. Dabei kann das Konzept leicht Opfer des eigenen Erfolgs werden. Indem man auf Neuartigkeit und Abwechslung, Sensation und Ereignis drängt, setzt man auch eine Anspruchsspirale in Gang. Der Renner der Saison kann schnell zum Ladenhüter werden, wenn Übertrumpfen angesagt ist. Das sensationelle Erlebnis von heute wird zum langweiligen Ereignis von morgen. In dem Maße wie eigentlich marginale Unterschiede der Waren dramatisiert und eher austauschbare Ereignisse zu Events hochstilisiert werden, verringert sich der zeitliche Abstand von „mega in" zu „mega out". So wie in der Gastronomie, insbesondere der Erlebnisgastronomie, der Zyklus von Eröffnung, Schließung und Neueröffnung des Lokals immer schneller durchlaufen wird, die Karawane der erlebnisorientierten Klientel weiterzieht, so sind auch die Einkaufsgeschäfte in einen Konkurrenzkampf verstrickt, der mit jeder Innovation beschleunigt wird.

5. Grenzen des Shopping-Erlebnisses

Das sich selbst überbietende, letztlich aber totlaufende Tempo der Erlebnismanie verhindert, tiefer in Erlebnisbereiche vorzustoßen, da gerade diese Tiefe Auseinandersetzung und somit Zeit erfordern würde. Wenn man sich Erleben grundsätzlich so vorstellt, dass es sich in den drei fundamentalen Bereichen *Erkenntnis, Sittlichkeit und Ästhetik* vollziehen kann, so wird deutlich, dass das Erleben in der Shopping Mall – wie wahrscheinlich der Großteil der in der Konsum- und Freizeitkultur angepriesenen Erlebnisse – allenfalls die Oberfläche dieser Erlebnissphären streift. Kaum von Bedeutung für die Erlebnisse in der Shopping Mall ist der sittliche oder moralische Bereich. Moralische Erlebnisse stellen sich beim Einkaufen allgemein und in der Shopping Mall insbesondere allenfalls in Form des schlechten Gewissens des Konsumenten ein. Das wird aber in der glänzenden Shopping Mall ebenso des Feldes verwiesen wie „asoziale", „unsichere" Elemente", d. h. Bettler, Schnorrer, Penner. In der Shopping Mall werden die Erlebnisse in „sozial-hygienischer" Atmosphäre angeboten.

Die Möglichkeiten, Erkenntnisse zu gewinnen und Wissen zu sammeln, beschränken sich beim Shopping in erster Linie auf produkt- oder dienstleistungsbezogene Informationen. Dass Informationsverarbeitung zum Erlebnis der Erkenntnis wird, setzt komplexere Kognitionen voraus, bei denen Differenzierungs- und Reflexionsvermögen eine Rolle spielen. Ähnliches gilt für die Erschließung des ästhetischen Erlebnisbereichs. Die Glitzerwelt der Shopping Malls bietet zwar massenhaft ästhetische Reize, doch bleibt das ästhetische Erlebnis auf relativ simple Reiz-Reaktionsketten beschränkt. Wie im Bereich der Erkenntnis so wird auch in der Ästhetik das Erlebnis reicher, tiefer, nachhaltiger und letztlich beglückender, wenn Prozesse der Differenzierung, Assoziation und Integration des Materials in Gang gesetzt werden, und zwar in den Dimensionen Kognition, Emotion und Lokomotion. Speicherung, Reaktivierung und Restrukturierung von Erlebnisinhalten ermöglichen eine über das aktuelle Erlebnis hinausreichende Erfahrung, aus der sich wiederum ein gesteigertes Erlebnispotenzial auf Seiten des Subjekts ergibt. Im Bereich der theoretischen und praktischen Erkenntnis, in Moral und Ästhetik sind Erfahrung und damit qualitativ gesteigerte Erlebnisse nicht zu haben, ohne dass „Arbeit am Material" verrichtet wird, und zwar auf Seiten des Objekts wie des Subjekts. Das anspruchsvoll geformte und verarbeitete Material beansprucht die Weiterverarbeitung durch den Rezipienten. Wenn zwischen dem zu erlebenden Objekt des Erlebnisses und dem erlebenden Subjekt eine Beziehung entsteht, die beide Seiten in Anspruch nimmt, bieten sich Chancen der Vervollkommnung des Erlebens.

Das Shopping-Erlebnis erfüllt wohl kaum den Anspruch, in dem beschriebenen Sinne zur Vervollkommnung des Erlebens beizutragen; es erhebt diesen Anspruch wohl auch gar nicht. Gleichwohl nimmt es für sich in Anspruch,

Erlebnisse anzubieten und zu verschaffen. Wenn schon nicht die Vervollkommnung des Erlebens gewährend, so verheißt die Shopping Mall doch die Perfektion der Erlebnisangebote. Die Waren und Dienstleistungen erfahren eine Perfektionierung von Design, Verpackung und Promotion. Der perfekten Oberfläche des Erlebnisangebots eignet indessen ein Mangel an Tiefe und Nachhaltigkeit des Erlebens. Mit den in der Shopping Mall gegenüber altmodischen Einkaufslokalitäten gesteigerten Erlebnismöglichkeiten lässt sich leben. Doch Erleben setzt zum einen mehr und anderes voraus, als die Shopping Mall bietet, zum anderen auch weniger (das mehr sein kann). Shopping-Erlebnisse steigern die (Er-)Lebensqualität nur in begrenztem Umfang, „Erlebnis-Shopping" ist eine nur bedingt taugliche Strategie zur Ermöglichung und Vervollkommnung von Erlebnissen, da sich Erlebnisfähigkeit nicht kaufen lässt. Erlebnisfähigkeit bedarf ebenso der Ausbildung und Pflege, wie die Erlebnisangebote aufpoliert werden, um zu glänzen. Allerdings hat schon Georg Simmel (1989, S. 620ff.) vor mehr als einhundert Jahren eine mit der Moderne zunehmende Diskrepanz zwischen der Vermehrung der Sachkultur, einer differenzierten und kultivierten Welt der Objekte einerseits und der damit nicht Schritt haltenden Kultur der Individuen andererseits festgestellt. Selbst wenn das Angebot der Erlebniskulturindustrie noch so differenziert und kultiviert sein mag, so könnten sich gleichwohl die Aussichten auf beglückende Erlebnisse oder gar Vervollkommnung des Erlebens eintrüben.

Literatur

Campbell, Colin (1997). Shopping, pleasure and the sex war. (S. 166-176) In Pasi Falk & Colin Campbell (eds.), The shopping experience. London: Sage.
Douglas, Mary (1997). In defence of shopping. (S. 15-30) In Pasi Falk & Colin Campbell (eds.), The shopping experience. London: Sage.
Gerhard, Ulrike (1998). Erlebnis-Shopping oder Versorgungseinkauf? Marburg: Marburger Geographische Gesellschaft.
Kowinski, William Severini (1985). The malling of America. New York: McGraw-Hill.
Lehtonen, Turo-Kimmo & Mäenpää, Pasi (1997). Shopping in the East Centre Mall. (S. 136-165) In Pasi Falk & Colin Campbell (eds.), The shopping experience. London: Sage.
Nava, Mica (1997). Modernity's disavowal: Women, the city and the department store. (S. 56-91) In Pasi Falk & Colin Campbell (eds.), The shopping experience. London: Sage.
Schulze, Gerhard (1992). Die Erlebnisgesellschaft. Kultursoziologie der Gegenwart. Frankfurt/M.: Campus.
Shields, Rob (1992). Lifestyle shopping. The subject of consumption. London: Routledge.
Simmel, Georg (1989). Philosophie des Geldes. Frankfurt/M.: Suhrkamp.
Vester, Heinz-Günter (1993). Soziologie der Postmoderne. München: Quintessenz.
Vester, Heinz-Günter (1996). Die Shopping Mall – Eine touristische Destination der Postmoderne. Gruppendynamik, 1996, 27(1), 57-66.

Karlheinz Wöhler

Was soll die Diagnose: Überall Erlebnis?

Die Verabschiedung von Begriffen zur Erfassung von Strukturen der Gesellschaft rührt von ihrer Unangemessenheit her, diese gehaltvoll zu analysieren. Den Strukturtyp der Gegenwartsgesellschaft etwa als „postmodern" zu charakterisieren, ist erst dann erklärungskräftig, wenn ihm Prinzipien zugeordnet werden, die das Bewusstsein, die Verhaltensorientierung und das Verhalten bestimmen. Zu den derzeit diskutierten Strukturprinzipien der gesellschaftlichen Ordnung zählt u. a. die Erlebnisgesellschaft (vgl. Schimank & Volkmann 2000; Volkmann & Schimank 2002). Man mag darüber streiten, ob Erlebnisgesellschaft als Signum der Gegenwart stimmig ist (vgl. Reese-Schäfer 2002, S. 419 ff.). Doch statt darüber eine Debatte zu führen, also zu fragen, ob es eine Erlebnisgesellschaft gibt, sollte man sich der Frage zuwenden, welche Rolle die zweifelsfrei ausmachbare Erlebnisorientierung für die Strukturbildung der Gesellschaft spielt. Erst die Antwort darauf gibt Auskunft über die Strukturdominanz der mit der Erlebnisgesellschaft verbundenen Ästhetisierung und Emotionalisierung des Alltagslebens.

Schulze (1992) hat die strukturdominante Funktion der Erlebnisorientierung darin ausgemacht, dass sie sich in unterschiedlichen Milieus verfestigt. Diese Milieus werden durch je spezifische Kognitionsschemata und Wertorientierungen homogenisiert, ohne dass sie zu den Angehörigen anderer Milieus in Konflikt treten. Nicht eine ökonomische Differenzierung, wie sie eine Klassenstruktur der Gesellschaft auszeichnet, sondern die milieuspezifische kulturelle Deutung dessen, was das Leben schön macht, entscheidet über die Formierung eines Milieus. Aus diesen Milieus heraus erwächst keine auf die gesellschaftliche Entwicklung Einfluss ausübende kollektive Interessensorganisation. Die soziale Integration bzw. Interessensvermittlung erfolgt vielmehr von dem einzelnen Individuum aus: Im Empfinden, d. h. der emotionalen Widerspiegelung der Realität, erlebt das Individuum zugleich sein Ich und Sich mit der Welt bzw. der Gesellschaft. Der Bezug zur Gesellschaft stellt sich demzufolge durch Erleben her, wobei das subjektive Empfinden darüber entscheidet, welche Gesellschaft bzw. gesellschaftlich vorgehaltene Welt integriert wird. Bekanntlich leitet Schulze daraus das erlebnisorientierte Handeln des Gegenwartsmenschen ab und diagnostiziert, dass sich damit die Gesellschaft zur Erlebnisgesellschaft wandelt (Schulze 1992, S. 15). Diese Diagnose impliziert demnach auch zum einen, dass es allein beim Individuum liege, was er aus seinem Leben macht bzw. was es ergreift, um es zu erleben. Und zum anderen ist zu schlussfolgern, dass die Bindung an die Gesellschaft (Strukturen) qua Erleben erfolgt.

Dass subjektive Gefühle in der Sozialwelt einen Platz (gefunden) haben und die Realitäten der Welt in die Innenwelt des Menschen wandern, von der aus dann die Sozialwelt bewertet und gestaltet wird, ist erst seit der Neuzeit nicht nur ein Diskursthema, sondern vor allem konstitutiv für die moderne Subjektbildung (vgl. Benthien, Fleig & Kasten 2000). In dem Maße, wie dies reklamiert und ausgelebt wurde, ist davor gewarnt worden, dass die Subjektivierung der Gefühle zur Entweltlichung und Entgemeinschaftung führt: Da die seelischen Zustände Ich-Qualitäten und Ich-Zuständlichkeiten als primäre, wenn nicht gar als alleinige handlungsbestimmende Instanzen fungieren, leiten sich der Lebenssinn und die Lebensorientierung nicht mehr aus den Institutionen der Sozialwelt ab, sondern man ist selbstreferentiell, d. h., das emotional erlebte Selbst entscheidet über die Akzeptanz der Gesellschaft, ihrer Strukturen und Institutionen.

Bekanntermaßen hat das Subjektive in der Moderne trotz diesen Warnungen keinen Niedergang, sondern einen Siegeszug bis hin zur heute unbestrittenen Individualisierung genommen. Selbst Max Weber, der das Aufkommen der Moderne als Entzauberung, sprich als Rationalisierung, erkennt, räumte dem Subjektiven/emotional Erlebten neben der kognitiven und evaluativen Rationalität eine Wertsphäre ein (vgl. Weber 1978, S. 558ff.): Die ästhetisch-expressive Rationalität (Kunst und Erotik) stellt für ihn einen eigenständigen Bereich dar, in dem das moderne Subjekt sowohl seine Selbstverwirklichung bzw. Identität als auch eine Instanz der Sinngebung findet, die „noch mit der Naturquelle allen Lebens" (Körperlichkeit/Kreatürliches) verbindet. Diese Selbstbezüglichkeit bzw. Rückführung auf die Innerlichkeit macht die Rationalität dieses Bereiches aus. Eine gesellschaftsgestaltende Kraft wird ihm allerdings nicht zugeschrieben; dies bewirken die anderen Sphären der Wissenschaft, Wirtschaft, Technik und die rationale Rechtspraktik. Sie konstituieren die moderne Welt, während der subjektive Wertbereich in das Private gehöre, das „vom Alltag und, vor allem, auch von dem zunehmenden Druck des theoretischen und praktischen Rationalismus (erlöst)" (Weber 1978, S. 555).

Was hier noch als Weltflucht oder Gegenwelt, also extern zum Modernisierungsprozess, bezeichnet wird, in der sich das Individuum die Verwirklichung seines eigentlichen Wesens erhoffen kann, ist in der Zwischenzeit ebenfalls entzaubert und dann wiederverzaubert worden (vgl. Ritzer 1999): Das als privat (Körperlichkeit, Sexualität und affektive Beziehungen) und als subjektiv (Emotionen, Motive und Wünsche) Geltende ist rationalisiert, in Industrieform gegossen worden und in den Konsum- und Arbeitsbereich eingekehrt. Beide

Bereiche der Wirtschaft sind in diesem Sinne „technisch" verzaubert, sprich als Erlebnisbereiche des Individuums neben dem Freizeitsektor emotionalisiert und somit subjektiviert worden: Ob beim Konsum, der Arbeit oder in der Freizeit, gefordert ist eine aktive Eigenstrukturierung, ein Selbstmanagement und eine eigenlogische Gestaltung des Lebens innerhalb der gesellschaftlichen Rahmenbedingungen.

Die Verzauberung des „eisernen Käfigs" Wirtschaft, also ihre Ästhetisierung und Emotionalisierung, läuft nicht der zweckrationalen Setzung zuwider. Die Erfahrung der Wirklichkeit ist nicht länger zerrissen oder entfremdet. Was die Konsum- und Arbeitswelt bereithält, kann und wird emotional wie im Privatbereich von innen heraus erschlossen, d. h., die subjektiven Befindlichkeiten und psycho-physischen Präferenzen, also was als schön gehalten wird, was Spaß und Sinn macht, was empfunden wird etc., entscheiden darüber, welche Welt(-teilhabe) gewählt wird (vgl. neben Schulze, 1992, etwa Böhle, 1998; Featherstone, 1991, und Pine & Gilmore, 1998). Diese Disposition mündet in ein erlebnisorientiertes Handeln ein, wonach die Welt in ihrer Gesamtheit soweit systematisiert wird, dass ein Optimum an subjektivem Wohlgefallen herausspringt. Die herzustellende Passung zwischen Person und Welt (Betrieb, Konsum, Ausbildung, Freizeit, Familie etc.) ist also an das subjektive Empfinden gekoppelt.

Erlebnisse werden demzufolge überall gesucht bzw. genauer, die Welt wird zu Erlebniszwecken instrumentalisiert (Schulze 1992, S. 40). Die Differenz zwischen sich und der Gesellschaft (resp. „Welt") registriert das Individuum mit der Unterscheidung subjektiver Erlebnisnutzen/objektiver Nutzen. Dass eine Festlegung dieses Unterschiedes erfolgt, zeigt, dass nach wie vor die andere Welt mit ihren apersonalen Funktionssystemen nicht nur präsent ist, sondern durchaus auch hingenommen wird. Im Gegensatz etwa zur Unterscheidung von Gemeinschaft/Gesellschaft von Tönnies (1991) oder auch zu Webers Wertsphären, bei denen das Personale bzw. Subjektive gesellschaftsextern und das Moderne/die Gesellschaft personalextern konzipiert und auch nachgewiesen wird, grenzt die Erlebnisorientierung nichts (ideologisierend) aus: Statt (Weltsicht-)Vorgaben zu geben, verweist sie auf Sinn (= subjektiver Nutzen), nach dem Individuen die nun einmal gegebene Welt selegieren (vgl. in diesem Zusammenhang Luhmann 1997, S. 55ff.).

Wenn der Gegenwartsmensch überall Erlebnisse sucht, d. h., die Welt ästhetisch-emotional zu selegieren und zu inkorporieren trachtet und Welterleben mit entsprechenden Semantiken referiert, dann ist dies weder eine romantische noch eine revolutionäre oder gar entsolidarisierende Attitüde. Phänomenologisch betrachtet (vgl. vor allem Husserl 1954 und Merleau-Ponty 1965), ist die Welterschließung und -teilhabe mittels ästhetisch-emotionaler Bewertung und Fundierung („Erleben") als Versuch zu verstehen, den Gefühlen eine Welthaftigkeit und der Welt einen Gefühlshalt zu geben. Folglich ist danach die Lebenswelt eine Welt, die durch Sinnstrukturen des leiblichen Zur-Welt-Seins konstituiert ist. Das Individuum ist sich nicht nur selbst leiblich gegeben, sondern auch den Anderen (der Welt). Innerlichkeit und Äußerlichkeit sind daher keine Gegensätze; sie bilden eine Ganzheit, die nicht auf das Handeln von Einzelnen zurückgeführt werden kann, sondern in der leiblichen Existenz – den Gefühlen, Empfindungen, Emotionen – begründet ist. Mit anderen (einfacheren) Worten: Man freut sich über etwas oder es gefällt einem etwas – dies sind Empfindungen, die leiblich verankert (gegeben) sind, die die Modi der Wahrnehmung vorgeben und die von dieser („natürlichen") leiblichen Verankerung aus handelnd intendiert sind. Dass sich die Welt nach dem Motto (Sinn) „Erlebe-Dein-Leben" konstituiert und dass Erlebnisse begehrt/intendiert werden, ist infolgedessen weder eine extern vorgegebene Losung noch eine aus der Gesellschaftsentwicklung resultierende Option. Erleben ist eine leibgegebene Expressivität für die Organisation der Welt.

Sieht man aus dieser phänomenologischen Sicht davon ab, dass folglich alle Arten von Erlebnissen zur Einheit des leiblichen Subjekts mit der Welt beitragen, so lässt sich die Erlebnisorientierung auch als eine Suche nach Einheit oder Ganzheit verstehen. Erlebnisorientierung ist danach nicht als kompensatorische Gegenbewegung oder gar als Therapeutik zu begreifen (vgl. Marquard 1986, S. 33ff.). Eine Universalisierung von Erlebnissen bedeutet vielmehr, den Ort des Erlebens aus spezifischen Funktionssystemen wie etwa der Kunst und der Liebe (vgl. Luhmann 1997, S. 336ff.) in das „Leben", in die Welt als Ganzes zu verlagern und diese quasi zu psychologisieren. Aus dieser Perspektive erscheint nicht nur das Subjekt, sondern auch die Welt ästhetisch-emotional verfasst. In dem Maße, wie Ordnungen der Temporalisierung, Pluralisierung und Relativierung unterliegen (vgl. Castells 2002), ist einerseits keine Konstanz erfahrbar und andererseits wird damit erlebt, dass die Wirklichkeit (Welt/ Gesellschaft) nicht gegeben, sondern gemacht ist. Die Konstitution der Wirklichkeit erfolgt nicht von objektiven, wiedergegebenen Realitäten her. Sie wird vielmehr auf der Basis von Anschauungen, Bildern, Methaphern, Stilen, Phantasmen, Projektionen, Empfindungen u. Ä. hergestellt (vgl. Searle 1997). Die Wirklichkeit ist also nicht gesellschaftlich konstruiert (so Berger & Luckmann 1969), sondern die erzeugte Welt (Wirklichkeit) wird an einer gegebenen ästhetischen, emotionalen und sensomotorischen Welt konstruiert, die von den Individuen angemessen wiedergegeben wird: Wenn schon die moralischen und gesellschaftlichen Verbindlichkeiten erodieren und die Welt flüchtig und derart personal entworfen ist, dann ist es nur folgerichtig, dass jene (Lebens-)Welt gewählt und hervorgebracht wird, die einem am besten gefällt, die Spaß macht, schön ist und die eine innere Erfüllung verheißt (vgl. zum Leben als „Kunstwerk" Taylor 1996, S. 639ff.; dagegen argumentiert Sennett 1986).

Verständlicherweise ist jegliches Handeln und jeder Weltentwurf entlang der ästhetisch-expressiven Fundierungen eine Individualisierung (und umgekehrt): Nicht mehr eine (Welt-)Ordnung steht im Mittelpunkt, sondern das Individuum (sein Selbst), das aus den traditionalen Sozialformen entlassen worden ist (vgl. Beck 1986, S. 206ff.). Dass eine solche Freisetzung eine Sinnsuche provoziert, ist ebenso nachvollziehbar wie der Umstand, dass das Individuum in einer solchen Situation die gesellschaftlich zur Verfügung stehenden Möglichkeiten nach ihren Sinnstiftungs- und damit intrinsischen Erlebnispotenzialen befragt, d. h., sie nach der Passung für seine innere Welt überprüft. Dieses Befragen und Überprüfen der Gesellschaft ist als eine Subjektivierung der Vergesellschaftung und eine damit einhergehende Gefahr der Schwächung der sozialen Bindungen ausgemacht worden (zur Diskussion dazu siehe Junge 1998). So sehr auch die psychische Ordnungsleistung der Individualisierung bzw. der Erlebnisorientierung er- und anerkannt wird, so stark wird doch ihre soziale Ordnungsleistung, wenn nicht verneint, so doch aber in Frage gestellt.

Die pessimistische Variante prognostiziert als Folge der Individualisierung Desintegration, Anomie, Vereinzelung, Orientierungslosigkeit und Identitätskrisen. Derartige Prognosen unterstellen zweierlei: Zum einen implizieren sie eine „Zentralstelle" der Gesellschaft, die die Individuen trotz der Dynamik der funktionalen Differenzierung normativ integriert (vgl. hierzu immer wieder – in Anlehnung an Parsons – Münch 1997). Und zum anderen wird mit einer Normalitätsunterstellung gearbeitet, wonach es allgemein anerkannte und praktizierte Vorbilder gibt, die „man" nachahmen (internalisieren) solle, so dass sich eine gesellschaftliche Einheit herausbildet.

Spätestens seit Luhmann (1997; aber nicht erst seit 1997!) ist bekannt, dass mit der funktionalen Differenzierung der Gesellschaft den Indivuduen keine einzelnen konkreten Funktionssysteme zugewiesen werden. Dies bedeutet, dass erstens Gesellschaft nicht (mehr) von einer Einheit her agiert. Die Ausdifferenzierung der Funktionssysteme hat – zweitens – zur Folge, dass Funktionen aus den Lebensformen des Einzelnen ausgegliedert werden; jedes Individuum muss an allen Funktionssystemen teilnehmen können (soziale Inklusion). Die Gegenwartsrealität sieht so aus: Politik, Wirtschaft, Medizin, Wissenschaft, Bildung, Kunst, Familie etc., genauer deren Funktionslogiken, driften ebenso auseinander wie die Lebensformen (vgl. Nassehi 2001). Unweigerlich stellt sich daraus für das Individuum das Problem, woran es sich orientieren und halten kann. Statt davon zu sprechen bzw. zu prognostizieren, dass die mit der Individualisierung einhergehende Erlebnisorientierung diese Zentrifugalkräfte verstärke, ist gerade umgekehrt zu diagnostizieren, dass die Individualisierung eine Folge dieser funktionalen Differenzierung ist und das Streben nach Erlebnissen eine Lösung dieses Auseinanderdriftens: Erlebnisse stellen her (und sicher), dass sich der Gegenwartsmensch über die Grenzen der Funktionssysteme hinweg vergemeinschaftet, andere Lebensformen kennen- und akzeptieren lernt (Flexibilität) und an den Optionen der Gesellschaft partizipiert, wodurch letztlich die Integration der Gesamtgesellschaft gefördert wird.

Die Partizipation an der Gesellschaft bzw. an ihren Funktionssystemen qua Erlebnisse (siehe die Beiträge in diesem Band), also die Selektion der Außenwelt (= Funktionssysteme) entlang der Unterscheidung subjektiver Nutzen/

objektiver Nutzen bzw. der Differenz macht Spaß/keinen Spaß oder gefällt mir/ gefällt mir nicht etc., ist demnach ein moderner Modus der sozialen Inklusion und somit der Vergesellschaftung. Wenn (fast) alles, was die Gesellschaft ausmacht, erlebnisgetränkt inszeniert wird (vgl. auch Gebhardt, Hitzler & Pfadenhauer 2000), dann haben sich die Systemlogiken der jeweiligen Funktionssysteme quasi personalisiert bzw. subjektiviert (was ja bei einer funktionalen Differenzierung geradenach ausgeschlossen ist; vgl. Luhmann 1997, S. 618ff.): Die Einbindung in unterschiedliche Funktionssysteme erfolgt ästhetisch-expressiv, so dass daraus eine mehr oder weniger tiefe emotionale Verankerung bzw. Identifikation resultiert. Die Welt der Funktionssysteme wird dadurch ohne weiteres zugänglich und verständlich. Diese Erlebnisverweltlichung ist nicht nur ein persuasiver moderner Inklusionsmodus, sondern mit ihm kann auch die Zugänglichkeit zu den Funktionssystemen gesteigert werden, indem sich diese durch immer neue und neuartige Erlebnisanreichungen bzw. Eventisierungen (= Kommunikationen) zu jeglichen Individuen anschlussfähig halten und somit Gleichheit unter den Individuen auf Dauer stellen (insofern wird doch von persönlichen Merkmalen abstrahiert). Mit affektiven und ästhetischen Mitteln kann jeder erreicht und jedes Funktionssystem von der Politik über die Wirtschaft bis hin zur Wissenschaft zugänglich gemacht werden. Man nimmt mit einer derartigen Vergesellschaftung an der modernen Welt teil und man kann sich in ihr verorten, weil sie sich auf eine Weise offenhält, die das Individuum dort abholt, wo es (schon immer) zuhause ist: bei sich selbst mit seinem leiblichen Zur-Welt-Sein.

Die diagnostizierte ubiquitäre Erlebnisorientierung fördert, um auf die Eingangsfrage zurückzukommen, keine neue bzw. strukturverändernde Gesellschaft zutage. Das Gegenteil ist der Fall. Indem das moderne Individuum die Gesellschaft (= Welt der Funktionssysteme) erlebnisrational selegiert und sich die Funktionssysteme erlebnisanschlussfähig machen, sind beide Ebenen ausbalanciert: Die Gesellschaft kann die Individuen mitnehmen (inkludieren) und die Individuen können sich mit der Gesellschaft identifizieren. Die Strukturleistung der Erlebnisfindung (Individualebene) und der Erlebnisgestaltung (Systemebene) läuft daher auf eine Stabilisierung der (offengehaltenen, weil subjektivierten) Verhältnisse hinaus.

Literatur

Beck, Ulrich (1986). Die Risikogesellschaft. Auf dem Weg in eine andere Moderne. Frankfurt/M.: Suhrkamp.
Benthien, Claudia, Fleig, Anne & Kasten, Ingrid (Hg.) (2000). Emotionalität. Zur Geschichte der Gefühle. Köln, Weimar, Wien: Böhlau.
Berger, Peter L. & Luckmann, Thomas (1969). Die gesellschaftliche Konstruktion der Wirklichkeit. Frankfurt/M.: S. Fischer.

Böhle, Fritz (1998). Technik und Arbeit. Neue Antworten auf „alte" Fragen. In Soziale Welt, 49, 3, 233-252.
Castells, Manuel (2002). Das Informationszeitalter, Bd. 2: Die Macht der Identität. Opladen: Leske + Budrich.
Featherstone, Mike (1991). Consumer culture and postmodernism.London: Sage.
Gebhardt, Winfried, Hitzler, Ronald & Pfadenhauer, Michaela (Hg.) (2000). Events. Soziologie des Außergewöhnlichen. Opladen: Leske + Budrich.
Husserl, Edmund (1954). Die Krisis der europäischen Wissenschaften und die transzendentale Phänomenologie. Eine Einleitung in die phänomenologische Philosophie. Den Haag: Nijhoff.
Junge, Matthias (1998). Subjektivierung der Vergesellschaftung und die Moralisierung der Soziologie. (S. 49-64) In Jürgen Friedrichs (Hg.), Die Individualisierungsthese. Opladen: Leske+Budrich.
Luhmann, Niklas (1997). Die Gesellschaft der Gesellschaft. Frankfurt/M.: Suhrkamp.
Marquard, Odo (1986). Apologie des Zufälligen. Stuttgart: Reclam.
Merleau-Ponty, Maurice (1965). Phänomenologie der Wahrnehmung. Berlin: de Gruyter.
Münch, Richard (1997). Elemente einer Theorie moderner Gesellschaften. Eine Bestandsaufnahme. (S. 66-109) In Wilhelm Heitmeyer (Hg.), Bundesrepublik Deutschland. Auf dem Weg von der Konsens- zur Konfliktgesellschaft. Bd. 2. Frankfurt/M.: Suhrkamp.
Nassehi, Armin (2001). Funktionale Differenzierung – revisited. Vom Setzkasten zur Echtzeitmaschine. (S. 155-176) In Eva Barlösius, Hans-Peter Müller & Steffen Sigmund (Hg.), Gesellschaftsbilder im Umbruch. Soziologische Perspektiven in Deutschland. Opladen: Leske + Budrich.
Pine II, B. Joseph & Gilmore, James H. (1998). Welcome to the experience economy. Harvard Business Review, July-August 1998, 76, 97-105.
Reese-Schäfer, Walter (2002). Zur vergleichenden Analyse aktueller und älterer Zeitdiagnosen. (S. 411-434) In Ute Volkmann & Uwe Schimank (Hg.), Soziologische Gegenwartsdiagnosen II. Opladen: Leske + Budrich.
Ritzer, George (1999). Enchanting a disentchanted World: Revolutionizing the means of consumption. Thousand Oaks, London, u.a.: Pine Forge Press.
Schimank, Uwe & Volkmann, Ute (Hg.) (2000). Soziologische Gegenwartsdiagnosen I. Opladen: Leske + Budrich.
Schulze, Gerhard (1992). Die Erlebnisgesellschaft. Kultursoziologie der Gegenwart. Frankfurt/M.: Campus.
Searle, John R. (1997). Die Konstruktion der gesellschaftlichen Wirklichkeit. Reinbek: Rowohlt.
Sennett, Richard (1986). Verfall und Ende des öffentlichen Lebens. Die Tyrannei der Intimität. Frankfurt/M.: Fischer.
Taylor, Charles (1996). Quellen des Selbst. Die Entstehung der neuzeitlichen Identität. Frankfurt/M.: Suhrkamp.
Tönnies, Ferdinand (1991=1891). Gemeinschaft und Gesellschaft. Grundbegriffe der reinen Soziologie. Darmstadt: Wissenschaftliche Buchges.
Volkmann, Ute & Schimank, Uwe (Hg.) (2002). Soziologische Gegenwartsdiagnosen II. Opladen: Leske + Budrich.
Weber, Max (1978). Gesammelte Aufsätze zur Religionssoziologie I. Tübingen: C.H. Mohr.

Die Autorinnen und Autoren

Bachleitner, Reinhard, Mag. Dr., Univ.-Prof. an der Universität Salzburg, Institut für Kultursoziologie. Nach dem Studium der Soziologie, Geographie, Pädagogik, Psychologie und Sportwissenschaften Habilitation. Arbeits-/Forschungsgebiete: Körper-, Freizeit-, Kultur- und Tourismussoziologie sowie Methodenaspekte empirischer Sozialforschung. Zahlreiche Zeitschriftenartikel/Buchveröffentlichungen zu diesen Themen. Adr.: Universität Salzburg, Institut für Kultursoziologie, Rudolfskai 42, A-5020 Salzburg. E-Mail: reinhard.bachleitner@sbg.ac.at

Fischer, Michael, DDr., Univ.-Prof. an der Universität Salzburg, Institut für Grundlagenwissenschaften, RW Fakultät. 1969 Dr.jur., 1972 Dr.phil. 1979 Univ.-Doz. für Rechts- und Sozialphilosophie sowie Politikwissenschaften. 1982 Universitätsprofessor an der Juristischen Fakultät der Universität Salzburg. Lehrtätigkeit und Professuren an den Universitäten Zürich, Innsbruck, Graz, Tübingen. Seit 1994 Leiter der Salzburger Festspiel-Dialoge; wiss. Leiter des European Art Forum 1996 und 2004. Arbeits- und Forschungsgebiete: Kunst und Politik; Trendforschung: Wertewandel, Innovationsstrategien, Alltagskultur Publikationen: Trendlandschaften. Blicke in unsere Gesellschaft. Graz 1997; Recht und Weltanschauung (gem. m. Günther Kreuzbauer). Frankfurt/M. 2000. Gegenwelten, in: Bader, Erwin (Hg.): Die Macht des Geistes. Frankfurt/M. 2003. Adr.: Universität Salzburg, Institut für Grundlagenwissenschaften, RW Fakultät, Churfürststrasse 1, A-5020 Salzburg. E-Mail: michael.Fischer @sbg.ac.at

Friederichs-Schmidt, Silke, geb.1979, Studium BWL in München, Abschluss: als Diplomkauffrau; Wiss. Mitarbeiterin am Institut für Risikoforschung und Versicherungswirtschaft, Spezialisierungen: Marketing, Versicherungen, Markt- u. Werbepsychologie. Adr.: Maximilianstr. 48, D-82467 Garmisch-Partenkirchen. E-Mail: silkefs @yahoo.de

Goronzy, Frederic, geb. 1977, Dipl.-Kfm. Studium der BWL mit den Spezialisierungen Unternehmensführung und Organisation, Wirtschaftsinformatik und allgemeine Sozioökonomie in Augsburg. Diplomarbeit zum Thema Inszenierung von Erlebniswelten. Während des Studiums u. a. Praxiserfahrungen bei WB Movie-World, im Europa-Park und im U.S. House of Representatives. Seit 2003 Berater bei THEMATA Freizeit- und Erlebniswelten Services und Promotion zum Thema Erlebniswelten. Adr.: THEMATA, Domstraße 8, D-14482 Potsdam. E-Mail: goronzy@themata.com. Homepage: www. themata.com

Gross, Harald, geb. 1971, nach Abschluss (Matura) einer technischen Ausbildung (HTL) einige Jahre als Techniker tätig. Danach Studium der Kommunikationswissenschaften in Salzburg und Göteborg. Seit 2001 als Trainer und Berater bei G3 Unternehmensberatung und Caddy Concept Market Research.

Autoren und Autorinnen

Gutternig, Michael, geb. 1969, Studium der Kommunikationswissenschaften und Politikwissenschaft, Mag. phil; Marketing- und Werbefachmann. Adr.: Solaristr. 11, A-5020 Salzburg. E-Mail: Michael.Gutternig@gmx.at

Kagelmann, H. Jürgen, Dr. phil., Dipl. Psych., Dozent für Tourismuswissenschaft an der Universität München; Arbeits-/Forschungsgebiete: Reisemotive; Freizeit-/Erlebniswelten; Themenparks; Sozialpsychologie und Gesundheitspsychologie des Tourismus; Reiseführer/-medien. Vorträge, Buch- und Zeitschriftenveröffentlichungen zu diesen Themen; zuletzt: Kultur/Städte/Tourismus (Hg. mit R. Bachleitner, München 2003); Kongressmanagement (CBR Tourismussymposium München, ab 1998), Reisejournalismus, Marktforschungs- u. Beratungstätigkeit für Themenparks und Reiseführerverlage (Agentur „Erlebnis+Trend"). Adr.: Veilchenstr. 41, D-80689 München. E-Mail: profil1kagelmann@t-online.de

Keul, Alexander G., Dr. phil.; Studium der Meteorologie, Psychologie und Publizistik in Wien und Salzburg; Ass.-Prof. an der Universität Salzburg, Prof. an der TU Wien. Arbeits- und Forschungsschwerpunkte: Umwelt-, Architektur-, Gesundheits-, Freizeit- und Tourismuspsychologie; Vorträge, Buch- und Zeitschriftenveröffentlichungen zu diesen Themen. Adr.: Universität Salzburg, Institut für Psychologie, Hellbrunnerstraße 34, A-5020 Salzburg; E-Mail: alexander.keul@sbg.ac.at

Köck, Christoph, Dr., geb. 1962, Landesreferent für Kultur und Gesellschaft beim Bayerischen Volkshochschulverband, Lehrbeauftragter am Institut für Volkskunde/Europäische Ethnologie, Universität München (LMU). Studium der Volkskunde, Skandinavistik, Politikwissenschaften an den Universitäten Münster und Lund/ Schweden. 1990-95 Wiss. Mitarbeiter am Westfälischen Freilichtmuseum Detmold, 1995-2001 Wiss. Assistent am Institut für Europäische Ethnologie/ Volkskunde der Universität München (LMU). Forschungs- und Publikationsschwerpunkte: Erlebnisgesellschaft, Tourismus, Musealisierung, Saisonalität, Methodologie und Wissenstransfer. Adr.: Garleitenweg 1, D-82418 Murnau. E-Mail: chrkoeck@aol.com

Lanfer, Frank, geb. 1970, nach dem Abitur 1990-1993 Ausbildung Fotografie, Oldenburg, 1994-2003 Studium Architektur an der TU Braunschweig, seit 2001 Redaktionsleiter Park bei der „Kirmes & Park Revue" (Reichertshausen/Bay.). Interessensschwerpunkte: thematisiertes Bauen und Landschaftsdesign, Achterbahnen, Freizeitparks. Buchveröffentlichung: 100 Jahre Achterbahn (1998, Reichertshausen). Adr.: Theresienstraße 32, D-49377 Vechta. E-Mail: park.redaktion@t-online.de

Penz, Otto, Dr., Adjunct Associate Prof. am Department of Sociology, University of Calgary; Lehrbeauftragter an der Wirtschaftsuniversität Wien sowie an der Karl-Franzens-Universität Graz. Arbeits- und Forschungsgebiete: Soziologie des Körpers, Kultur-, Sport-, Freizeit- und Tourismussoziologie. Letzte Buchveröffentlichungen: Massentourismus und sozialer Wandel (zus. mit R. Bachleitner, München/Wien: Profil 2000); Metamorphosen der Schönheit (Wien 2001); Massenkultur in Wien 1950-70 (als Co-Herausgeber, Wien 2003). Adr.: Florianigasse 66/8, A-1080 Wien. E-Mail: penzotto @via.at

Autoren und Autorinnen

Rieder, Max, Dipl.-Ing. Mag.arch., 1977-84 Universität für Bodenkultur, Studium der Kulturtechnik und Wasserwirtschaft, Wien, Dipl.-Ing.; 1980-86 Universität für angewandte Kunst, Architekturstudium Wien, Mag.-arch.; 1992 staatliche Befugnis als Architekt/Ingenieurkonsulent für Kulturtechnik/Wasserwirtschaft; Eröffnung eines Ateliers in Wien. Seit 1994 Lehrtätigkeiten sowie Reviewer an allen österreichischen Architekturfakultäten. Seit 1994 Konsulententätigkeit für österreichische Städte. 2001 Gründung S.T.A.U., Wien. 2002 Ausbildung Mediator, 2002 Gründung www. slowfuture.com, Public Development Management, Salzburg/Wien. 2003 Gründung www.mediare.net, Institut für Bau & Planungsmediation, Institutsvorstand. Veröffentlichungen zu verschiedenen Themen der Architektur. Adr.: Pflegerstr. 6, A-5082 Grödig bei Salzburg. E-Mail: maxriederarchitektur@eunet.at

Rösch, Stefan, Diplom-Geograph (Univ.), derzeit Leiter des Amtes für Kultur und Tourismus der Stadt Hilpoltstein/Bayern. Arbeits- und Forschungsschwerpunkte: Freizeit- und Erlebniswelten, Filmtourismus, touristische Netzwerke, Regionalmanagement. Neueste Publikationen: Rösch & Kagelmann, Freizeitparks und die Auswirkungen der Anschläge vom 11. September (München/Wien 2003); Rösch & Kagelmann, Die Auswirkungen des 11. September auf die US-amerikanischen Freizeitparks, in: Tourismus Journal, 2002. Adr.: König-Christoph-Str.3, D-92318 Neumarkt. E-Mail: stefan-roesch@gmx.de

Sauer, Roman, geb. 1976, Studium BWL in München, Diplomkaufmann, Wiss. Mitarbeiter am Institut für Risikoforschung u. Versicherungswirtschaft, Spezialisierungen: Rechnungswesen, Versicherungen. Adr.: Lechbruckerstr. 3, D-81476 München. E-Mail: romansauer@yahoo.de

Smudits, Alfred, Ao.Univ.Prof., Univ.Doz., Dr., geb. 1954, Studium der Soziologie/ Psychologie, Professor am Institut für Musiksoziologie an der Universität für Musik und darstellende Kunst Wien, Generalsekretär des internationalen Forschungsinstituts MEDIACULT. Arbeitsschwerpunkte: Kunst-, Medien-, Kultursoziologie, kultureller Wandel, Musiksoziologie, Popularmusikforschung. Aktuelle Veröffentlichungen: Global Repertoires. Popular music within and beyond the transnational music industry. Alderhot: Ashgate 2001 (ed. m. Andreas Gebesmair); Mediamorphosen des Kulturschaffens. Kunst und Kommunikationstechnologien im Wandel (Wien 2002). Adr.: Universität für Musik und darstellende Kunst Wien, Institut für Musiksoziologie, Schubertring 14, A-1010 Wien. E-Mail: smudits@mdw.ac.at

Steinbach, Josef, Dr., Univ.-Prof. an der Katholischen Universität Eichstätt-Ingolstadt. Studium der Geographie an der Universität Wien, Habilitation an der TU Wien (1980). Arbeits- und Forschungsgebiete: Wirtschaftsgeographie, Stadtforschung, Raumordnung, Raum- und Verkehrsplanung, Tourismus. Wichtige Veröffentlichungen: Tourismus, Einführung in das räumlich-zeitliche System. München, 2003; mit Andrea Holzhauser, Klaus Neudecker: Die „historische Sozialraumanalyse" als Instrument zur Identifikation von Planungsproblemen, in: Raumforschung und Raumordnung 1/2001; Städtetourismus und Erlebniskauf, in: Tourismus Journal, 4 (1), 2000; Adr.: Katholische Universität Eichstätt-Ingolstadt, Professur für Wirtschaftsgeographie, Ostenstraße 18, D-85072 Eichstätt. E-Mail: josef.steinbach@ku-eichstaett.de

Autoren und Autorinnen

Vester, Heinz-Günter, Dr. Dr., geb. 1955, Apl.-Prof. für Soziologie an der Universität München. Zahlreiche Veröffentlichungen zur Allgemeinen Soziologie, Kultursoziologie, Emotionssoziologie, Freizeit- und Tourismussoziologie, zuletzt: „Emotion, Gesellschaft und Kultur"; „Soziologie der Postmoderne"; „Geschichte und Gesellschaft"; „Kollektive Identitäten und Mentalitäten"; Mitherausgeber der Fachzeitschrift „Tourismus Journal". Adr.: Am Bachfeld 22, D-82335 Berg-Kempfenhausen.

Weichbold, Martin, Mag. rer.soc.oec., Dr. phil., Assistent am Institut für Kultursoziologie der Universität Salzburg; Schwerpunkte: Umweltsoziologie, Methoden empirischer Sozialforschung, Statistik. Diverse Publikationen zu diesen Themen. Adr.: Universität Salzburg, Institut für Kultursoziologie, Rudolfskai 42, A-5020 Salzburg. E-Mail: martin.weichbold @sbg.ac.at

Wöhler, Karlheinz, Dr., Univ.-Prof., lehrt im Bereich Tourismusmarketing und Kulturwissenschaften an der Universität Lüneburg. Forschungsgebiete: empirische und angewandte Tourismuswissenschaft; Touristifikation von Räumen, ökologisches Urlaubsverhalten und Freizeit. Veröffentlichungen dazu: „Umweltverträglicher Tourismus. Grundlagen, Konzeption, Marketing" (1999). Gründer und Herausgeber der Faczeitschrift „Tourismus-Journal" (ab 1997). Adr.: Universität Lüneburg, FB Kulturwissenschaften, Scharnhorststr. 1, D-21335 Lüneburg. E-Mail: woehler@uni-lueneburg.de

Zuckriegl, Margit, Studium von Kunstgeschichte, Archäologie und Philosophie in Salzburg und Rom, 1983 Promotion. Studienaufenthalte in den USA und Barcelona. Kuratorin für zeitgenössische Kunst an den Salzburger Landessammlungen Rupertinum und seit 1985 Leiterin der Österreichischen Fotogalerie. Zahlreiche Publikationen zur modernen und zeitgenössischen Kunst. Adr.: Museum der Moderne Salzburg Rupertinum, Wiener-Philharmoniker-Gasse 9, A-5010 Salzburg. E-Mail: margit.zuckriegl@ museumdermoderne.at